张艳红 ◉ 著

德育资源论

DEYU ZIYUAN LUN

DEYU ZHEXUE YANJIU CONGSHU

德育哲学研究丛书

张澍军/主编

本书运用哲学、伦理学、教育学、历史学等学科的理论和方法，通过对德育资源历史与现实的梳理，阐述了德育资源配置、开发与利用中的经验与问题，比较深入和全面地探讨了德育资源配置的主导力量（政府）与德育资源开发利用的主导力量（教师），集中探讨了德育资源配置中政府与市场动态有效结合及提高教师德育资源开发利用的策略。本书还对各种具体德育资源的开发利用提供了方法支持。

中国社会科学出版社

图书在版编目(CIP)数据

德育资源论／张艳红著.—北京：中国社会科学出版社，
2013.1
(德育哲学研究丛书)
ISBN 978 – 7 – 5161 – 1986 – 0

Ⅰ.①德…　Ⅱ.①张…　Ⅲ.①德育 – 教学研究　Ⅳ.①G41

中国版本图书馆 CIP 数据核字(2012)第 310857 号

出 版 人	赵剑英
责任编辑	任　明
责任校对	石春梅
责任印制	李　建

出　　版	中国社会科学出版社
社　　址	北京鼓楼西大街甲 158 号（邮编 100720）
网　　址	http://www.csspw.cn
	中文域名：中国社科网　010 – 64070619
发 行 部	010 – 84083685
门 市 部	010 – 84029450
经　　销	新华书店及其他书店

印　　刷	北京奥隆印刷厂
装　　订	北京市兴怀印刷厂
版　　次	2013 年 1 月第 1 版
印　　次	2013 年 1 月第 1 次印刷

开　　本	880×1230　1/32
印　　张	8.375
插　　页	2
字　　数	221 千字
定　　价	35.00 元

凡购买中国社会科学出版社图书，如有质量问题请与本社联系调换
电话：010 – 64009791

出 版 说 明

"德育哲学研究丛书"，是东北师范大学思想理论教育研究所、马克思主义学院张澍军教授组织创作的，是一套关于哲学思维与德育理论交相融合、试图建构"德育哲学"这一德育学分支学科的探索性、研究性丛书。2007年作为这套丛书的第一批专著已先行出版6本：《德育哲学引论》（张澍军著）、《德育过程论》（范树成著）、《德育价值论》（王立仁著）、《德育文化论》（郭凤志著）、《德育管理论》（赵志军著）、《美国道德教育理念研究》（许桂清著）。其中，《德育哲学引论》（2002年曾由人民出版社出版）作为国内"德育哲学"这一新兴边缘学科的第一部专著，著名教育学家王逢贤教授在该书"序"中认为："将'德育哲学'作为独立的学科建设和对德育哲学问题开展集中研究，并出版专著，这在国外是罕见的，在国内尚属第一本，不能不说这是填补教育学科建设空白的创新之举。"著名教育学家叶澜教授主编的《中国教育学科年度发展报告2003》评价道："如果说此前的德育哲学只是作为一个研究域而存在的话，那么随着这本书的问世，它将以学科的身份发挥更重要的作用。……必将推动德育社会学和德育心理学的构建，从而有望形成一簇以德育原理为核心的学科群"（第133—134页）。可见，这套丛书先行出版的著作已在学界产生一定影响。2008年出版的《德育职能论》（曹影著）、《德育辩证论》（竭长光著）、《德育主体论》（于光著）等，是这套丛书的第二批专著。这次出版的《德育资源论》（张艳红著）是这套丛书的第十部专著。

　　这套丛书，除《德育哲学引论》外，其余各部专著均为张澍军教授指导的学生在博士学位论文的基础上修改、补充、提高而成。"丛书"由张澍军教授任主编；王立仁教授、郭凤志教授任副主编。

"德育哲学研究丛书"编委会

2012 年 10 月

主 编 前 言

我是从 2000 年开始策划《德育哲学研究丛书》的，当时计划出版 8 本专著，后调整为 12 部。这次出版的张艳红博士的《德育资源论》，是这套丛书的第十部专著。

德育哲学这一重大课题，是时代的德育理论与实践发展需求的产物。一方面，德育的社会化、本真化和深邃化，已是不可逆转的发展走势。对此，我曾提出四个"回归"的看法，即：德育的权利和义务由国家主体逐步向社会主体回归；德育的本质存在由革命时期的"精英"目标取向为主逐步向民族的大众的"生活世界"回归；德育的目的任务由工具理性主导逐步向建设人本身回归；德育的运作方式由单向运动为主逐步向双向、多向乃至"无穷向"回归（详见拙作《德育哲学引论》，人民出版社 2002 年版，第16—19 页）。而"任何领域的发展不可能不否定自己从前的存在方式"（马克思语）。毫无疑问，德育"领域的发展"，确需德育哲学这一新兴边缘学科的探索和确证。另一方面，德育理论作为教育学说的相对独立部分剥离出来，其诸多重大问题研究需要哲学世界观和方法论及价值观的指导和统摄。故此，德育哲学作为德育原理与哲学思维互动交融的新兴学科应运而生。学科问题，首要的是个学术"领域"的边界相对划分问题。通过几年来的研究探讨，我以为，德育哲学似可这样界定：德育哲学是关于德育观及其行为实践的哲学前提性问题的理论学说。它的主要任务是：通过德育理论与哲学思维的有机契合，开展对于德育观及其实践运作的哲学研究，揭示人的德性修养的前提性根据和条件，揭示德育观形成、运演、

发展的历史正当性和价值合理性，揭示德育运动规律的前提性根据
和条件及其实现形式。当然，正如著名教育学家王逢贤教授在我的
《德育哲学引论》一书"序"中所说："创建一门能够站得住脚并
取得较大公认的新学科，并不是一件易事。别的学科建设暂且不
说，仅就已取得较大公认的教育哲学来说，我国著名教育学家黄济
教授在其《教育哲学通论》（山西教育出版社 1998 年版）中毫不
隐讳地评价道：教育哲学发展至今，不仅在性质、研究对象和范
围、研究方法等方面仍存在分歧，甚至对教育哲学应否独立存在仍
有不同意见。看来我们对初创的德育哲学理论体系更应持审慎的态
度，坚持不断加工，以促其成熟。"就内容而言，也还有许多"亟
待回答的重大问题"急需研究，"诸如：在科学世界观教育领域，
在科学技术及其教育已相当普及的今天，为什么在受过现代科学教
育的人们当中，不仅有神论者有增无减，而且痴迷歪理邪说者亦不
乏其人；我们认为社会主义教育的全部目标、内容和方法都是以真
善美的统一作为前提性承诺的，本应具有巨大的说服力和魅力，可
是为什么有些人不仅拒绝主动接受全部，反而有意逃避甚至冷嘲热
讽呢？我们德育的功能和价值既有益于社会也有益于受教育者个
人，可是为什么在许多情况下德育不能像体育、技术教育、智育、
美育等那样受到欢迎，既能感受到对他人、社会和国家做奉献有
益，也对满足个人的索取有益，即直接对个人的学习、生活、工
作、享乐有好处呢？教育者对'教育爱'的道理是容易认同的，
可是为什么在实际工作中对素质发展不同水平的学生总是难以做到
'一视同仁'呢？古往今来的德育者多是扮演国家、社会的代言
人、裁判者、'法官'、'警察'的角色，多是用善和恶这两把尺子
去衡量学生的一切行为，以至学生由此而生逆反心理和伪善行为。
那么，德育哲学可否为转换德育者的'不良'形象，为扬弃德育
的外在性压力和僵硬的评价尺度，提出独创的新哲理，等等。我
想，进一步满足和回应类似上述难题的需求，也许不只是我个人对

德育哲学的期望。"王老先生的话说得十分中肯而深刻，足以鞭策我们后辈学人不断继续前行。

《德育资源论》是我指导的博士研究生张艳红在其博士论文的基础上修改而成的。在这部专著中，作者阐述了四方面的内容。摘要如下：一是德育资源的内涵、特征与价值。这是德育资源的基础性研究部分。德育资源是构成德育活动和满足这一活动所需要的各种有效性因素。德育资源的基本特征是选择性、生成性、多样性、多用性。德育资源是整合性价值和基础性价值的统一。德育资源是德育建设本身赋予其整合性价值的。德育资源的基础性价值是德育资源价值的重要方面。因为德育资源既是德育活动的基础和源泉，也是影响德育实效的重要因素。二是德育资源的构成。这是德育资源研究的重点环节。德育资源构成分析需要采取多维度、多视角、立体式的思路。中国传统德育资源是德育资源构成分析的重要方面。中国传统德育的内容资源包括价值观教育资源、道德规范教育资源、信仰教育资源、君子人格教育资源。中国传统德育资源的一大特色是德育途径和方法资源丰富。现实德育资源是德育资源构成分析的主要方面，它包括德育人力资源、德育物力资源、德育财力资源、德育文化资源、德育课程资源、德育信息资源。解读德育资源的构成是对其进行开发利用的重要前提。三是德育资源配置。德育资源配置是指在一定时期内，德育主体通过一定方式将德育资源配置到德育中以实现德育目标的实践活动过程。它关涉德育资源配置的主体、视阈、原则和方式。德育资源配置追求的是公平、效率、结构优化、可持续发展。德育资源配置的主导者是政府。政府要明晰资源配置角色；确保教育财政投入的充足与公平；构建德育资源配置的法律体系；完善德育资源配置的计划体系；提高政府行政安排的质量。德育资源配置也需要政府与市场有效的结合。政府需要引入市场机制配置德育资源。四是德育资源的开发与利用。德育资源开发是将潜在的或未完全实现价值的德育资源，通过组合、提炼、挖掘或培养提高等方式，变为现实的或能够完全实现价值的德育资源，使之有效地服务于德育活动，促进受教育者德性提高的动态实践过程。德育资源利用是指将开发出来的德育资源，创造性地带入实践环节，使其充分发挥效用的过程。德育资源开发与利用关涉的几个重要问题是德育资源开发与利用的主体、德育资源开发与利用的对象、德育资源开发与利用的原则、德育资源开发与利用的方式。德育资源开发与利用对德育资源价值的实现具有重要意义。

从广义讲，"资源"问题，亘古以来即是关涉人类生存发展的根本问题。因为，被称为"资源"的东西，从来都不是外在于人的一种自在存在，而是一种对象性存在，总是人的认知和活动范围的事。正是依赖于一些特定"资源"，某种猿类才有了转变为人的可能；而"资源"的差异，至少是人类世界中各民族、各国家不同的发展特征、发展模式乃至文明发展程度的基础性条件和基本原因之一。在现今时代，不用去说能源资源、水资源这些关系到人类生死存亡的资源，即便是现实的经济资源、科技资源、军事资源、政治资源、文化资源等，其占有、配置和开发利用情况，就足以标明一个民族国家在世界上的地位、分量和作用。所谓硬实力、软实力，究其根底就是个"资源"问题。可见，"资源"的极端重要性。与此同理，德育资源研究在德育领域中无疑是一个不容小觑的基础性课题。所以，张艳红博士的《德育资源论》一书，试图对客观存在的德育资源现象进行理论思考，以期对德育行为实践活动中的诸种德育资源及其如何开发和利用等问题提供一种现实观照，以为教育对象的德性成长服务，以为社会文明建设服务，以为新时期的德育理论建设和实践创新服务，无疑具有重要学术价值和现实意义。在我看来，这部著作的主要成绩，在于非常系统地、框架式地梳理了德育资源的构成要素，特别是提出并阐释了"德育途径和方法资源"的看法，似可为人们更全面深入地把握德育资源提供有益的思考理路和实践借鉴；同时，在"德育资源配置"方面，提出并论证的一些观点、原则、实施方式等，比如，"德育资源配置的主导者是政府"，"德育资源配置也需要政府与市场有效地结合"，等等，颇有见地，颇有新意，颇有些现实价值。当然，这些"梳理"、观点和见解，也会见仁见智，有待于读者们"评说"，但我以为，倘若能够引起些讨论和争鸣，亦不失为一种学术价值。但愿学界同人不吝赐教。

张澍军

2012 年 10 月

目　录

引 言

一 选题的背景以及问题的提出

"问题是时代的呼声"。德育资源这一选题是适应国际国内环境以及当前学科理论建设需要等现实问题而提出来的，因而选题的提出具有深刻的客观依据。当然，它也必将促进学科理论建设和经济社会全面发展，因为"理论又是变革的先声"。因此，为了实现选题的应有价值，必须深入分析其提出的背景依据：

从国际环境的背景来看，全球化是当代世界经济的重要特征之一，也是世界经济发展的重要趋势。进入 20 世纪 90 年代世界经济全球化的进程大大加快了。全球化，使世界经济日益成为紧密联系的一个整体，这有利于资源和生产要素在全球的合理配置，有利于资本和产品在全球性流动，有利于科技在全球性的扩张，有利于促进不发达地区经济的发展，是人类发展进步的表现，是世界经济发展的必然结果。但对某些国家来说，经济全球化是一柄双刃剑，既是机遇，也是挑战。特别是对经济实力薄弱和科学技术比较落后的发展中国家，面对全球性的激烈竞争，所遇到的风险、挑战将更加严峻。全球化"使在场和缺场纠缠在一起，让远距离的社会事件和社会关系与地方性的场景交织在一起"，这一过程同时也必然伴随着思想文化全球化的过程。各种文化思潮和价值观念的相互激荡与渗透，使个体的生活世界呈现出价值多元化、内容丰富化的倾向，人们思想活动的独立性、选择性、多变性和差异性日益增强。"人类的精神王国不再是某一亚里士多德式或黑格尔式的集大成者独白的舞台，而变成众多智慧头脑争相对话的、群星璀璨的思想天空"，这既为德育提供了广阔的舞台，拓展了开放性的视野，但无形之中也增加了德育价值实现的难度。因此，从一定意义上来说，全球化发展扩大了德育资源研究的视野。资源问题的研究因而可以放在全球化的背景下，在全球资源和生产要素如何能合理配置的前提下研究德育资源的相关问题，这关系到我们的德育资源安全问题，因此这既是我们德育发展的一次重大机遇，也是一次德育发展的现实挑战。

从国内环境的背景来看，党的十二大提出"走自己的路，建设有中国特色的社会主义"的科学论断。随后在党的几次代表大会上对这一论断形成了一系列科学观点，制定了一系列具体政策、措施。党的十七大报告指出："我们党实施现代化建设'三步走'战略，带领人民艰苦奋斗，推动我国以世界上少有的速度持续快速发展起来。我国经济从一度濒于崩溃的边缘发展到总量跃至世界第四、进出口总额位居世界第三，人民生活从温饱不足发展到总体小康，农村贫困人口从两亿五千多万减少到两千多万，政治建设、文化建设、社会建设取得举世瞩目的成就。中国的发展，不仅使中国人民稳定地走上了富裕安康的广阔道路，而且为世界经济发展和人类文明进步作出了重大贡献。"中国各项事业的迅猛发展促进了德育资源的发展，德育所需的财政投入、各种硬件设施（尤其是现代化教学设备）、师资力量、办学水平等都有了大幅度提高。因此，如何有效地开发、利用这些中国特色的德育资源，成为当前德育资源研究的紧迫任务。

众所周知，我国教育部 2001 年 6 月 7 日颁布的《基础教育课程改革纲要（试行）》（以下简称《纲要》）推动了我国新一轮课程改革的历史进程。课程改革的理念追求就是注重学校教育要以学生为本，全面发展学生的知识、技能与态度、情感的平衡，价值观教育贯穿于各科教学之中。《纲要》明确指出："改变课程过于重视知识传授的倾向，强调形成积极主动的学习态度，使学生获得基础知识与基本技能的同时成为学会学习和形成正确价值观的过程。""倡导学生主动参与、乐于探究、勤于动手，培养学生搜集和处理信息的能力、分析和解决问题的能力以及交流与合作的能力"。此次课程改革，强调了课程的功能要从单纯注重传授知识转变为体现引导学生学会学习，学会生存，学会做人。新课程改革中尤为重要的是强调教师要在传授知识的过程中潜移默化地培养学生正确的价值观、人生观和世界观，引导学生在学习知识的过程中，形成正确的价值选择，具有社会责任感，努力为人民服务，树立远大理想。这种过程将深刻地影响学生思想道德的形成，影响他们的人生抉择。如何使新课程的理念真正贯彻落实到教学中？如何在各学科教学中有效地开发利用这些隐性德育资源？如何使学生形成正确的价值选择……成为德育资源研究的很好课题。

互联网的快速发展对人类生活的各个领域产生越来越重要的影响。在已经步入信息化社会的今天，"上网"已经成为了一种时尚，而在庞大的网民群体中，青少年占了很大的比例，并且还在逐步增多。据调查，目前网民中18—35岁的青年占85.8%，18岁以下的占2.4%。互联网带给我们巨大的影响，其对青少年的影响有积极的方面，也有其消极的、负面的方面。如网上信息泛滥可能造成青少年信仰的缺失或价值观的扭曲，影响青少年正确的人生观、价值观的形成；互联网上信息接收和传播的隐蔽性，有可能引起青少年道德意识弱化、社会责任感下降；网络交流的隐藏性、无约束性，极容易使青少年做出一些违反常规的事情，甚至走上犯罪的道路。网络开辟了德育资源的虚拟空间，面对不可阻挡的青少年上网热潮，如何对其进行正确引导，已经成为德育资源不可回避的重要课题。

因此，基于以上背景和问题，本书将选题定位为对德育资源问题的研究。

二　思路与框架

（一）研究内容

德育资源问题研究试图对客观存在的德育资源进行理论思考，以期对德育行为实践活动中的诸种德育资源现象及其如何开发和利用问题提供一种现实观照。因此，基于这种理论诉求和现实期待，德育资源论的视域将主要集中在以下四部分内容。

第一章，德育资源的内涵、特征与价值。本章主要是界定德育资源的内涵，探讨资源、教育资源、德育资源三者关系；解读德育资源特征含义，明确德育资源的生成性、可选择性、多样性、多用性等基本特征；何谓德育资源的价值，探讨德育资源的整合性价值和基础性价值及其二者的关系。

第二章，德育资源的构成。本章主要是明确德育资源分类及划分依据；解读中国传统德育资源，主要集中探讨德育内容资源、德育途径资源、德育方法资源；阐述中国现实德育资源，包括德育人力资源、德育物力资源、德育财力资源、德育文化资源、德育课程资源、德育信息资源。分析德育资源的构成是对其进行开发利用的重要前提。

第三章，德育资源的配置。本章主要是界定德育资源配置的内涵，探讨德育资源配置的主体、视域、原则、方式；明确德育资源配置与德育资源开发利用的关系；解读德育资源配置的应然价值追求；明确德育资源配置的影响因素；论述德育资源配置的主导——政府，论证政府主导德育资源配置的根据、方式等问题；分析当前政府配置德育资源存在的主要问题，探讨走出政府配置德育资源失灵的举措；集中探讨实现在德育资源配置中政府与市场动态有效的结合，要正确处理政府与市场的关系，政府要引入市场机制配置德育资源。

第四章，德育资源的开发与利用。本章主要是分析德育资源开发与利用的内涵及其意义，探讨德育资源开发与利用的主体、对象、原则、方式；论述德育资源开发与利用的影响因素；集中阐述德育资源开发与利用的主导，指出教师是德育资源开发利用的主导；分析当前教师德育资源开发与利用中存在的主要问题；解读增强教师德育资源开发与利用的能力；探讨德育资源开发与利用的其他策略，诸如深入分析校内资源、历史资源、社会资源、传媒与网络资源等。

（二）重点、难点与创新尝试

本研究的重点和难点在于德育资源配置中的政府角色以及德育资源开发与利用中的教师角色，这是主体的因素，也是德育资源关涉的关键问题。目前有关这方面的论述非常少，这既为本研究开拓了研究空间，也带来了研究上的难度。

创新尝试在于：

（1）较为系统地梳理德育资源构成。指出按照时间的维度看，德育资源还可以划分为传统德育资源和现实德育资源。中国传统德育资源可以归纳为：德育内容资源、德育途径资源、德育方法资源；德育内容资源包括中国古代的价值观教育、道德规范教育、信仰教育以及君子人格教育；德育途径资源包括完备健全的行政管理途径、官私相映的学校教育途径、幼儿、女子为主的家庭教育途径和以德化民的社会养成途径；德育方法资源包括教化、克己内省、积善成德、身体力行、因材施教和学思结合。现实德育资源可以归纳为：德育人力资源、德育物力资源、德育财力资源、德育文化资源、德育课程资源和德育信息资源。

（2）指出德育资源配置中的主导力量在于政府。政府配置教育资源（包括德育资源）而非完全由市场来决定，其中有着深刻的原因。当然，德育资源配置也需要政府与市场有效地结合，政府需要引入市场机制配置德育资源，也要私人部门合作供给，实现公共选择机制和市场机制共同发挥作用。

（3）指出德育资源开发与利用的主导力量在于教师。教师对德育资源的认识程度、对德育资源开发利用的兴趣、教师自身的专业水平和开发利用德育资源的能力以及教师的参与意识与合作精神等都决定着对德育资源开发利用的广度和深度。对于教师自身而言，德育资源的开发与利用也是教师专业化成长的理想路径。

（三）进一步研究的方向

本书的研究仅仅是德育资源问题研究的开始。德育资源研究是一个比较广阔的领域。在以后的学习和工作中，将在本书研究的基础上进一步研究德育资源的基本理论问题、进一步研究德育资源相关问题、进一步研究德育资源与其他相关学科的关系、进一步研究德育资源的微观理论问题、进一步研究德育资源与实践的具体结合、进一步研究不同国别德育资源开发利用情况等。

第一章 德育资源的内涵、特征与价值

一 德育资源的内涵

（一）德育资源释义

1. 资源

《辞海》中的"资"是指资财、供给、资助，"源"是指水流所从出，引申为事物的来源，"资源"则指财富的来源。在《现代汉语词典》中，"资源"被解释为"生产资料和生活资料的天然来源"。资源的英文解释为：resource，即"supply of raw materials, etc; which bring a country, person, etc; wealth"①，意思是指可供人们利用的财富或材料。

从人类社会的发展史考察，"资源"的含义由最初的自然资源逐渐向社会资源意义转化。"资源"的最初含义主要指向满足人们生存需要的自然物质来源，如阳光、水、风力、矿产资源等，从资源的一般形态上，可分为可再生资源（如阳光）和不可再生资源（如矿产）。而随着人类谋生经验的积累和科学技术的发展，资源的获取手段得到改进，资源再生产能力形成和增强，使可支配性资源的数量逐渐超出了基本生存需要，导致了生存资源与剩余资源的分离。这种分离使资源的含义超出了"生存"的局限，进入了意

---

① ［英］霍恩比：《牛津高阶英汉双解词典》（第四版增补本），商务印书馆2002年版，第1278页。

义的丰富化和多样化过程。① 马克思在《资本论》中从经济学的视角把资源分为自然资源和社会资源两大类。他认为自然资源（即外在自然条件）又分为两类：第一类是"生活资料的自然富源，例如土壤的肥力，渔产丰富的水等等"；② 第二类是"劳动资料的自然富源，如奔腾的瀑布，可以航行的河流、森林、金属、煤炭等等"。③ 他认为，"在文化初期，第一类自然富源具有决定性的意义，在较高的发展阶段，第二类自然富源具有决定性的意义"。④ 社会资源，一般是指劳动力、资本、已经生产出的劳动产品、技术等等。在资本主义社会，"资本主义生产方式以人对自然的支配为前提"，"社会地控制自然力以便经济的加以利用，用人力创建大规模的工程以便占有或驯服自然力"⑤，"良好的自然条件为剩余劳动力，从而为剩余价值或剩余产品的生产提供了可能性"。⑥ 因此，资源进一步被分为自然资源和社会资源两类。随着经济社会的进步，资源的内涵和外延在不断丰富和拓展。资源的含义被拓展到了社会生活的各个领域，知识、信息、文化从社会资源中逐渐分化出来，"资源"一词也开始作为一个专有名词被各个学科所关注。一种新的"大资源观"正在逐渐形成。

因此，从这个意义上讲，"资源"就是指一切可为人类形成财富的因素。⑦

2. 教育资源

对教育资源概念的理解也存在一个逐渐拓展和深化的过程。教

---

① 许丽英：《教育资源配置理论研究》，东北师范大学博士学位论文，2007 年。

② 马克思：《资本论》（第 1 卷），人民出版社 1975 年版。

③ 同上。

④ 同上。

⑤ 同上。

⑥ 同上。

⑦ 张文秀：《资源经济学》，四川大学出版社 2001 年版，第 11 页。

育资源一词最早产生于教育经济学领域，因此从它一产生就带有明显的经济学特征。按照顾明远主编的《教育大辞典》的解释：教育资源亦称"教育经济条件"，教育过程中所占用、使用和消耗的人力、物力和财力资源，即人力资源和物力资源、财力资源的总和。随着资源内涵的丰富化和教育研究的不断深入，教育资源的概念也逐渐丰富。所谓的教育资源，是指构成教育活动和满足这一活动所需要的各种因素。包括人力资源、物力资源、财力资源、时空资源、信息资源、文化资源、制度资源、政策资源、关系资源等，这些构成了一个完整的教育资源系统。在教育资源系统中，人、财、物等物质性资源是最基础的教育资源，也是教育得以运转的基础和前提。教育资源是教育活动得以顺利展开的根本保证，也是教育活动必需的基本条件。任何离开教育资源的活动或者缺少教育资源的活动，都难以保证其质量。

3. 德育资源

从教育经济学的眼光看，德育也是人类的一种目的性、生产性活动，同样有一个从投入（资源的利用和消耗）到产出（通过人的劳动使资源转化为一定的产品或成果）的过程。人类的一切目的性、生产性活动都不可能"无中生有"，都不过是物质、能量、信息等的某种转换。作为一项复杂的、涉及广泛的社会实践活动，德育的存在和发展同其他事物一样，总是需要利用和消耗一定的人力、物力、财力，采用一定的途径、手段、方式，传递或交流知识、信息、思想观念等，以对受教育者的思想道德品质施加一定影响。因而，德育需要的资源是丰富的、复杂的。在这个意义上，德育资源是指可以进入德育过程，并积极影响受教育者思想道德的一切现实和潜在的因素。简单地说，所有一切进入到德育领域的资源都是德育资源。这一定义包括以下两个方面的含义：第一，一切现实的和潜在的要素都有成为德育资源的潜在可能性，潜在可能性意味着资源只有经过开发过程才能进入德育系统。但不同德育资源在德育活动中的地位和作用不同，因而，开发的重点也不同。例如，德育社会资源与自然资源相比，前者是开发的重点，它比后者更具开发价值。第二，只有能够对受教育者产生积极影响的因素才能称其为德育资源，因为我们对受教育者进行的德育是正向的，而且必须是正向的。

德育资源是德育存在和发展必须依存的客观条件。这个客观条件，是发展的外因，真正对学生德性成长起作用的是内因。资源作为一种客观存在，它只有进入德育过程，才能实现其价值，否则，资源无价值。

宏观范围内，德育资源可以分为两种：广义德育资源与狭义德育资源。广义的德育资源是指构成德育活动和满足这一活动所需要的各种因素（本书仅从广义角度进行论述）。狭义的德育资源主要是指以德育经费为标志的德育财力资源。

（二）资源、教育资源与德育资源三者关系

就德育资源与资源的关系而言，德育资源作为一种客观存在，是资源的一种特殊表现形式。它既体现资源的共性，又具有自己的个性。德育资源不同于一般意义上的资源，德育资源更多指向于精神层面的价值，而一般意义上的资源更多指向于物质层面的价值。

就德育资源与教育资源的关系而言，教育资源不等于德育资源。德育资源是教育资源，但教育资源并非都是德育资源，只有那些能够体现出德育价值，有助于学生德性养成的教育资源才是德育资源。德育资源是教育资源的一个重要组成部分。

二　德育资源特征

德育资源作为资源的一种表现形式，具有资源的一般共性，具

体表现为：

多样性。在我们的现实生活中存在大量可以利用的德育资源，如劳动人民的艰苦奋斗精神、勤劳简朴的品质、勤勤恳恳的态度、孝敬长辈的优良传统等都是非常优秀的、生动的"教材"，田间的耕作知识、生产知识、丈量知识、计算知识，世代相传的古老传说、革命故事等都是与生活实际息息相关的最好的课本。德育资源丰富而广泛，它既存在于学生的学习过程中，又存在于学生的日常生活中，既存在于校内，又存在于校外，既有来于自然界的，也有来自社会的；既有显性形态存在的，也有隐性形态存在的。多种多样的德育资源为德育活动的展开提供了丰富的素材条件。

生成性。在德育系统中，德育资源不仅能以物质、活动、管理为载体，而且能以人为载体，并能经过主体的开发，源源不断地创造出新的资源，从而德育资源不断得到更新和充实，变得更加丰富多彩。即通过主体有意识的开发，德育资源可以生生不息，因此，德育资源的有意义的生成对开发者的素质提出了较高的要求。例如，有个学校组织了一次思想品德教学研究活动，那节课安排在下午第三节，内容是《感悟母爱（父爱)》。上课不久，天骤然变脸，下起了倾盆大雨。过了一会儿，只见教室外人头攒动，原来是家长们送伞来了。一些家长或许是怕孩子担心，干脆趴在窗口和孩子打起了手语。课堂秩序顿时大"乱"，老师灵机一动，趁势引导："同学们，下一场骤雨，显一份深情！浓浓父母爱，化为送伞行，现在就让我们当一回小记者，互相采访一下家长，听他们说说自己为什么要冒着大雨急着赶来送伞，并请他们说说平时又是如何关爱孩子的，然后请家长们走进教室，我们来为他们作一次亲子情现场报道……"同学们立即兴趣盎然地行动起来。随后，感人至深的现场报道，充分展现了父母对孩子的亲切关爱，传达了孩子对无私母爱（父爱）的理解和感悟，以及"谁言寸草心，报得三春晖"的拳拳之心。授课教师以强烈的资源意识，灵活的课堂机智，巧妙地开发和利用偶然生成的家长资源，现场体验，现场感悟，促使课堂教学的实效达到了极致。诚如鲁洁教授所说："德育不是预设的，在很大程度上它是生成性的活动，是在偶然无序的人与人的交往中生成的。"德育只有关注生活的本真，才能焕发活力而成为真正的教育。

多用性。多用性既可以表现为多种资源集约于一种用途；同时多用性也表现为同一种资源在有效的开发下具备不同的用途。因此，即使在资源相对匮乏的贫困地区，只要做个资源开发的有心人，生活中处处是德育资源，时时可见德育资源。例如，农村的自然风光和发展现状既可以成为教育学生热爱家乡的资源，也可以成为教育学生长大后奉献家乡改变家乡落后面貌的资源。资源的多用性使得德育资源变得更加丰富，也对教师的专业素质提出了更高要求，教师要善于慧眼识珠，挖掘资源的多用价值。一个具有较高专业素质的德育教师，是不会感受到德育资源缺乏的困扰的，他总能变废为宝，使资源的潜在价值充分展现。

德育资源既具有一般资源的共性，又具有自身独有的特性，具体表现为：

历史形成性。德育资源并非生来就有，它的形成和发展具有历史性。德育资源的形成是伴随着德育的历史而形成，并伴随着德育的历史而发展。人类进入阶级社会以后，统治阶级在社会上占有统治地位的同时，也就意味着他们要在政治、经济和意识形态领域占有统治地位，精神的生产同物质的生产一样，成为社会发展的齿轮。德育作为社会意识形态领域的重要组成部分，应运而生，社会的人力、物质、财力等为德育的产生提供了所需要的各种资源，因而成为德育资源。可以这样说，德育资源伴随着德育的产生而产生，伴随着德育的发展而发展，德育史为德育提供了大量丰富的资源。简而言之，即人类认识水平的高低制约着德育资源的价值认识，社会发展程度为德育资源的发展提供条件，德育资源影响并最终服务于社会发展。

德育价值潜在性。作为资源的一种特殊表现形式，德育资源与其他资源最重要的一个区别就是德育资源无疑具有一种德育价值的潜在性。德育价值潜在性体现在德育资源的配置、开发和利用的全过程。具体来说，选择哪些资源进行配置，让哪些资源进入配置过程，对德育资源如何进行配置都必须围绕着德育这一目标进行；在开发和利用过程，开发利用的过程、实施以及最终的评价都隐含着德育的因素。总体来说，脱离开德育这一目标，资源就不能称其为德育资源。

可选择性。德育资源是一种真实的客观存在，是不以人的意志为转移的客观存在。这意味着无论人们是否意识到德育资源，无论它们的价值是否被开发以及开发利用到何种程度，它们都客观地存在着，"它总是自然而然地存在着，它不会因为人们不需要它，或不喜欢它而消失"。[①] 特点不同的地域可资开发与利用的德育资源不同，其构成形式和表现形态就具有各异；不同的文化背景下人们的价值观念、道德意识、风俗习惯、宗教信仰等具有差异性，相应的德育资源开发利用也各具特色；学校性质、地理位置、传统以及教师素质和办学水平不同，学校和教师可以开发与利用的德育资源自然有差异。德育资源以其自身的不可替代性成为影响德育活动的最重要因素。但是并不是任何资源都可以成为德育资源，只有那些能够提升人的德性，能够满足德育需要的资源，才能成为德育资源，从这一点上来讲，德育资源具有可选择性。

---

① 卢宁、丁小明：《论高校德育隐性课程资源开发》，《内蒙古师范大学学报》（教育科学版）2005 年第 9 期，第 103 页。

三　德育资源的价值

从哲学的意义上来说，所谓价值，就是客体属性与主体需要之间的一种特定（肯定与否定）关系。① 因此，所谓德育资源价值就是指作为主体的人的需要同作为客体的德育资源属性之间的一种关系，即客体的德育资源性质对与主体的人的需要的肯定或否定关系。就是说，德育资源的价值在于它能否或在多大程度上满足人的需要。德育资源价值何以确立？其原因在于：

德育资源的有用性是德育资源价值存在的客观基础。德育资源的意义、功用、效益是德育资源的属性。这种属性如果不与主体需要相联系，则价值的形成就失去了客观条件。任何离开德育资源的德育活动都是纸上谈兵。德育资源的属性主要表现为德育资源能够以其客观存在性满足人们进行德育活动的需要。德育资源中的人、财、物等因素都是进行德育活动必不可少的因素。这一点毋庸置疑。

主体的需要是德育资源价值存在的基本前提。在我国，乃至世界任何一个国家，德育都是对人的思想道德素质进行教育的系统工程。任何一个国家都把人的思想道德建设作为影响国家前途和命运的发展大计。人们不仅需要德育，而且在理论认识上无疑充分肯定了德育的价值。这种对德育价值的认可，实际上就是对德育资源价值的认可。德育资源是进行德育活动的基础和源泉。

德育资源满足主体需要的性质和程度决定了德育资源价值的性质和质量，德育资源满足了主体的需要，德育资源具有正价值；德育资源损害了主体的利益，德育资源就具有负价值；德育资源与主体的需要无关，德育资源具有零价值；德育资源满足主体的程度越

---

① 李连科：《价值哲学引论》，商务印书馆1999年版，第2页。

高，满足主体需要的层次越高，德育资源的价值量就越大；反之，德育资源的价值量则越小。因此，从这个意义上来说，德育价值的最大程度实现就是德育资源价值的最大程度实现。

总之，德育资源无疑体现为一种价值，而这种价值往往又高于一般物质的价值。因为它不仅仅局限于一般的物质层面对人的需要产生的价值，而且更多指向于通过物质层面而实现精神层面的价值。

（一）整合性价值

德育建设是一项复杂的工程，它涉及有关德育的种种因素，如德育目标、德育主体、德育内容、德育方法、德育管理等等，德育资源与德育各要素之间有着必然的内在联系。例如德育目标是对现实思想政治性德育资源的一种选择性的认识和反映；德育内容是对德育文化资源进行提炼加工转化而来的，是对德育文化资源的扬弃和超越；德育方法是教育者利用各种形式的德育资源对受教育者施加影响的过程，如利用社会德育资源开展社会实践活动，利用学校德育资源开展校内生动活泼的教育活动等；德育管理实际是对德育资源的管理，即对德育人力、物力、财力等资源的调配、组合，没有德育资源就没有德育管理，德育资源使德育管理成为可能。但是长期以来，我们进行德育建设的时候，却忽视了对德育资源的整合性建设。我们仅仅从影响德育效果的单一因素，如德育内容、德育方法、德育途径等角度，进行单一因素分析。这些因素因为其仅仅是单一功能在起作用，所以并不能从整体上真正起到作用。德育是一项复杂的系统工程，在这项工程中，需要所有因素整体协调起作用，才能真正推动德育的发展。德育建设必须从宏观、整体、全局角度进行，而只有重视德育资源整合性建设才符合这一要求，也才能发挥出德育资源的整合性价值。

（二）基础性价值

1. 德育资源是德育活动的基础和源泉

德育资源是德育存在和发展的支撑。德育资源中人的因素是构成德育活动的主导因素，德育资源中物的因素是构成德育活动的条件因素，德育资源中财的因素是构成德育活动的保障因素。德育离不开德育资源。德育价值的最大限度发挥，实际上就是德育资源各要素之间能够相互联系、相互影响、相互制约、相互作用，使各个要素能够在合理协调、科学整合的情况下，整体发挥最大价值。任何对德育资源的忽视必将导致德育整体效益的降低。"德育效益是德育生命力所在。"[①] 由此可见，德育资源是德育的源泉和基础。没有德育资源，德育就成为无本之木、无源之水，德育就是对德育资源价值的肯定。

2. 德育资源是影响德育实效的重要因素

叔本华曾说过："具有真正道德价值的行为还有另一个特点，它完全是内在的，因此不太明显。"[②] 德育资源价值的着眼点就是注重提升人的道德品质的培养，或者说是一种注重人的精神素养提升的活动。德育资源对学生的发展具有独特的价值，与传统教科书相比，德育资源是丰富的、大量的，具有开放性的，它以其具体形象、生动活泼和学生能够亲自参与等特点，给学生多方面的信息刺激，调动学生多种感官参与活动，激发学生兴趣，使学生身临其境，在愉悦中增长知识，培养能力，陶冶情操，形成正确的态度和价值观，这是传统教科书所无法代替的。例如，《中国教育报》曾

---

① 张澍军：《德育哲学引论》，人民出版社2002年版，第5页。

② ［德］叔本华：《人生智慧》，韦启昌译，中央编译出版社2011年版，第119页。

经报道了这样一件事：

曾经有一位农村教师，独自一人在风景秀丽的三峡地区的大山中教育学生，学校只有两间破旧不堪的教室，连粉笔都买不起，哪有什么一般人眼中的教育资源可言？这位老师每天和自己的学生一起，待在光线昏暗、摇摇欲坠的教室里，辛辛苦苦，嗷嗷苦读。没有现代设施，甚至连给学生阅读的课外书都没有，这位教师深深苦恼：自己教学中可以利用的资源和手段太少了，怎么能把学生教好呢？直到有一天，这位老师从偶然得到的一张废报纸中看到了一篇文章，他恍然大悟，原来，自己身边还有这么丰富的教育资源啊：风景秀丽的山川提供了学生们欣赏美、感受美的教育资源，也提供了孩子们进行生物、植物、地理等知识学习的资源，周围的村庄、小镇、长江边的一切，能给孩子们多少新的体验和感悟啊。把孩子们带到大自然中去，能够发掘多少教育资源，能够让教育变得多么生动而丰富啊。从此，这位教师不仅在教室里上课，也开始和学生一起走出去，把自己的课堂扩展到了无限丰富的大自然，他让自己的学生不仅学会了很多书本上的知识，还思路活跃，学会了热爱大自然，热爱家乡，热爱生活——这正是教育最值得称道的成功。[1]

这位教师正是意识到了资源的积极作用，教育才取得了如此巨大的成功，德育才真正深入人心。

---

[1]　刘华蓉：《教育资源：需要善于发现的眼》，《中国教育报》2002 年 4 月 3 日第4 版。

第二章　德育资源的构成

一　德育资源分类及划分依据

与一般资源相比，德育资源更具复杂性及多样性，这也决定了其具有更为丰富、繁杂的内涵。为了能够更好地配置、开发与利用德育资源，对其进行分类，清晰地把握其脉络将具有极其重要的意义。然而，分类并不是任意、毫无秩序的，而应在一定原则指导之下才能真正实现分类的意义。因此，在对德育资源进行分类时，"应该遵循以下两个基本原则：一是逻辑上要清晰，划分的资源类型不能自相矛盾和过多交叉重叠，二是要利于分析和解决学校实践中存在的主要问题，资源开发和利用中的主要问题，并找到相应的解决途径和办法"。① 据此，依据德育资源涵盖的内容，将德育资源按照不同的标准分为不同的类型。

按照功能特点，可以划分为素材性德育资源和条件性德育资源。素材性德育资源指直接作用于德育并成为德育的素材或来源，包括知识、技能、经验、活动方式与方法、情感态度和价值观以及培养目标等方面的因素；条件性德育资源包括德育的物质环境与人际环境，它虽然不直接成为德育素材，却影响着德育实施的范围与水平，例如直接决定德育实施范围和水平的人力、物力和财力，时间、场地、媒介、设备、设施和环境，以及对于德育的认识状况等

① 参见吴刚平《普通高中开发和利用课程资源的基本思路》，《中小学教育》2004年第2期，第25页。

因素。[1]

按照存在状态，分为生成性德育资源和固有德育资源。生成性资源是在德育实践中生成的资源，主要是指在真实的课堂教学情境中，通过师生的教学过程而产生的新的能够促进学生德性生成的各种条件和因素。一般而言，生成性德育资源存在于教师与文本、学生与文本、教师与学生以及学生与学生等双向和多向交互活动中，他们的互动可以产生无限的德育资源。生成性德育资源考验着教师的专业素养。固有德育资源是在德育实践中预先设定的德育资源。

按照资源属性，可以划分为人力、财力、物力等德育资源。人力德育资源主要指德育活动中的人，包括学校中的教师、学生、校长、家长和社会各方面人士等；财力德育资源指为发展德育而进行的经费投入，包括国家和地方对德育的财政投入、社会力量办学和捐资助学等多种投入；物力德育资源是指用于德育的各种物质资料的总称，包括学校的建筑、图书资料、仪器设备、实验设施和社区的自然与人文景观等。

按照构成要素的存在形态，可以划分为软资源与硬资源。德育软资源是指通过对硬资源的使用和开发所显示出的德育价值，又称为无形资源，如德育管理资源；德育硬资源是指可以直接使用或开发其德育价值的资源，又称为有形资源，包括财力资源、物力资源和人力资源。

按照空间分布，德育资源可以划分为以下三类：一是校内德育资源，如实验室，图书馆及各类教学设施和实践基地；二是校外德育资源，包括图书馆、博物馆、展览馆、科技馆、工厂、农村、部队、科研院所等的广泛的社会资源及丰富的自然资源；三是信息化德育资源，如校内信息技术的开发利用、校内外的网络资源等。

---

[1] 参见钟启泉等《为了中华民族的伟大复兴为了每位学生的发展〈基础教育课程改革纲要（试行）解读〉》，华东师范大学出版社 2001 年版，第 8 页。

按照基本性质，德育资源还可以划分为德育政治资源、德育经济资源、德育文化资源。德育政治资源是指国家为德育目标的制定和实现所提供的方向性、政策性、指导性的资源；德育经济资源是指德育活动的财力、物力资源；德育文化资源是指"具有德育意义的文化资源，包括德育知识、德育经验、德育信息资源、德育文化传统等"。①

按照时间的维度，德育资源还可以划分为传统德育资源和现实德育资源。传统德育资源是指以传统文化中的优良道德传统为核心，以重视伦理和道德为根本特征，以体现民族精神、爱国主义精神和人格修养等为内容的资源。现实德育资源是指当代社会中形成的能促进人的德性提升的资源。

按照存在方式，德育资源分为显性德育资源和隐性德育资源。显性德育资源是看得见摸得着的、可以直接运用于德育教学活动的资源，包括人力资源和物质资源等。作为实实在在的人与物的存在，显性德育资源可以直接成为教育教学的便捷手段或内容。隐性德育资源是指以潜在的方式对教育教学活动施加影响的精神形态的课程资源，如社会生活方式、社会风气、人际关系、校园文化、校园精神、师者风范等。隐性德育资源对学生的良好品德的形成和社会性发展具有持久的潜移默化的影响。

当然，德育资源还可以划分其他类型，这里不再展开。虽然按不同的标准划分为不同类型的德育资源，但实际上这些德育资源彼此间是可以相互交叉、相互包容的，正如现实中的许多德育资源往往既包含着德育的素材，也包含着德育的条件，没有决然的界限。值得强调的是，德育资源类型的划分也仅仅是相对意义上而已。

---

① 郭凤志：《德育文化论》，中国社会科学出版社 2008 年版，第 84—85 页。

二　中国传统德育资源

（一）德育内容资源

1. 价值观教育

尽管春秋战国时期有过百家争鸣的多元文化共存的局面，但纵观中国古代社会几千年的文明历程，我们可以发现，社会的主流思想实际上就是儒家思想逐渐取代其他思想并进而成为人们的主流思想，成为人们日常生活奉行的基本价值观的过程。而统治阶级紧紧抓住任何可以利用的机会，运用各种形式积极对民众进行着价值观教育。

在西周时期，价值观教育的核心是"孝"。孝是人类血亲关系最直接的反映，是诸血缘伦常之本。在中国孝概念的提出始于殷，而把孝概念赋予明确内涵、把孝作为宗法伦理基础并使之成为立国之本的是西周。

殷继夏，周继殷，主要是一个部族征服另一个部族。胜利的部族为了加强其宗族之间的团结，防止大小贵族之间的争夺权位，所以教忠教孝，鼓吹结友于兄弟，而以不孝不友为"元恶大憝"。早在商殷时代，殷（高宗）武丁的儿子孝己，就传说是有名的孝子，以孝为地名的有孝鄙，见于卜辞，金文中亦出现孝字。可见商殷的奴隶主贵族是极力宣扬孝道的，其目的无非借此维护奴隶主贵族内部的团结，并妄图以此消弭被统治者"犯上作乱"的意识。到了西周时期，《尚书·周书·酒诰》、《诗经·大雅·周颂》等有些篇目以及铜器铭文（如上述羽尊铭文）鼓吹唯有尽孝，步先祖的后尘，才能"受天之佑"，永远占有奴隶。所谓孝也包括后世所谓忠，要求奴隶主贵族各阶层（卿、士大夫、诸侯等）自下对上，层层尽忠，最后忠于天王才算尽孝，这无非企图借此来维护奴隶社会等级制的秩序。《尚书》、《诗经》、铭文和其他典册是教材，所以孝道这种思想在奴隶主贵族教育方面占有重要的地位。

西周时期，孝道不仅仅局限于亲子关系之间，纵向上它可以上溯至祖先，横向上也可以推至父系宗亲。"亲亲"的原则要求子女孝敬父母，"尊尊"的原则要求族人尊祖敬宗，尊祖敬宗也是一种孝道。这就是学者们将其概括的两项内容，即：孝养父母与祭祀先祖。[①] 有的学者对西周的孝道还进行了更细致地划分，如王慎行先生将其划分为："奉养父母，祭享先人，继承遗志，敬奉夫君，勤于政事五项内容。"[②] 西周的孝道具有如下特征：一是孝具有等级性。《孝经》把周代的孝区分为天子之孝、诸侯之孝、卿大夫之孝、士之孝、庶人之孝五种不同等级情况。不同等级之间的孝起到了维护宗法等级秩序的作用。二是孝的内涵逐渐由宗教向伦理政治进行转化。"周人在祭祖的宗教仪式中所倡导的'追孝'、'享孝'观念绝不是要人们沉醉于令人迷茫的虚幻的宗教世界中，而是借助于人们对祖宗崇拜的热衷来标榜现实人间秩序的血缘命定性与宗法政治的合理性"。[③] 三是西周孝道集宗教、政治与伦理三位一体。这种方式是西周社会的道德支柱，体现了血缘伦理原则直接转化为国家政治的原则。其目的在于通过诸如祭祀形态中对宗子主祭权的确认，借以实现宗子在等级政治结构中的相应地位。而周王则三权归一，即天子、宗子、孝子三位一体，集政权、族权、神权于一身。由此亦可看出，西周的孝道不仅仅意味着对父母的孝养、对祖宗的敬重，更重要的是具有政治功能——巩固宗法秩序的功能。

从春秋时期，孔子对"孝"的思想又有不同的阐释，"孝"是

① 朱贻庭：《中国传统理论思想史》，华东师范大学出版社1989年版，第9页。

② 王慎行：《试论西周孝道观的形成及其特点》，《社会科学战线》1989年第1期。

③ 付琳凯：《西周思想政治教育实践研究》，东北师范大学硕士学位论文，2007年。

"仁"的重要组成部分。孔子提出的儒家学说其思想体系的核心是"仁"。"仁"即"爱人"、"克己复礼"和"孝悌"。"仁"是道德作为的最高准则，"礼"从属于仁，"孝悌"是仁之根本。"爱人"即"泛爱众"，爱所有人。"克己复礼"，就是要克制自己的各种非分私欲，使自己的行为合乎礼。孝悌是孔子直接处理家庭关系的道德规范，孝是父子之爱，悌是兄弟之爱。所谓"孝慈，则忠"（《为政》），是孔子在道德观念上把"孝"加以发展和延伸，并与"忠"联系起来，以事父母之心事君，孝子必成为忠臣。从骨肉之情引向社会政治统治，这就是孔子从齐家到治国的伦理政治化、政治伦理化的道德观的特色。孔子把血缘关系、宗法关系同封建等级关系结合起来，使个人、家庭、社会，形成一个是伦理的又是政治的，融合为整体的封建的统一的中央集权主义的大家庭，让血缘宗法的心理情感关系掩盖了政治上的阶级剥削统治关系，对巩固封建统治极为有利。

此外，在"仁"的统摄下，孔子还提出一系列的道德教育概念，如恭、宽、信、敏、惠、刚、毅、木、讷、勇、敬、俭等等。在奴隶社会向封建社会转变时期，孔子继承和创造了内容广泛的仁德学说，在不同程度上迎合了社会转变时期各种势力的一定要求（奴隶主贵族要求缓和阶级矛盾，新兴地主势力要求政权，劳动人民要求生存权利），从而缓和了当时复杂、尖锐、激烈的社会矛盾冲突，出现一个新秩序的大一统的安定局面。[1]

秦始皇焚书坑儒采用暴力手段统一思想，借以消除民众的反抗情绪，巩固其封建专制统治，但此举并没能彻底灭绝儒学，此后儒学继续广为传播。

当然，汉初诸帝是不尊崇儒术的。但是儒家在汉初也不是完全

---

① 参见江万秀、李春秋《中国德育思想史》，湖南教育出版社1992年版，第60—62页。

没有地位的，在使用道家的同时，也兼用儒者入朝为官，著名的有叔孙通等，这些儒者都深受儒家文化熏陶，不断地向朝廷建议用儒家的德化、礼治来治理国家，这些都不同程度地影响了汉初统治者的治国思想。并且经过儒家的积极活动与斗争，其地位逐渐提高。到了汉武帝时，经济既得到了恢复和发展，政治上也出现了景帝平息七国之乱以后的统一局面。统一问题基本上解决了，以后的迫切问题是如何巩固政权，这就需要建立一个最适用的上层建筑来为当时的政治服务。汉武帝总结了自战国以来统治者的经验，特别是秦朝和汉初几十年的经验，转而倾向儒术。随着政治、经济和思想条件的成熟，董仲舒提出的"独尊儒术"政策便被汉武帝所采纳了。建元五年（公元前136年）专置五经博士，把原有的诸子传记的几十个博士都罢免掉，这是"独尊儒术"政策最显著、最重要的表现。儒家的诗、书、礼、易、春秋，这五种著作被尊崇为经书。汉武帝在确定将儒家学说作为统治思想以后，将儒家的理论渗透到政治、法律、文化等各个领域，使之成为制定各项政策的理论根据。从此，儒家学说逐步成为西汉中后期的统治思想，而且在后来两千年的中国历史上，儒家学说成为中国封建社会的思想支柱。①

此后，儒学逐渐被抬到"独尊"的地位，儒家思想逐步被规定为封建主义的指导思想，儒家典籍成为学校的基本教材，儒家所宣扬的"仁义道德"进一步被集中概括为"三纲"、"五常"，作为封建社会道德教育的标准。而此时所谓的儒家思想是经过汉武帝、董仲舒的改造，在一定程度上适应了形势的变化而有了新面貌，它吸收了各家思想，实现了一次以儒家为主体的新的思想上的大融合。这样的儒学"定于一尊"的显赫地位，走上汉代政治舞台，成为两汉的统治思想和主流文化。

---

① 参见毛礼锐、瞿菊农、邵鹤亭《中国古代教育史》，人民教育出版社1983年版，第167—171页。

　　魏晋以来，儒学受到玄学、佛教、道教等几种不同的强大的思想体系的冲击，一度呈现出衰落之势。司马集团在建立西晋王朝之初，一度又掀起了崇儒的热潮，把倡行礼制作为治国要务，认同君权至上和认可君对臣的绝对权威。因此，两晋时期的统治者依然承袭和延传着儒家治国思想。

　　唐朝时期，儒学理论形态发生了重大的调整和改造。唐初以孔颖达、颜师古等为代表的一代名儒编撰的《五经正义》提出了以礼仁为中心的道论与治道思想，从更高层次论证了君主制度的合理和永恒。柳宗元等人试图通过复兴儒家的仁义之道，树中正、立人极，维护中央集权制度，以此实现天下大治。韩愈等提出了忠君、清政、兼礼法、重传统，他们从维护封建伦理纲常和中央集权利益出发，力主罢黜佛、老之学，独尊孔孟之道。

　　唐代的统治者将崇儒立为基本国策。唐高祖李渊"颇好儒臣"，以后的历代帝王，均有不同程度的崇儒程度。具体表现为：重新尊孔、祀孔，加封孔子为文宣王，并广建孔庙；诏求儒生，礼遇儒士，并让他们参与或主持郡国政事；皇室成员教育崇儒，如唐太宗给太子作的《帝范》十二篇，基本上是儒家的帝王术；整理儒经，完成了《五经正义》，统一了经学，以适应政治上统一的要求，而且还以此作为学校教育和科举考试的主要内容；唐代采用儒家的表礼内法，具体表现在《唐律》和"唐礼"里面。《唐律》把封建道德法典化，提出了"德礼为政教之本，刑罚为政教之用"的儒家原则，其内容如"十恶、八议"等，宣称皇帝为"兆庶之父母"，神圣不可侵犯，反抗者为谋反为大逆，不仅本人处斩，而且父子皆绞、母女、妻妾、祖孙、兄弟、姊妹没为官奴婢，其余近亲流放三千里。唐朝建立了以唐律为核心的包括行政法规、皇帝制敕、文牍规则和刑事法典等完整的法律体系，引儒礼入法，对人民进行法律教育；唐礼体现了孔子"道之以德，齐之以礼"的政教思想，以孝悌为礼教的根本。唐代极力提倡孝道，唐玄宗亲自注

《孝经》。提倡孝道的后面，隐藏着"欲求忠臣，必于孝子"的目的。崇儒政策更具体体现在科举和学校制度上面。无论是科举还是学校的学习都是以儒家经典为主要内容，像唐代的国子学、太学和四门学的教学计划就是按照科举九经取士的要求而安排的，而《孝经》和《论语》则共同为必修。而私学也多是儒士大家传授经学。

宋太祖已经十分注意重用儒臣，表示了尊孔崇儒的意向。宋朝建国后，宋太祖为了加强中央集权，防止割据，重用儒臣，宣称"宰相须用读书人"，并且教武臣读书。宋太宗更明确提出"武功克定"、"文德致治"，极力提高儒学的地位，规定选用人才"须通经义，尊周孔之礼"。宋真宗以后，尊孔崇儒更加突出。宋真宗特命人校定《周礼》、《仪礼》、《公羊》、《穀梁》、《孝经》、《论语》、《尔雅》等七经疏义；随后，又撰《论语正义》、《尔雅疏》、《孝经正义》、《孟子正义》，合唐人九经正义，共为十三经正义，颁行学官，成为法定教材。从此，"十三经"之名正式确立，并成为儒经的正宗。南宋理宗时，统治者又封赠孔子以次的儒家学者，表彰《四书》，崇奖理学，确立了理学的统治地位，其目的是为了统一本阶级的思想，以此来维持和巩固统治。

孔子在元代被封为"大成至圣文宣王"，使其美誉达到无以复加的程度。孟子等历代名儒也获得了崇高的封号；元朝在中国历史上首次专门设立"儒户"阶层，保护知识分子，"愿充生徒者，与免一身杂役"。由于受程朱理学影响，元代科举非常重视经文、策论，并将"四书"作为考试和学习的主要内容。在政治上多少满足了汉族知识分子要求广开仕途的愿望，也使汉文化在蒙古人中得到进一步发展。

明官学规定以程朱理学为思想准绳。明统治者都奉程朱理学为至尊，作为崇儒的具体体现。明太祖时期，就确立了"非五经、四书不读，非濂、洛、关、闽之学不讲"的基本方针；明成祖又命人编纂了《四书大全》、《五经大全》、《性理大全》作为钦定的教本。平日官学的季考、月课皆用"四书"、"五经"文，即要把"纲常"道德教育渗透在经史的教学中。而且，明统治者对一切违反理学的书籍、思想、言论和行为都严加禁止。尤其是在科举考试中，规定以朱熹的《四书集注》为标准答案，强调非朱子之说不得言。这就从根本上禁锢了人们的思想。这样做的目的，用他们的话来说，是为了"正人心"，实际上就是要用"存天理，灭人欲"的规条令人们俯首帖耳，自觉做封建伦理纲常的奴隶。①

清统治者仍然利用儒家思想控制社会思想文化。早在清朝立国之初，顺治帝就尊崇《六经》是"天德王道备载于书，其万世不易之理也"，既是"帝人修身治人之道"，又是"臣子致君"之本。要求"择满汉词臣，朝夕进讲"《六经》，大小官员更需"留心学问"，研究经术。崇经必然尊孔。定都北京后，清朝统治者采取了一系列尊孔措施。顺治元年（1644），袭封孔丘第六十五世孙孔允植为"衍圣公"；二年，封孔丘为"大成至圣文宣先师"；十四年，改封为"至圣宣师"；康熙二十二年（1683），康熙帝亲书"万世师表"匾额，悬挂于全国各地孔庙，并于翌年到曲阜，亲自祭孔；乾隆帝曾九次亲赴曲阜朝拜。

在崇尚儒家经术和尊孔的同时，清朝统治者还大力提倡程朱理学。清官学规定以程朱理学为思想准绳，并竭力提倡程朱理学，把它作为官方思想，作为统治人们的精神支柱。为了表示对程朱理学的尊崇，顺治十二年和康熙五年，分别下诏以朱熹婺源十五世孙朱煌、十六代孙朱坤承袭翰林院《五经》博士，在籍奉祀。康熙二十九年，康熙帝亲书"大儒世泽"匾额及对联"诚意正心阐邹鲁之实学，主敬穷理绍廉洛之心传"，赐考亭书院悬挂。康熙五十一

---

① 参见陈学恂《中国教育史研究（明清分卷）》，华东师范大学出版社1995年版，第36页。

年，还下诏朱熹配享孔庙，列为十哲之一。五十二年，他又命熊赐履、李光地等理学名臣编辑《朱子全书》六十六卷，并亲自为之作序，认为"非先王之法不可用，非先生（指朱熹）之道不可为"。还说："朕读其书，察其理，非此不能知天人相与之奥，非此不能治万邦于衽席，非此不能仁心仁政施于天下，非此不能内外为一家。"① 五十六年，他又为新编《性理精义》一书撰序，再次推崇程朱理学。经统治者的大力提倡，程朱理学成为清朝办学育才的指导思想，科举考试的基本内容。

由此可见，公元前475年中国进入封建社会以后，儒家思想逐渐成为中国封建社会占主导地位的统治思想，其思想也逐渐成为中国封建社会的主流价值观。

2. 道德规范教育

道德规范是维系古代社会秩序正常运行的最基本方式之一，对民众进行的道德规范方面的教育则是统治阶级维护其统治不可缺少的最为有利的精神武器。中国古代社会最基本的道德规范就是儒家倡导的"忠"、"孝"、"仁"、"义"、"礼"、"智"、"信"等方面的基本思想。

周人很重视德，在周人看来，夏、商灭亡的原因就在于迷信天命、忽视道德，周公认为："惟不敬厥德早坠厥命"②，即国家安危和社会治乱，关键是统治者能否敬德，敬德则胜，失德必败。因此，周初出现了"以德配天"的理论，并逐渐形成了一些反映奴隶主阶级利益和要求的规范。西周重视以德治国的另一个原因在于，随着生产的发展，奴隶和奴隶主，平民和贵族之间矛盾的日见尖锐，统治阶级已不能采取强硬或高压手段来对待被统治者，因而

---

① 参见毛礼锐、沈灌群《中国教育通史》（第三卷），山东教育出版社1987年版，第388—389页。

② 《尚书·召诰》。

只好借各种礼仪标明尊卑上下的等级差别，所谓"以仪辨等，则民不越"，反映了统治阶级重视礼仪和道德教育的目的，都是教育百姓安分守己，遵守君臣上下之道，不"僭越犯上"。

春秋时期的道德规范教育的内容十分广泛，信、义、忠、孝、仁、爱等后来所倡导的内容在当时都提了出来。但由于这个时期前后持续了二百多年，范围包括几十个诸侯国，所以，在不同时期和不同国家所实施的德育内容也不尽一致。一些比较落后的国家和比较保守的政治家、思想家都强调孝、亲，极力维护血缘关系和宗法制度。相反在经济、政治比较先进的中原诸国，在比较进步的思想家中，往往强调"忠"。当时，"忠"往往作无私解，即能够舍弃原有的血缘宗法关系，而忠于新兴的封建地主阶级的君国。尽管不同时期和不同国家所强调的内容各有侧重，但又普遍将信、义作为道德规范的主要内容。晋文公说："信，国之宝也，民之所庇也。"[①] 在统治阶级看来，忠信可结于百姓。另一方面，信也用来约束统治阶级内部的关系及以及国与国之间的关系等。信在春秋时期被视为如此重要，是由于天神观念的淡薄，开始重视人与人的关系，乃至由于私有经济和私有观念的发展，冲击了原来的血缘关系，破坏了原有的纯朴的道德秩序，欺骗行为越来越多的缘故。春秋时代的奴隶主贵族还很重视义。这时期的"义"，是要维护血缘关系，严格区分贱贵、少长、远亲、新旧、大小等界限，是为奴隶主的宗法等级制度服务的，基本上反映了时代的要求。但到了春秋后期，这种道德规范已开始受到冲击，"义"则成为忠实于新兴地主阶级的重要内容了。可见，这一时期道德规范的内容，反映着时代的变化和统治阶级的利益。

秦朝的道德教育以"改化黔首，匡饬异俗"为目的。在秦历史上，秦始皇登基后，有五次巡行。巡行的目的，就是对六国诸侯

---

① 《左传·僖公二十五年》。

和人民显示权威，使人民在政治上、思想上服从中央的统治，使原六国民俗、道德不异于中原，以做到"黔首改化，远迩同度"，促进全国范围的"行同伦"。例如，公元前210年秦始皇的第五次也是最后一次的巡行，这次巡行后刻石颂秦德，其中许多文字都是关于化民成俗统一思想的，特别对男女节操提出严格的要求。刻石要求天下人都要方正清白，洗涤污俗，接受美好风俗、道德的陶冶，敦厚奋勉，奉行同一法律。并且还应该教育后代敬谨奉法，以实现"黔首修絜，人乐同则，嘉保太平"。这种巡行对于巩固中央集权的统治是有利的，对形成全民族的民风习俗、道德规范有积极作用，在历史上是进步的，影响是深远的。

汉代伦理教育的核心内容是三纲五常。即君为臣纲，父为子纲，夫为妻纲的"三纲"和仁、义、礼、智、信的"五常"。"纲"的教育发挥了君权、父权和夫权的封建统治思想。"五常"是作为个人处理人际关系，以实行"三纲"的五种根本的道德意识和道德要求，它是调整和补充"三纲"的道德规范。"三纲"、"五常"，合称"纲常"。这就是封建社会的伦理纲常。维护这三种关系，对于稳固封建统治秩序意义极大。"三纲五常"进一步明确肯定了君臣、父子、夫妻间的尊卑、主从关系，其中更以君尊为重。"君人者，国之本也"（《春秋繁露·立元神》），"缘臣民之，不可一日无君，……故屈民而伸君"（《春秋繁露·玉杯》）。同时，汉代德育也非常重视孝的教育。汉代号称"以孝治天下"，是中国历史上最早开始重视孝的朝代。汉代将《孝经》确立为七经之一。为传授《孝经》而设置经师，出现传授《孝经》的专家，《孝经》核心思想即是在家行孝，对国尽忠，事亲孝就能事君忠，由修身治家便可推及治国为政的"以孝治天下"的观念。汉代为推行"以孝治天下"的观念，在用人制度上"举孝廉"。同时采用优复制度、实行经济奖励、优待老人、表彰孝敬行为、对不孝者进行惩罚等等，采取种种方式广施教化，劝导乡里，崇化励俗。汉代统治者为了实施孝道教化，使孝道成为人们内心的信念，自己"以身作则"来实践孝道，影响最大的就是以"孝"作谥号，来显示对孝的推崇和提倡。汉代的皇帝，自惠帝以下，全都以"孝"为谥，如汉孝惠帝、孝文帝、孝景帝、孝武帝等，都冠以"孝"的谥号。汉代统治者以孝作为国君之谥，目的在于表示这些皇帝生前都曾恭行孝道，堪为天下人的表率，是全国人仿效的榜样，力图上行下效，影响整个社会、想依靠社会舆论和榜样感化的手段来固化人们内心的孝道信念。

三国时期，忠孝仁义的内涵均有不同程度的体现和发展。三国时期的忠，仍然是对忠的传统内涵的继承。这种继承，第一，便是殷勤王事，忠清奉公。第二，忠君事主，在中国古代不仅意味着忠于皇帝，也包含了为自己主人、上级、长官而奋不顾身的种种行为。三国时期，这样的人物可以说是举不胜举。在三国时期，尽忠的含义，并不是绝对地对君上以死相报，尽愚忠。还要看时势的变化及所尽忠对象的优劣。在对方的确是"明主"的情况下，"良禽择木而栖"，或在双方力量对比悬殊的情况下背主降敌，均是允许的或可谅解的。三国时期的"孝"内容为爱、敬、顺、友、悌。即做子女、晚辈的，要爱父母，尊敬、顺从长辈，绝不能忤逆长辈；平辈之间，则兄长对弟弟要友爱，弟弟对哥哥要恭顺，等等。这时期对因仁而孝也是十分重视的。在《三国志》中，有所谓"孝友之仁"、"亲亲之仁"的提法，那是强调以仁而及其亲。三国时期的仁的观念，基本继承了儒家学说。其基本的内涵并没有多大改变，但是在具体的实行中，仁却往往是作为军阀帝王打天下的工具。三国时期的义，以铲除奸臣、兴复汉室为义，君臣之义为义，忠义殉主、死国为大义，以礼法与慈爱相结合为义，以遵守嫡庶长幼之序为义，以君主爱民为义。

两晋时期，西晋政权建立后，门阀士族逐渐把持政权。门阀士族大多是靠儒家名教起家的。因此，司马集团在建立西晋王朝之初，一度又掀起了崇儒的热潮。晋武帝于泰始四年（268 年）发布诏令，强调指出："敦喻五教，劝务农丁，勉励学者，思勤正典，无为百家庸末，致远必泥。"① 晋的太学及国子学教学内容的核心仍是儒家经学，于礼学尤为重视。反映了中国传统教育的核心始终未离开经学，也说明儒学在解决社会问题和政治问题上具有不可替代的作用。礼即等级原则是儒家传统的治国方针，在实际政治生活中，等级原则指导下的政治秩序是君主政治的根基和保障。因此，专制统治者无不把倡行礼制作为治国要务。正如晋人顾和所说，"礼所以轨物成教，故有国家者莫不崇正明本，以一其统"。② 西晋初期，虽天下未安，又玄风靡兴，但礼制的权威尚在，至中期以降，延至东晋南朝，礼制渐废。

南北朝时期，由于政权更替频繁，使人感到忠君无望，于是将修身的注意点由社会转向家庭，而统治者及士族们也只能借家族敦睦来维系门第声望，这使孝敬仁义成为道德伦理教育的基本内容。当然，这种以修身护家为基本内容的教育，最终还是为了实现治国和安邦。所以，在教育子女时，也注重让他们多做好事，更好地立足于社会，得到人们的重视。魏晋南北朝时期，士族门阀往往标榜自家门风优美，一方面是为了表明自家子弟思想品德高尚，家族地位高人一等；另一方面也是为了和睦本家族人际关系，减少内部的矛盾与纠纷。世家大族在本家族内部还强调团结互助，接济与教育本族贫困家庭的子弟。

唐朝诸帝都是"以孝治天下"，对忠孝之道推崇备至。唐太宗称："百行之本，要道惟孝。"武则天说："忠为令德，孝乃天经，义著君亲，道存爱敬。"他们采取一系列措施，把忠孝思想贯彻于社会的各个方面。孝是造就认同古代社会政治秩序各种社会角色的

---

① 《晋书·武帝纪》。
② 《晋书·顾和传》。

最一般的规定性，统治阶级的系统规范，如君臣、父子、夫妻三纲，对忠孝一体观念的牢固确立起了至关重要的作用。《唐律疏议》就是以君为臣天、父为子天、夫为妻天来阐明封建法理的，如《名例》有"夫者，妇之天"。《孝经注疏》以养、敬、谏、顺论子对父之孝。谏是一种积极的事父态度和行为，归根结底是父及家族的利益至上。敬与顺是孝的本质。与此相应，忠则以事、敬、谏、从为基本内容，归根结底在于敬、从二字。忠与孝都是一种对君父的附庸意识。

宋代是在经历了唐中叶以来的长期分裂混乱不堪的局势之后建立的，深感封建伦理纲常遇到严重破坏。统治者迫切需要重整纲纪伦常。宋统治者重整封建纲常伦理教育，以加强政治思想统治。宋代教育，把伦理道德的灌输和训练放在首位，是一个突出特点。例如在宋代家规、家训中爱国主义思想教育十分突出。许多教育家都力主国家统一，大力宣扬爱国主义思想。许多家族也是以抗击外侮为家教，许多家长也作出了爱国的榜样。涌现出许多爱国世家。如杨家（继业）、岳家（飞）等。文天祥的"人生自古谁无死，留取丹心照汗青"和陆游的"死去原知万事空，但悲不见九州同。王师北定中原日，家祭无忘告乃翁"等著名诗句，不仅教育了他们自己的后代，更激励过一代又一代的人民，爱国主义的教育具有十分感人的力量。

元朝自从蒙古统治阶级执掌政权后，即力图把所有人的社会活动都纳入其封建统治的思想体系规范中，并利用一切可能灌输儒家伦理观念，以便按照"君怀臣忠，父慈子孝"的封建图式建立"天下太平"的统治秩序。忽必烈不仅自己接受三纲五常而且要求王公大臣也尽力实践三纲五常的规范。蒙元统治者大力提倡三纲五常，就是想用它来规范人们的言行，以维护君主的绝对权威和中央集权的专制统治。在元朝，提倡孝养老人；禁止亲在分居及政府设立养济院；禁止虐待父母，包括妻父母；禁止损害自己身体健康的行孝；父母去世，不能饮酒作乐，不能在丧期之内结婚，当官的人要回家，违者治罪；对假孝行为进行处罚。凡是做到以上几点的，政府给予物质和精神上的奖励，以此鼓励人们形成养老的社会风气。

明太祖在洪武二年（1369 年）颁文谕大学学官时曾指出："治天下以人才为本，人才以教导为先。今太学之教，本之德行，文以六艺者，遵古制也。"①"本之德行"，就是要把封建伦理道德教育放在教育的首位，把培养封建卫道士作为教育的根本宗旨。洪武五年，明太祖召博士赵做等于奉天殿，曰："尔等以孔子所定经书诲诸生，若苏秦、张仪由战国尚诈，故得行其术，宜戒勿读。……令有司察举贤才，必以德行为本，文艺次之。"②再次重申了"德行为本"的办学宗旨。明朝的道德教育非常重视礼乐教化。认为它是德育的起点和核心。先进于礼乐，既是蒙学的基础，又是地方直至国子监各类生员教育的起点。实际上，礼乐作为德育的首要内容被不断地强化着：无论在校内还是在社会上，可以说只有礼乐教育是终生教育。如果说幼儿阶段礼乐侧重于教养、诱导、规劝的话，在公学中，侧重点则是"训"而非"教"。学校的教学，除认识文字、传授知识、准备应试以外，其教育的方向是维护封建等级制的纲常伦理。

清朝鸦片战争前，对人们的思想控制是十分严厉的。清代官学中的必读教材《圣谕广训》出自雍正之手，是由康熙的《圣谕十六条》演化而成的。它从道德、伦理、风尚、法律等方面规范了封建行为准则，是清代的道德总目。其范围十分广泛。十六条为："敦孝悌以重人伦、笃宗族以昭雍睦、和乡党以息争讼、重农桑以足衣食、尚节俭以惜财用、隆学校以端士习、黜异端以崇正学、讲

---

① 《南雍志》卷一《事纪》。
② 同上。

法律以儆愚顽、明礼让以厚风俗、务本业以定民志、训子弟以禁非为、息诬告以全良善、诫匿逃以免株连、定钱粮以省催科、联保甲以弭盗贼、解仇忿以重身命。"① 这十六个条目的核心，就是要求人们要循规蹈矩，俯首帖耳，做一个完全的封建奴才。"以孝治天下"是历代封建统治者所遵循的传统道德观念，清代也不例外。康熙帝也将忠君和孝亲联系在一起，告诫子孙要体察君上或父母的意愿和要求。他还为此编写《孝经衍义》一书衍释经文，详述义理和以孝治天下的道理。此外，清朝伦理道德教育还包括培养子弟吃苦耐劳、艰苦奋斗、勤劳俭朴的内容。这对于巩固和加强清王朝的统治，无疑起到了非常重要的作用。

3. 信仰教育

古代社会的信仰教育同生产力发展水平紧密相关。随着生产力发展水平的逐渐提高，人们认识自然改造自然能力的逐渐提高，人们最初的信仰也由对"鬼神"的敬畏逐渐转变为宗教上的信仰。统治阶级更是利用各种"鬼神"、"宗教"，极力将自己装扮成"天之子"，以使人们相信"天命"。

夏代是奴隶制社会的初创时期，人们认识自然的能力仍然比较低，这就决定了人们对"天"、"帝"的迷信观念在夏代仍然占有重要地位。据说夏王朝的创始人禹很迷信，薄衣服，卑宫室，"而致孝于鬼神"。禹死之后，他的儿子启夺取了禹的职位，他不仅不重视道德，与其父一样相信天命鬼神。与有扈氏大战于甘时，他完全以上天的代表自命，说"天用剿绝其命，今予维恭行天之罚"。② 这种靠天不靠德的思想和做法，一直持续到夏末。夏代虽然部分地继承了原始社会的道德思想，但更主要的是发展了"天命鬼神"

---

① 陈学恂：《中国教育史研究·明清分卷》，华东师范大学出版社1995年版，第12页。

② 《尚书·盘庚（下）》。

的思想。

　　商殷的奴隶主贵族特别宣扬宗教迷信，抬出"上帝"作为维系等级制和吓唬劳动人民的偶像和幌子。从殷墟卜辞，可以看到上帝成灵显赫，管到年成丰歉，战争的胜败，都邑的奠基，王权的传授，等等。《尚书·商书》的若干训诰屡屡宣扬上帝的无上权威，商王常利用代行"天罚"来恐吓被统治者。殷人的上帝具有巫术和迷信的原始宗教意义。

　　西周时期天和帝已经合二为一，并无本质差别，可以说天即帝，帝即天。① 在周人看来，无论是自然还是人事，天子的命运还是国家的兴亡，以及人间的伦常秩序皆取决于天意。西周贵族自称"受命于天"，天派他们作"君"，作"师"，对被统治者有生杀予夺的大权。周人认为，周王朝是"普天之下"一切人的国家，包括四裔，不存在另外的国家及其保护神与之相对立。那么，作为天下之王和华夏族代表的周天子，将天与帝一同尊奉为国家至上神，高居于众神之上，实质是运用政治权力，在神界树立一个大一统的偶像。此举不可能禁止人们对自己民族部落祖先神灵的尊奉，但是，以天帝作为至上神的最大益处本来就不在宗教，而是在政治上，即培养对周王朝的认同感，增强社会凝聚力，促进社会统一、协调和整体化。周初奴隶主鉴于商朝灭亡的教训，畏惧人民超过了畏天，对天发生了怀疑，在周人看来，王朝的更替是由天帝的意志所决定的，历史上夏王朝的建立是由于接受了天命，后来天命转移，殷革夏命，于是夏王朝灭亡，殷王朝兴起，即天命是可以变化的、转移的，是谓无常。但周人又认为，天命的转移并不是随意的，而是以一定的理性原则为依据的，这就是"皇天无亲，唯德是辅"②，是可谓天命有常。这意味着西周时期天命思想开始动摇。

---

　　① 陈筱芳：《帝、天关系演变》，《西南师范大学学报》2004 年第 3 期。

　　② 《左传》僖公五年引《周书》。

春秋时期，有意志的人格神受到了普遍的怀疑和否定，明确提出了"妖由人兴"，"吉凶出人"，"祸福无门，唯人所召"。① 把社会的命运和人祸看作是由人本身和人的道德决定的。一些贵族认识到，"弃德、崇奸、祸之大者也"。"无德而添殃也"。有远见的政治思想家们比较重视道德在治国中的作用。子产说："天反时为灾，地反物为妖，民反德为乱，乱则妖灾生。"如果没有德的维护，他们的统治就会有危机。

汉人认为"天人感应"，遇到天灾，帝王就必须反躬自省，征求贤才，改善政治。这种神学思想，充分反映在当时的选举制度上。汉代帝王每作出要征求贤才的诏书时，多要先说明灾异事故，如地震、日食、月食、星陨等。汉成帝时，遇有日食、地震，就下诏求贤良方正能直言极谏者。元延七日诏曰："今孛星见于东井，朕甚惧焉。公卿大夫、博士、议郎其各悉心，惟思变意，明以经对，无有所讳，与内郡国举方正能直言极谏者各一人。"② 更有甚者，董仲舒把君臣、父子、夫妻这三种关系纳入宿命论的范畴，规定为命与受命的关系。他说："天子受命于天，诸侯受命于天子，子受命于父，臣妾受命于君，妻受命于夫。诸所受命者，其尊皆天也。虽谓受命于天亦可。"③ 在董仲舒看来，臣、子、妻"顺命"于君、父、夫是绝对的。这就是用"天命"神权加强了政权（君权）、父权（族权）和夫权。"三纲"就成为永恒不变的"王道"极则，被确立为封建社会最高的政治原则和伦理原则。而臣忠、子孝、妇随也就成为封建社会中最重要的道德规范。

唐朝，佛教道教在统治者的扶植下获得迅速发展。在唐代，道教逐步走向成熟和鼎盛，道教与王权彼此视同一家。李唐王朝奉道

---

① 《左传·襄公二十三年》。

② 《汉书·成帝纪》。

③ 《春秋繁雷·顺命》。

教为国教，以《老子》为"祖业"、"家书"，视道士为同宗。道教为迎合王权需要，调整教义，采取多种形式、途径为王权服务。如利用道教神灵来制造王权神授舆论，利用道教祈福攘灾法术来"佐国济民"，利用阴阳术数、养生之术为帝王个人求长生成仙，利用道教清静无为思想为帝王提供治国之策等。唐代是中国佛教全面发展的鼎盛时期。皇帝们自觉地利用佛教"助化"、"开导述愚"；佛教摄取和认同儒家的忠孝观和宗法思想，使之成为中国佛教道德的主要特征。佛教极力宣扬孝道思想、忠君思想。僧人撰写大量论著，阐明佛教道德与孝亲的内在一致性。在佛教徒看来，佛教之孝高于世俗之孝，五戒有孝之蕴，戒以孝为先，戒中又有孝，五戒可与五常相比附。实际上中国佛教对孝的理解与儒家经义大同而小异。佛教三世六道、善恶果报论与纲常名教结合，号召人们通过主观努力，去认同和实践纲常名教，以求来世幸福和永久解脱。在唐代，佛教开始将对帝王的礼敬置于对佛的崇拜之上。僧人不仅屈膝于君父面前，而且千方百计在佛法中为忠君观念寻找依据，进而论证王权尊严。例如唐代高僧玄奘称颂帝王"以轮王之尊，布法王之化"。还有大批佛教僧侣食君禄受君恩，甘为臣僚。这种新的道德体系成为宗法纲常论的重要补充。宗法化的佛教道德扩大了纲常的影响力和渗透力，成为封建德育的支柱之一。

宋代统治者在尊孔崇儒的同时，也很重视宗教的作用，提倡儒、佛、道的融合。北宋初年，宋太祖就大力提倡佛教，下诏保护和修复诸路寺院，书写藏经。宋太宗时又雕印了全部佛经，共五千多卷。宋代名山胜地，寺院林立，俗尼人数最多时达四十多万。佛家高僧纷纷讲禅说理，宣扬佛教的道德信条。如：十善、十恶、四思，以及十重戒和四十八轻戒等。佛教的这些基本道德信条和戒律，正与儒家的伦理纲常相合，因而也被统治者用来麻醉人民。宋代对道教也极力提倡，尤其是宋太宗、宋真宗和宋徽宗三朝更盛。太宗曾召见华山道士陈抟赐号"希夷先生"，在开封、苏州等地修建道观，并多方收集道教经典，共得七千余卷。真宗命王钦若、张君房等专修道藏，于全国各地大建宫观。由于统治者的提倡，道士等纷纷宣传道教的道德信条及规诫。如：宣扬慈孝、宣扬因果报应，宣扬七伤、七报、八难等。这与儒家的伦常与佛教的信条有一致之处。宋代提倡儒、佛、道融合，在社会教育上，儒佛道杂糅的宗教及因果报应之说，支配了相当一批人的思想，影响了整个社会的道德风俗，从而巩固了封建统治。

元蒙古民族笃信宗教，元朝统治者置宗教于尊崇地位，也给国家政治生活造成了特殊的影响。统治者认为僧、道、其他教徒都是"替皇室向上天祈福的人"，所以他们的社会地位高于一般人民。元代法律定佛、道、儒为并列三家，借助佛、道加强对人民精神生活的控制。从成吉思汗以来，蒙古统治者信奉传统的萨蛮教，但对其他各种宗教，也都采取宽容态度，只要不危及其统治，都予以保护和利用，力图"以佛治心"，即用佛教净化人的思想，以达治国目的。

4. 君子人格教育

君子人格教育是古代社会对民众个人的具体要求。"富贵不能淫、贫贱不能移、威武不能屈"、积极进取、厚德载物、刚健自强的人格境界成为各个朝代的人格要求。

在原始社会，人类在同大自然抗争的过程中，教育就逐渐出现了。那时的教育主要是通过言传身教实现的。而教育的内容主要是人类初期形成的原始民俗活动，等等。其中神话故事成为人的品格教育的重要部分，如《精卫填海》中精卫不屈不挠的斗争精神、《夸父追日》中夸父敢于与日竞走的大无畏气概、《刑天斗天地》中刑天"无头仍有猛志"的精神，等等。这些神话故事不仅反映了人类祖先与大自然抗争的积极进取精神，而且也表现了人类在征服自然时对人格的高层次要求。这些都对炎黄子孙产生了深远的影响。如陶渊明读过这些神话故事，竟写下了"金刚怒目"的诗句：

"夸父诞宏志，乃与日竞走……余迹寄邓林，功竟在身后"，"精卫衔微木，将以填沧海。刑天舞干戚，猛志固常在"。① 可见，原始神话已经在潜移默化地塑造人的品格。

到了夏、商、西周时期即出现"大道既隐，天下为家"② 的社会生活状况。这时期的教育主要以"孝"、"德"、"礼"教化社会，进而培养奴隶主阶级所需要的君子，诚如郑玄所说："天子、诸侯及卿大夫有地者，皆曰君。"③ 章学诚等人所说："是居官之人，亦即教民之人也。"④ 也就是说，这个时期所培养的君子是为国家、为统治阶级服务的，并以国为重，开始渗透着社会本位的思想。但这三个时期在教育上各有所侧重。如夏朝时"为政尚武"，故有"夏后氏以射造士"⑤ 之称，但是其尚武的精神中渗透着礼并以礼来约束。同时夏朝还有"明人伦"⑥ 的教育，首先表现为养老敬老教育。据《礼记·王制》记载："凡养老……夏后氏以飨礼。"要求"体荐而不食，爵盈而不饮，依尊卑而为献取数毕而已。"⑦ 孝即成为重要的教育内容。到商朝时，"殷人尊神"，故是对夏的一种否定。但在教育内容上对夏的尚武精神予以更多的礼的约束，如礼的教育成为大学教育的重要内容，尤其是孝礼的教育。据《礼记·王制》："殷人养国老于右学，养庶老于左学。"

周人非常重视"孝"、"德"并把其作为"君子"的主要政治标准和道德要求。周公认为敬德者昌，悖德者亡。因而强调统治者即君子人格的修养。周人所谓的道德要求有如下几点内容："父慈

---

① 王瑶编注：《陶渊明集》，人民文学出版社 1957 年版，第 103 页。

② 《礼记·礼运篇》。

③ 郑玄：《仪礼·丧服》注。

④ 孟宪承：《中国古代教育史资料》，人民教育出版社 1980 年版，第 13 页。

⑤ 《文献通考·学校考》卷四十。

⑥ 《孟子·滕文公上》。

⑦ 孔颖达：《礼记·王制》疏。

子孝，兄友弟恭的行为规范；德是上天所规定的'民彝'，具有先验性和绝对权威性；德是权威大法，无分阶级，都应遵循，不得超越，不遵循便会造成混乱；对于违反法制规定的人要严刑制裁。"①其中"彝教"，周公十分重视，尤其是孝与义。孝在《周礼》中居于特殊重要的地位。周公对孝的含义做了重大的扩充和发展，使其变成了君权、父权、夫权三位一体的思想。可见这时的孝已萌发了"三纲"思想。孝道内容的变化，大大提高了孝道教育的地位，使其变为"经国家，定社稷，序民人，利后嗣"的重要教化内容。②"义"作为道德教化的重要内容。"用其义刑义杀"即统治者必须"慎罚"，并把其作为对庶民的"训俗"活动。《礼记·中庸》又说："仁者人也，亲亲为大。义者宜也，尊贤为大。亲亲之杀，尊贤之等，礼所生也。"可见，义是与"亲亲"相区别的，是礼的重要内容。后世所推崇的"六亲不认"、"大公无私"、"大义灭亲"等，都表现了阶级关系高于血缘关系。这在一定程度上体现了中华民族的社会本位思想，即以国为重。此外，崇尚中和的道德价值追求通过《周易》的思维方式反映出来。其思维方式可分为四种类型："（一）天人合一的整体思维；（二）奉常处变的循环思维；（三）寓理于象的形象思维；（四）得意忘象的直觉思维。"③可见它的思维方式就决定了《周易》以中和为特色的天人合一的价值取向。这种中正、中和的价值观念，对后来儒、道中和价值观的形成，产生了决定性的影响。而这种中和之德，后来经过演变发展成为中华民族文化精神的核心内容和君子人格的基本要求。

　　到了西周晚期春秋战国时期，这时中国的社会开始由奴隶制向封建社会过渡。其所教育所要求的德育内容也开始变化。出现了

---

① 罗炽：《中国德育思想史纲》，湖北教育出版社 1997 年版，第 26—27 页。

② 毛礼锐、沈灌群：《中国教育通史》（第一卷），山东教育出版社 1985 年版，第 115—116 页。

③ 罗炽：《中国德育思想史纲》，湖北教育出版社 1997 年版，第 21 页。

"百家争鸣，百花齐放"的景象。孔子把君子品格的培养作为其教育的目标，认为君子要具有"智、仁、勇"三达德。即"士"、"君子儒"应该"弘道"、"志于道"，即做人做事要追求以合理的方法去做符合伦理道德的事情，以追求真理为最高境界。据《论语·宪问》："骥不称其力，称其德也。"强调道德重于智识。《论语·述而》说"子以四教：文、行、忠、信"。即从入德的文化基础、道德品行及实践、言行忠诚做事尽力、信实不欺等四个方面概括孔子的德育内容。但其实质性的内容则是"仁"、"礼"的思想。作为孔子德育思想核心的"仁"，从孔子针对学生的具体不同情况所作的解释，其范畴大抵包含"恭、宽、信、敏、惠、刚、毅、木、纳、温、良、俭、让、义、礼、忠、恕、智、勇、孝、悌、直、笃、敬、中和等德目"①，其精髓是"爱人"。在《论语·学而》中有"孝悌也者，其为仁之本也"。把孝、悌即对同类有同感、尊敬亲长作为仁的根本起点，进而延伸到人与社会的关系中，要求人们讲中和之道即忠恕、恭、惠、宽容等，"克己复礼为仁。一日克己复礼，天下归仁焉"，以达到社会和谐，实现智、仁、勇统一的人格境界。孔子认为"性相近，习相远"，在教育方法上提出"有教无类"、"因材施教"，认为每个人都有可能成为君子。但是人必须要学习并实践才能达到理想的人格境界，即"敏而好学"、"三思而后行"、"三人行，必有我师焉"。如果不这样做，则无法实现君子的人格境界，如《论语·阳货》指出："好仁不好学，其蔽也愚；好知不好学，其蔽也荡；好信不好学，其蔽也贼；好直不好学，其蔽也绞；好勇不好学，其蔽也乱；好刚不好学，其蔽也狂"即一味喜欢仁德，而不好学，其弊病是容易被愚弄；一味喜欢聪明，而不好学，其弊病是容易放荡不羁；一味喜欢诚实，而不爱好学习，其弊病是容易被人利用使自己受害；一味喜欢直

---

① 罗炽：《中国德育思想史纲》，湖北教育出版社1997年版，第57页。

率，而不好学，其弊病是说话尖刻刺人；一味喜欢勇敢，而不好学，其弊病是容易闹出乱子；一味喜欢刚强，而不好学，其弊病是狂妄不羁。

孟子对孔子的唯心主义思想部分进行了批判地继承，由孔子的性无善无恶论，发展到"人之初，性本善"的性善论，《孟子·滕文公》指出"孟子道性善，言必称尧舜"。"恻隐"、"羞恶"、"辞让"、"是非"等德之四端人皆有之。只不过是受后天社会环境的影响，人们的"善端"受到了"陷溺"而丧失。这样必然成为小人及恶人。所以道德的提高要发挥主观能动性，依靠主观的努力把善端扩充为善德。如何保持这种善端进而达到君子的境界，孟子认为首先要存心、养性。据《孟子·告子上》孟子引证孔子的话说："'孔子曰：操则存，舍则亡；出入无时，莫知其乡。'唯心之谓与?"据《孟子·告子下》："养心莫善于寡欲。"控制、节制人的欲望，使其保持在合理的自然需求范围内，保存善性并发展善性。进而通过尽心、知性对自己有个客观的认识就能达到君子所要求的境界了。其次孟子和孔子一样都强调重视"仁"、"义"。据《孟子·告子上》"仁，人心也；义，人路也"，进而达到《孟子·尽心下》所说的"仁者也，人也"。人要爱人，爱亲人，然后扩至爱他人，爱一切人，孟子甚至认为还要爱好自然万物。此外，孟子也有等级的观念。体现在推恩、行善、修德的过程中，要有差别。要分亲疏，由近及远，首先子亲然后爱人。同时孟子非常重视行理义，尤其是在抉择时。如《孟子·告子上》"生亦我所欲也，义亦我所欲也，二者不可得兼，舍生而取义也"。

还有这时期的荀子，虽然认为人性本恶，如《荀子·性恶》说："君子之与小人，其性一也"，但是他也认为人人都有成为君子的可能性。提出"化性起伪"的主张。他认为社会环境对人的品格形成起着决定性的影响，必须通过"积善不息"来达到变善进而成圣。据《荀子·论礼》"无性则伪之无所知，无伪则性不能矣"。那么如何"积善不息"呢？首先必须肯定每个人都有"化性起伪"、"积善"的必要性和可能性，这是进行教化的前提。其次，荀子继承了孔子"文、行、忠、信"的德育内容，也认为"文"是教化的基础即人只有具有认识仁义礼法的才质，这样才能尊礼循义。如《荀子·性恶》所说："然则仁义法正有可知可能之理，然而涂之人也，皆有可以知仁义法正之质，皆有可以能仁义法正之具，然则其可以为高明矣。"第三，注意在积善时行善的方式方法即重视礼仪法度教育对行善的作用。即行善，"必将有师法之化"。第四，和孟子主张的寡欲有点相似，但是他主张"节欲"即既反对"纵欲"，又反对"去欲"。在《荀子·正名》中"性者，天之就也；情者，性之质也；欲也，情之应也"、"欲虽不可去，求可节也"。此外，提出以"道"为节欲的标准，以"礼"养欲的主张，达到"以道制欲"、"乐而不乱"，真正扩充善端，达到君子所要求的人格境界。

自秦汉开始随着封建主义中央集权制度的确立、发展，对人们的品格修养的要求也更严格，更加重视个人名节。吸取秦亡的教训基础上，强调德治，这一时期继承并发展了先秦的"仁""义"，并把其作为修身的根本要求和最高准则。董仲舒提出"以仁安人，以义正我"的主张。认为"仁"既是道德修养的境界，又是道德修养的根本法则。仁者只能爱人，爱自然界的万物，不能自爱。然而人自身并不都具有"仁性"，这就要求人们节欲、虚敬、平和。认为"义"是自我修养的基本前提和主要规准。把"义"作为自我矫正的准则。如《春秋繁露·身之养莫重于义》所说"夫人有义者，虽贫能自乐也；而夫无义者，虽富莫能自存"。"仁""义"是人们培养品格的要求，而目的是把这些德性落实到实践中去。即落实到《孝经》中的"非法不言，非道不行"的修身实践中去。此外，汉朝尤其重视"孝"，把人的尽忠报国、光宗耀祖、敬养父母作为孝的归宿。尽孝要求人们谨身节用，但在当时这只局限于对庶人的要求。随着社会的发展，勤俭节约成为中华民族的美德，升华为君子的一种人格境界。

魏晋南北朝时期中国处于分裂割据的混乱状态。汉朝的察举制也随之瓦解，这时期的统治者比较重视才能，而相对忽略德行。在人的品格培养方面也呈现出多元的趋势。魏晋之际的阮籍、嵇康等主张人的本性应顺其自然地发展。但东晋的葛洪在人格培养方面继承了儒家名教的思想。并提出人生修养应包括"仁""明"等两个方面，把"知止"作为君子品格培养的基本方法。这样丰富了人格修养的内涵，而他更注重"明"。因此，更有利于封建统治。此外，战争不断，佛教在这个时期非常盛行，有诗为证"南朝四百八十寺，多少楼台烟雨中"。它的一些教义、主张对人生修养也起到了十分重要的影响。佛教认为人若想达到最理想的境界，就要通过修行即渐修和顿悟得以实现。社会上很多人为了寻求属于自己的归宿，都选择了皈依佛门。同时社会上一些仁人志士在仕途上失意，对政治失去了信心，又因为封建家庭是封建国家的缩影，所以更注重封建家庭的教育。首先当以颜之推为代表。他的《颜氏家训》中的内容、方法成为人格修养内容的重要组成部分。他的理论依据也是儒家的传统观点，强调教育非常重要尤其是对大多数人来说。如《颜氏家训·教子》所说："上智不教而成，下愚虽教无益。中庸之人，不教不知也。"在教育内容上继承儒家思想即《颜氏家训·教子》"仁义礼义导习之"，而又十分注重礼的教育。在家庭的人伦关系应保持父慈、子孝、兄友、弟恭、夫义、妇顺等等。在教育方法上，颜之推提出了早教的思想。他在《家训·教子》中说"当及婴稚，识人颜色，知人喜怒，便加教诲，使之为则为，使之止则止"，有利于孩子养成良好的习惯。"颜之推的早教思想不仅是经验的总结，更重要的是建立在他对人性的可塑性和人生精力分配的科学分析基础之上的。一方面，他认为，人生之初好像一张'白纸'，这正是进行道德教育的良好时机。这是因为，虽然人性是后天形成的并具有可塑性，但是，这种可塑性将伴随着受教育者年龄的增大而减小，可塑性与年龄之间存在着一种不可忽视的反比例关系。另一方面，他认为，人小精力集中，思想单纯，为家庭德育提供了时间和精力保障。而且颜之推还以自身的经历说明了这一理论的可行性和优越性"。① 颜之推还强调在教育过程中主义严爱结合，适当地体罚，不要一味地对孩子娇生惯养，"惯子如杀子"等。注意调动被教育者的积极性，和孔子的"因材施教"相似，启发引导，使其积极进取。注重教育者的榜样示范作用。总之，颜之推和他的《颜氏家训》在向儒家传统思想回归的同时，也标志着我国古代德育又向前迈了一大步。更好地维护封建制度，更进一步地潜移默化的塑造着中国人的品格，彰显着君子的人格精神。

隋唐时期我国封建社会出现了一派繁荣盛世的景象。儒、道、佛三教并存发展。儒学的地位虽然下降，但是在这一时期仍然继续发展与扩充。王通把人的道德修养学说称为"养性论"，所谓性即儒家所提倡的仁义礼智信等道德内容、要求。他认为人的心表现为情欲和理性。要使每个人都成为君子，则必须"以性制情"即控制人的欲望使其顺着儒家所要求的道德理性发展。并注重"静"和"诚"的锻炼。在施教过程中注意因材施教，因人而异。对统治者，讲"遗身"即大公无私；而普通人应做到"礼以制行"、"自守"，也就是要求人民以儒家的"礼"来约束人的情欲，使情欲与理性达到和谐统一，进而人也实现一种完美的道德境界。韩愈、柳宗元也是儒学继承者和传播者。韩愈认为君子的品格应体现在"明性"上即明白、践行儒家的仁义道德。要增强个人的品格修养，一定要勤奋，坚持不懈，如韩愈在《进学解》中指出："业精于勤，荒于嬉；行成于思，毁于随。"此外凡事要三思而后行。

---

① 张锡生：《中国德育思想史》，江苏教育出版社 1993 年版，第 331—332 页。

柳宗元也强调"明道"、"明性"，这要求君子具备"刚健之气"即"志"、意志和"纯粹之气"即"明"，理智。实现二者的统一，达到理想人格的境界。他和韩愈相似，也认为"明性"必须读圣贤书。

这一时期佛教理论对修性论产生了广泛的影响，尤其对当时僧俗社会的道德哲学和人生哲学的演进起着推动的作用。佛教认为，生老病死是人生的必然过程，而贯穿这一过程的，只是一个"苦"字。而"苦"的根源即对诸法实相、佛教真理的愚昧无知。因此，佛教认为苦海无边，回头是岸。要明白诸法实相，就要修行。修行首先就要修"戒"即戒律、"定"即禅定、"慧"即智慧"三学"，以灭"三毒"即贪欲、瞋恚、愚痴，实现"三德"即慈悲、真勇、智慧。其次修行要靠"六度"来是实现。六度是佛教的六大宗教修养，即布施、持戒、忍辱、精进、静虑（禅定）、智慧（般若）。再次，修行的方法论由以慧能为代表的"顿悟"说取代了坐禅说。总而言之，佛教所主张的"三学"、"六度"、"顿悟"等修行说，实质上是引导人们以佛教宗教道德和宗教人生观为人格境界的最后归宿。

当时李翱的学说对人的道德修养影响深远。在人格的修养上，坚持外佛内儒。他在修养方面以"至诚"为人格的最高修养境界，坚持"复性说"。在《复性书》中提出"教人忘嗜欲而归性命之道"，"灭情复性"。李翱认为人之初，性本善，但情却是害性。人之性为情所惑，因此生出种种不善的行为。关于如何"灭情复性"，他认为：首先，"斋戒其心"，使心"无虑无思"即追求静，斩断思虑活动与忘情的瓜葛。其次，强调至诚，"其心寂然"，"本无有思"。这样就会觉悟到"本性清明"，止息邪思，进入复性。再次，强调"慎独"。作为君子要有面对自己的勇气，面对世界纷扰的勇气，永远保持心的"寂然"状态。第四，要有恒心，有"择善固执"，"终岁不违"的精神。反过来说即最忌一曝十寒。此外，重视"礼乐"，而后"至于圣"。因为君子也要遵从社会生活秩序，处于融洽的社会关系中。

到了两宋时期，理学盛行并成为这一时期的德育理论基础。同时，理学被认为是秦汉之际儒学的复兴。理学家把"求为圣贤"、"居敬集义"，作为最高的德育思想目标及其人格培养的境界。君子人格教育作为文化教育的一部分，这一时期在制度上更加完善，教育理论和实践的结合也愈加密切。宋太宗明确提倡"兴文教，抑武事"① 的方针，重整封建纲纪伦常。据《三字经》提出人格教育的基本纲领："三纲者，君臣义，父子亲，夫妇顺。曰仁义，礼智信，此五常，不容紊"等。北宋初期的胡瑗作为著名学者和教育家，精通经学并亲自讲授，创立了"苏湖教法"，促进了人格教育目标的实现。理学思想的主要奠基人之一的张载具有唯物主义思想，他从气本论的自然观出发，提出人性有"天地之性""气质之性"之分。人们可以通过"变化气质"来实现封建社会的道德教育目标。他认为："礼所以持性，盖本出于性，持性，反本也。凡未成性，须礼以持之，能守礼已不畔道矣。"② 因此，"守礼"即成为变化气质的始基并成为"学至圣人"的主要途径。程颐、程颢兄弟以"格物致知以穷理"作为其教育思想的理论基础。二程认为教育是正人心、一道德、育人才的重要手段，并把教育对人格的培养所起的作用，概括为"变化气质"。王安石进行了教育改革，首先体现在对科举考试制度上的改革。其最终目的在于"道德一于上，习俗成于下"的目标的实现。朱熹作为理学的集大成者，在道德修养层面提出"存天理，灭人欲"的目标。他在人格培养方面重视立大志的作用，他认为"学者大要立志，才学便要做圣人"。③ 在朱熹和陆九渊"鹅湖之会"上，朱陆的学术之争，引导

---

① 《续资治通鉴长编》卷十八。
② 《经学理窟·礼乐》。
③ 《朱子语类》卷十三。

了书院讲会之风，树立人们对知识对学术尊重的理念。对人格教育的养成方面也具有积极作用。

辽、金、元时期的统治者大力推行文教政策即"汉化"教育，进而达到实现本民族快速封建化的目标。以"尊孔崇儒"为这一文教政策的核心。这一时期三朝都确立了少数民族的教育制度，恢复前朝的一些学校，而且私学盛行。还出现了"社学"，提倡"庙学"的现象。元朝的教育家许衡在对人的教育方法上有自己的主张，即认为"儿童入学，应从习跪拜、揖让、进退、应对、射御、投壶等礼仪开始，进而学习《小学》、《四书》、《五经》等书。"①这一时期人格的培养，还是以儒家的理论为其内核。其所采取的措施促进了君子人格教育目标的实现。

明朝这一时期继续推崇程朱理学，并把尊经崇儒作为国策。"明朝为了恢复和加强为封建专制主义服务的程朱理学，朝廷曾亲自出马颁布大诰，让各级学校讲读，以清除崇佛崇元的意识，重申封建纲常道德"②，培养社会所需的"顺民"即所谓的君子。这一时期的官学盛行，以国子监为例，其教学内容以《四书》、《五经》为主，以崇儒道、尊君权、行纲常作为指导思想，最终实现愚民的目的。心学泰斗王阳明把"心即理""知行合一""致良知"等命题作为人格教育的理论基础，特别强调"孝""仁"的教育。但随着封建社会的日渐衰微，对君子人格的形成出现了新的因素。明末清初出现了一些倡导经世致用的思想家。如黄宗羲、顾炎武、颜元等。所谓经世致用，"简单地说就是要学习对现实社会有用的东西，研究学问要和社会实际相结合，不要空谈，要活学活用。"③作为经世致用的学者他们都提倡勇于任事的精神。顾炎武说："当

---

① 毛礼锐、沈灌群：《中国教育通史》（第三卷），山东教育出版社 1987 年版，第 311 页。

② 同上书，第 329—330 页。

③ 王亚娜：《中国传统文化中的思想道德养分》，《船山学刊》2008 年第 3 期。

明末年，奋欲有所自树，而迄不得试，穷约以老。然忧天悯人之志，未尝少衰。事关民生国命者，必穷源溯本，讨论其所以然。"① 黄宗羲说："扶危定倾之心？吾身一日可以未死，吾力一丝有所未尽。不容但已。"② 颜元说："人必能斡旋乾坤，利济苍生，方是圣贤，不然矫言性天，其见定静，终是释迦、庄周也。"③ 因此，颜元立志"生存一日当为民办事一日"④。刘献庭甚至认为不能"斡旋气运"，"利济天下"，就不能称为人。经世致用的思想反映了一种强烈的时代感和"天下兴亡，匹夫有责"的时代感。这样，经世致用又作为君子人格培养的一个维度。

但是到了清朝，仍然推崇程朱理学的文教政策。这一时期的统治者，对程朱理学倍加推崇，并把它定为官方哲学，进而把它作为培养完善人格的最高权威。在当时的文教政策的影响下，人们不得违反程朱理学，否则就是离经叛道。如清人朱彝尊所说："世之治举业者，以《四书》为先务，视《六经》为可缓；以言《诗》，非朱子之传义弗敢道也；以言《礼》，非朱子之家礼弗敢行也；推是而言，《尚书》、《春秋》非朱子所授，则朱子所与也。言不合朱子，率鸣鼓而攻之。"⑤ 因此，在这个时期出现了和封建伦理纲常并不完全一致的思想。对君子人格的教育在为封建统治者服务的基础上，又出现了新的反映时代精神的因素。

综上所述，历代统治者都是从维护自己的统治角度出发，培养社会需要的理想人格。无论社会怎样变化，以君子的品格境界进行自我要求，已基本铭刻于中华儿女的精神追求中。

---

① 《日知录》。
② 《海外恸哭记》。
③ 《习斋言行录》。
④ 《习斋年谱》。
⑤ 《曝书亭集》，《道传录序》。

（二）德育途径资源

1. 完备健全的行政管理途径

完备健全的行政管理是思想政治教育最有效的途径之一。在我国，从夏朝至1840年清朝初期，中国古代社会便拥有了一整套涵盖了社会生活各个角落的中央官制和地方官制，使得封建教化思想迅速渗入社会生活的每一个角落，在中国古代思想政治教育中发挥着不可忽视的重要作用。同时为了社会正常政治秩序的形成和维持，各朝采用了制定法律、设置监狱等强制性途径。

西周在文化教育上，其主要历史特征就是"学在官府"。"西周的奴隶主贵族建立国家机构，设官分职，从事管理。为了管理的需要，制定法纪规章，有文字记录，汇集成书，由当官者来掌握，这种现象，历史上称为'学术官守'，并由此而造成'学在官府'。"①

秦朝统治者推行"以法为教，以吏为师"的教育方针，企图发挥官吏的作用来实现对人民的教化。这一方针极大地压制了文化学术的发展，窒息了学校教育的活力。

中国封建教育制度在汉代已建立了一个雏形，中央政府以"太常"兼管教育工作。汉代则推崇儒术，相应地兴办太学和郡国学校，逐渐建立起官学制度，以备"养士储材"。

唐统治者运用法律手段加强对学生的管理。《唐律》规定，生徒在学三年，不回家探看父母亲，该校必须以道德训喻，启发诱劝，勉之归觐。否则，依法给予惩罚。

元朝中央政府设置集贤院，经管全国的学校教育。在集贤院之

---

① 毛礼锐、沈灌群：《中国教育通史》（第一卷），山东教育出版社1987年版，第77页。

下，分别设立国子监、蒙古国子监、回回国子监，具体领导国子学、蒙古国子学、回回国子学。蒙古贵族建立元王朝后，颁布了《大元通制》和《元典章》等法律。

　　明朝开国皇帝朱元璋亲自主持制定了一部颇为完备的国法——《大明律》朱元璋不赞成儒家的德治和德主刑辅的法德理论，在"重典治国"思想指导下，朱元璋还亲自编撰了一部诏书——《大诰》，这是一部特别刑法典。朱元璋虽然自称笃信孔孟之道，但他只需要儒家思想中有利于其封建专制的"君君臣臣父父子子"的道德说教。

　　清代地方学校因之明制，曰府、州、县、卫儒学。顺治十年改南京国子监为江宁府学，并于各省设督学道或提督学政，管理地方学校事宜。地方学校的编制，也沿袭明制。

2. 官私相映的学校教育途径

　　学校作为传播主流文化、推行社会教化、培养统治阶级接班人的主要阵地，始终是统治者极为关注的对象。在夏朝时，就产生了乡学，到了西周教育有了很大的发展。自西周开始，我国古代就建立了一套组织系统比较完备的学校教育体系。西周学校大体可分为这样两类：一类是国学，另一类是乡学。西周时期，在国学中不论大学和小学，都十分强调道德教育，《周礼》所列的科目有：乐德、三德、六艺、六仪和小舞等。所设置的学科，因教育对象不同，内容各有侧重。大学主要以诗、书、礼、乐为重点，小学则以礼、书、数为重点。礼是一种德行，通过礼表现德，这是符合奴隶社会做人标准的。从学校开设课程情况中可以看出西周时期对德育的重视是前所未有的。在教学质量管理中也体现了西周时期对德的重视，不仅重视文化课考试，也非常重视德行与道艺方面的考核，并有相应的奖惩制度。西周在选贤贡士过程中也很重视德行，实行德行与道艺兼求的原则。大司徒在"宾兴"之初，先要宣教"乡三物"：一曰六德：知、仁、圣、义、忠、和；二曰六行：孝、友、睦、媛、任、恤；三曰六艺：礼、乐、射、御、书、数。这一选贤贡士的标准，明显地体现了德行与道艺兼求的思想，并把这一标准贯穿于整个荐举人才的过程中。如乡大夫受命于司徒之后，着手进行考察下民的工作。据《周礼·乡大夫》记载要"考其德行，察其道艺"。乡里向王申报贡士时，要"献贤能之书"。这里的"贤"，即贡士的德行表现。即使以射试士，也包含德行的内容，因为西周之射试，已是德行寓子道艺之中的考核方式，即"进退周还必中礼"。说明当时的射礼，直接体现了伦理道德要求："古者诸侯之射也，必先行燕礼；卿、大夫、士之射也，必先行飨饮酒之礼。故燕礼者，所以明君臣之义也；飨饮酒之礼者，所以明长幼之序也。"[1] 同时，试射中的射乐也包含不同的道德要求，"其节比于乐"表明了等级差别。"天子以《驺虞》为节"，借以体现"天子以备官"的道德要求；"诸侯以《狸首》为节"，借以体现"诸侯以时会天子"的道德要求；"卿大夫以《采苹》为节"，借以体现"卿大夫以循法"的道德要求；"士以《采繁》为节"，借以体现"士以不失职"的道德要求。不仅借射礼、射乐可以考察贡士的德行，他们认为射箭的技能之中也包含着一个人的道德修养。"内志正，外体直，然后持弓矢审固。持弓矢审固，然后可以言中。此可以观德行矣"。[2] 从中不难看出，早在西周之时，人们对德行与道艺的影响作用就有所认识。中国传统文化的核心"礼"在周公时，被提升到"为国以礼"的高度，即将"礼"作为一种治国观念、一种德治目标。以宗法制度来团结奴隶主阶级内部，以礼来加强宗法制度的行为规范，以神道设教的方式来增强礼的威力，使礼更有效地为奴隶主政治服务，这就是西周的主要教育政策。西周学校的道德教育，以"明人伦"为其核心。具体来讲，

---

① 《礼记·射义》。

② 同上。

就是《尚书》中讲的"五教"，即父义、母慈、兄友、弟恭、子孝。这样做的目的就是为了严君臣、尊卑、上下之分，明父子、长幼、亲疏之别，以此维护奴隶制的等级秩序。

春秋末期，私学骤兴。各思想家聚众讲学，著书立说，以各思想家学说创办的私学为中心形成学派。私学里教师的思想政治主张代表着这一学派的主要观点，也成为学生学习的主要观点。战国时期田齐所创设的稷下学宫，实际上是传授封建主义道德教育思想的主要形式和渠道。稷下学宫是由用士养士演变而来的，又有别于用士养士。稷下学宫，既有学生，又有教师，是有教有学的育士学校。稷下学宫，既发扬了西周官学的形式，又综合了春秋时期私学的长处。稷下学宫也培养出大批有识之士，这一时期的稷下之作，如《管子》、《十大经》、《法经》、《原道》等，是先秦时期封建统治阶级思想政治教育的一个重要组成部分。

秦时明令禁止私学，也未设官立学校。汉代官学有太学、官邸学、鸿都门学和郡国学校四类。汉代首设太学，这是我国教育史上第一所有翔实史实记载、有完备规章制度的官办最高学府。从根本上说，利用学校教育来传播和强化统治阶级的意识形态即始于汉代太学。为了确保师师相传的经说不致"走样"，促成政治思想的高度统一，汉代统治者规定太学传授经书必须信守师法与家法。所谓师法，是指传经时以汉初立为博士的经师的经说为准绳，所谓家法就是大师的弟子们在传经时，又有所发展，形成一家之言，这就叫家法。汉代的官邸学主要是为贵族子弟开设的贵胄学校。所学以《孝经》为主，兼及《尚书》等儒学内容。鸿都门学是我国，也是世界上第一所文学、艺术专科学院。鸿都门学是当时政治斗争的产物，因此在鸿都门学中，加强舆论宣传，控制舆论阵地成为洪都门学教育之外的重要举措。郡国学校主要是地方学校，有学、校、庠、序等，学、校置经师一人，最下层的庠、序只置孝经师一人，由此可见其主要目的是通过经学来宣传孝悌等封建道德，进行封建统治的思想政治教育。我国具有悠久传统的私人教学在汉代颇繁盛。汉代私人教学分小学、中学以及私家经师教育三个阶段。教育内容有《论语》、《孝经》等，主要是传授封建的道德教育思想。

隋唐五代是中国学校教育发展的鼎盛时期，这一时期的思想政治教育也相对进入鼎盛时期。尤其是到了唐朝，官私相映，成为思想政治教育的重要场所。唐朝的官学有中央官学、地方官学两类。中央官学又有直系和旁系之分。中央直系的学校是七学：国子学、太学、四门学、广文馆、律学、书学、算学。中央旁系的学校有：弘文馆、崇文馆、崇玄学、医学和小学。儒家思想是学校思想政治教育的重要内容。唐朝的私学十分兴盛，一些名流学者，纷纷开设学馆，从事著述和讲学活动。

五代战乱时期，官学不兴，私学是最好的补充。私学中，教师的观点对学生德性的形成影响重大。宋代建立了较为完备的官学制度，尤其是地方官学空前发展，同时，宋朝统治者积极赞助或默许书院等私学教育方式，白鹿洞书院是宋初书院的典型。因此，私学教育对宋代思想政治教育的发展起到了不可估量的作用。例如，书院教养之规的制定对礼教民风的培育在一定程度上是官方学思想政治教育所不及的。书院思想政治教育的内容，基本上以传统的道德规范，配以洞主贤名的主张，形成一定的地方特色。书院的育人宗旨与作为官方正统思想的宗旨合流，既实现了官方政治教育思想对民间的渗透、普及，又促成了书院思想在民间的扎根。

元代统治者加强了对教育的控制。元代的中央官学包括国子学、蒙古国子学和回回国子学。在地方行政区域路、府、州、县建立了各级学校，还专门在江南各路、府、州、县的学校内皆设立"小学"，在部分地区设立书院，分别由中央政府或地方政府任命学官。私学和书院是元代最有特色、最普遍的办学形式，其数量、教学内容和人才聚集的情况是官方学校不可比的。书院教育内容以伦理道德为本位，所采用的基本教材就是儒家的经典，其论述心性道德之学及如何由内圣开出外王的儒家经典特别受重视。书院山长在其教育实践中都把生徒的品德培养放在第一位。书院的教育内容无论从政治思想到伦理人格，还是人生哲学，无不体现着一种积极"入世"的精神。

明朝设国子监（太学）以及府州县学作为官学，明代太学始终奉行"德行为本，文艺次之"的主旨。太学里讲经的目的，在于宣传封建道德以端正士心，培养忠君的德行。府州县学教育目的之一就是化民成俗，以善其乡，遵守封建纲常，执行政府的政策法令，加强封建社会的统治基础。明代的私学教育，承宋元之后，仍兴旺不衰，是培养人才、发展文化和传递学术思想的重要场所。尤以东林书院为主的书院教育为最。东林学派讲会的教育思想和学风，是他们的天下事天下人"众议"、"众为"、"众治"的政治主张，把书院的讲会活动提高到了理论高度。

清初学校基本沿袭明制，清代最高学府仍为国子监，并设八旗、宗室等官学。各省设府、州、县学。各级官学有名无实，形同虚设。一般青年真正读书的地方都在私人设的学塾里，因此清代学塾的思想政治教育意义重大。在清朝，统治者害怕书院自由讲学不利于自己的统治，一度采取压制政策。雍正时期，清政府看到书院也注重科举考试，反而有利于自己的统治，因此，政府或资助或建立书院，书院全部官学化。

3. 幼儿、女子为主的家庭教育途径

中国古代很早就重视对子女的家庭思想政治教育。长老训教是原始社会家庭教育的主要形式。西周时期，礼教已具有实际内容，在一般子弟的家庭教育已经把行为习惯的培养和教育纳入礼教之中。洒扫、应对、装饰、谈吐、进退、饮食、起居等方面的行为规范都是当时行为习惯教育的重要内容。据《礼记·内则》记载，当小孩能自己饮食时，先"教以右手"。当他们学会说话时，就教给他们"男唯女俞"的应诺方式。七岁时，要求他们"男女不同

席"。八岁时，则"出入门户及即席饮食，比后长者，使教之让"。总之，当时的家庭教育旨在给幼儿教以初步的礼仪规则。战国时期的"家业世传"，即在个体的士、农、工、商中的父子相传之学，成为思想政治教育的重要方式之一。司马迁说："幽、厉之后，周室微，陪臣执政，史不记时，君不告朔，故畴人子弟分散，或在诸夏，或在夷狄。"家业世传随着封建生产关系的确立和发展，变得更为固定化、普遍化。春秋战国时期，随着士阶层的崛起以及用士养士之风的盛行，家庭教育引起广泛注意。这一时期产生了很多脍炙人口的家庭道德教育故事，如"孟母三迁"、"断机教子"以及孔子教子的故事等。秦时家学发展受到限制。宋代大力提倡家庭教育，各级官员以身作则，严行家教，出现了许多家庭教育的典范，如杨家将的故事，岳母教岳飞"精忠报国"的故事等，还有不少家庭教育的教材，如司马光的《家范》等。明清时期是家庭教育发展的又一高峰期，父母对子女寄以殷殷厚望，尤其表现在家训上。如明朝著名的《孝友堂家训》，清代康熙帝的《圣谕广训》和《庭训格言》以及朱柏庐的《朱子治家格言》等。

4. 以德化民的社会养成教育途径

统治阶级历来重视对全体社会成员的教化。西周时期的"畴人之学"和"百工传艺"是西周重要的社会教化途径，也是学校思想政治教育的辅助和延伸。"畴人之学"即是对已仕的官生结合官职来进行教育活动。畴人，又称"世官"，或"畴官"，即世承官职的人，这些职官为了完成本职工作，必须要学习和掌握有关的生产技术和科学知识，同时对世袭他们官职的子弟，也施予此方面的教育，通过父子相传这种方式使父辈的思想道德、知识经验传授给了后代子弟。"百工"是西周"六职"之一，"百工"即是将各种有专业技术的工匠网罗到官府之中，因其人数、专业众多，因而号称"百工"。"百工"在西周时期成为"在官之工"。官营作坊将"百工"聚集在一起，实际上起着相互观摩、相互激励的作用，这就产生了中国最早的艺徒训练，师傅的言传身教深刻地影响着学生的德性发展。因而，官营手工作坊成为西周道德规范教育的重要场所。通过"畴人之学"和百工传艺既有效地增强了国力，也极大地提高国民素质，有助于统治者对国民的统治。

《礼记·礼运》说"三公在朝，三老在学"，这主要是说在秦朝时，设"三老"负责教化人民。三老始于秦始皇时。始皇二十六年，"分天下为三十六郡，郡置守、尉、监"。① 郡下有县，县下有里、亭、乡。"大概十里一亭，亭有长；十亭一乡，乡设三老、啬夫、游徼。三老掌教化，啬夫听讼，收赋税，游徼循禁盗贼"。②"三老"大概是民老中有文化知识者。三老作为地方基层组织的学官，负责对百姓的教化，秦时编的文字课本——《仓廪》、《爱历》、《博学》等，由三老用来负责教育学童。

汉代设"三老"、"孝悌"、"力田"等乡官负责对人民进行教化，进行地主阶级道德思想的灌输。统治者用这些乡官掌管乡村中涉及孝行等伦理问题和社会风尚的事务，使封建伦理道德无处不在，广泛普及。"三老"一名沿袭秦的称谓，汉代"三老"是帮助统治者实行教化、维护社会秩序的重要人物，是汉代乡官系统中重要的一员。具体任务是："掌教化。凡有孝子顺孙、贞女义妇、让财救患及学士为民法式者，皆扁表其门，以兴善行。"③ 孝悌和力田是由汉代新设的乡官，"初置孝悌、力田二千石（各一人）"。④这些乡官是管理乡村的成员，承担着对百姓进行道德教育、表彰和劝诫的任务。他们不但组织农户的生产经营活动，同时对维护国家的统治也具有重要意义，他们是朝廷在乡村进行教化的主要执行者和倡导者。两汉统治者都十分重视"三老"和"孝悌"，文帝时

---

① 《史记·秦始皇本纪》。
② 《汉书·百官公卿表》。
③ 《后汉书·百官志》。
④ 《汉书·高后纪》。

诏:"孝悌,天下之大顺也。力田,为生之本也。三老,众民之师也。廉吏,民之表也。朕甚嘉此二三大夫之行。"[1] 东汉章帝时又诏曰:"三老,尊年也。孝悌,淑行也。力田,勤劳也。国家甚休之。其赐帛人一匹,勉率农功。"[2] 汉代的道德教育与建立乡官系统相得益彰,汉代许多"孝悌"、"力田"的乡官就是由学校培养出来的。由此,"三老"、"孝悌"、"力田"等乡官自然是封建统治思想的有力执行者。

对于以德化民,强化思想政治教育,唐一则诏书论述得非常清楚:"至理之代,先德后刑,上欢然以临下,下欣然而奉上,祸乱不作,法令可施。"为了达到这种理想的境界,唐统治者提倡忠孝节义,以德化民。对忠于朝廷的臣民,朝廷予以大力的表彰和奖励,以他们的事迹教化其他臣民。由于统治阶级的大力宣传倡导,"忠义"成为吏民的人生道德准则。尽忠尽孝,对孝道的倡导在唐亦达到极盛,对于孝行卓著者,唐朝政府实行旌表门阁、赐物、拜官等多种奖励办法,使受到奖励的人不仅得到精神鼓励,也得到物质实惠。道德规范的社会教化成为思想政治教育的有效途径,形成了唐代良好的社会风气。[3]

宋代对思想政治教育也有充分的认识,并采取了有力的措施,取得了较大的进展。宋代极重视社会教育,宋代对道德教育也有充分地的认识,并采取了有力的社会教化措施,取得了较大的进展。宋代极重视社会教育,其基本内容,不外有两个方面:一是劝导生产,即所谓"劝说农桑";二是灌输封建伦理及礼俗道德。宋代还把社会教育同地方政权建设、改造社会风俗、普及封建道德知识结合起来,各级地方官员都担负社会教育的职责,并把其统辖地区的

①　《汉书·文帝纪》。

②　《后汉书·章帝纪》。

③　参见杨宏《唐代思想政治教育研究》,武汉大学硕士学位论文,2005年。

社会风化好坏作为考核政绩的依据之一。据《宋史·选举志》记载，"绍兴二年（1132年）初，招监司、守臣举行考课之法。五年，立县令四课。曰：'纠正税籍；团结民用；劝说农桑；劝勉孝悌'。"这"县令四课"中，除"纠正税籍"外，其余三课皆与社会教育直接有关。在宋代，社会教化采取的方式大体有二，一是用调令、文告的形式训育民众。从皇帝到各级官吏经常发布一些劝农、劝孝的文告，对僚属和民众进行封建伦常和礼俗道德的教育。各级官吏们更是把"布宣德化，导迪人心"，"正名分厚风俗"看作是"守臣之事"。二是通过制定"乡约"、"宗规"、"家训"等规条进行封建伦常、待人接物、勤俭持家、爱国敬学的教育。例如，《兰田吕氏乡约》是宋代较早和较著名的乡约，它是北宋吕大忠、吕大钧兄弟制订的。到南宋时，朱熹在《吕氏乡约》的基础之上，形成《增损吕氏乡约》，并加以推广施行。其主要内容为："乡约共四条。一曰德业相劝；二曰过失相规；三曰礼俗相交；四曰患难相恤。"利用家族、宗族的力量对民众的教化使得封建的建教化能够深入社会基层。

明清朝初期利用乡里制度，化民成俗。乡约在清代由民间性转向官方化，逐渐成为皇帝统治乡里的工具。清顺治十六年，在全国范围内推行乡约，规定由约正、约副为乡的宣讲，每月朔望召集百姓听讲，并对乡里百姓的善恶进行记录。雍正七年要求全国各地对执行乡约的情况进行全面而彻底的检查，不得有遗漏。清朝统治者为使乡约宣讲达到好的效果，采取了一系列的措施，如"旌善纠恶"，褒扬本乡里遵守封建行为道德规范的突出人物，惩责敢于触犯、反抗者，把抽象的说教与生活现实联系起来。这样"行之既久，里有不训不法者，闻入约则逡巡不能前。"同时为了乡里组织的正常运转，统治者还制定了乡里领袖的监督、考核与奖惩措施。清代的乡里制度基本上沿袭明制，总体上是从里甲向保甲演变。通过保甲制度使基层人户结成利害相关的有机整体，相互监督，彼此牵制，从而达到思想政治控制的目的。保甲的重要任务是组织乡里的乡约，主持乡里的教化。

当然，中国传统文化中还有很多思想政治教育途径资源，也包括极端途径，如秦朝的焚书坑儒和明朝的文字狱。但是，从古为今用角度出发，最有代表性的应为以上五种途径。

弘扬中华传统文化，重要的是以史为鉴，古为中用。目前，我国也有以上几种思想政治教育途径存在。从某种意义上来讲，这些途径的价值在今天得到了更为极致的发挥。但是目前思想政治教育（包括德育）低效已经成为共识。为什么在这些途径价值得到极大实现的情况下，思想政治教育反而低效呢？应该说，导致思想政治教育低效是多方面因素"合力"作用的结果，思想政治教育途径也仅是其中一种因素而已。以古为鉴，结合我国目前途径资源方面存在的问题，笔者以为，目前我国思想政治教育途径方面应该在以下几方面得到改善：第一，健全行政管理方式，并责任落实到人；第二，强化学校思想政治教育，并在财力、物力等资源方面给予大力支持；第三，重视社会思想政治教育，注意时时渗透。要大力倡导社会正气、弘扬社会正气；第四，深化家庭思想政治教育，家长要树立"德育为首"的观念。

（三）德育方法资源

1. 教化

教化即以教化民。"教化"这一提法始于原始社会晚期，作为一种统治术的思想萌芽于西周，在战国末期开始形成其理论形态，到了汉代，教化作为统治阶级的治民术全面展开。教化是一种有目的、有组织的思想政治教育活动，是一种政治、道德和教育三者有机结合的统治术。它运用有形和无形的手段，成为古代统治者进行德育的重要方法。

　　人是可以被教化的是中国古代德育的前提，尽管对人本性的探讨有很多的观点，典型的有两种：一是孟子提倡性善论；二是荀子提倡性恶论，但两者共同点都是坚信人是可以被教化的。历代统治者都运用教化方法来控制社会的全体成员。

　　西周是我国奴隶社会发展的鼎盛时期，其中周公的贡献巨大。周公强调统治者自身的道德修养，重视师保之教，加强对统治阶级的道德教育；他提倡敬德保民，是在吸取夏商灭亡的经验教训的基础上总结出来的。他认为敬天、明德、保民是一脉相承的。保民是顺应天命，人民的意志体现天的意志，统治者要重视人民的意志；他提倡要对民众反复进行道德教育，让民众遵守统治者制定的道德规范，履行言行准则的义务，使用怀柔的方法，让人民安于现状，听其统治，最终目的是为奴隶主阶级服务。

　　儒家思想的基本特征之一是教化，儒家的教化思想由孔孟开创。孔子主张以德育为中心，并提出"道"、"德"、"仁"、"礼"等相应的道德规范，重视对民众的道德教化，同时提倡民众要注重自身的道德修养，德教与礼教要同时发挥作用，这样可以缓和统治者与民众的矛盾，社会秩序可以得到维系，社会良性发展可以得到实现；思孟学派提倡德育的终极目标，是齐家、治国、平天下；荀子推行隆礼法论，即应符合封建伦理纲常，认为德育要通过政治强化手段强制推行；法家主张"以法为教，以吏为师"，即运用法律法规来统治人民，由官吏来从事教育工作。

　　秦汉时期，秦始皇把"大一统"的思想理论付诸实践，大一统思想实质是主张君主权力的一元化；汉武帝"罢黜百家，独尊儒术"，确立了儒学一尊的局面。董仲舒提出"天人感应论"，认为统治者只有施行仁政，才能长久保留其位，反对统治者暴政；同时董仲舒主张要形成"三纲五常"的伦理道德观念，"三纲五常"成为中国封建社会道德教育的中心内容，巩固了封建社会的统治秩序。

　　宋朝统治者推行了文教政策，读书学文受到推崇，学校教育、科举得到重视，学校教育发展迅速，涌现了大批维护封建统治的知识分子。儒家学说成为封建专制统治的支柱，尊孔崇儒是封建统治者大力推行的统治策略，宋代统治者也同样尊孔崇儒，特别是尊崇程朱理学，"三纲五常"作为维护封建宗法等级的支柱，是封建社会最基本的道德准则，它实质上是以明人伦为基本出发点的教化思想，通过强化封建伦理纲常来维护自身的统治。宋代历任皇帝在其统治过程中都运用慎罚思想，避免了刑法滥用给人民带来的危害，保证监狱的镇压功能与宽厚刑罚作用的发挥，同时维护了社会的稳定。

明朝是我国封建社会的一个重要朝代，明朝统治者广设学校，明朝教育事业的发展大大超过了前代；明朝对科举考试极其重视，科举逐渐成为明朝最主要的选官制度。考试所用的是"八股文"，严重束缚了读书人的思想；明朝统治者实行文化专制统治，极力推崇程朱理学；严格管理学校，禁止学生议政；明朝统治者大兴文字狱，钳制了人们的思想，迫害了大批人才，明朝的封建专制统治由此达到顶峰。

清朝的统治者也提倡程朱理学，程朱理学成为科举考试的内容，是学校办学的指导思想。清朝在大力兴办学校的同时，借鉴前朝的经验，制定了严格的学规，以加强对学生的控制，同时禁止学生参与国家社会问题的探讨，目的是让学生彻底变为封建王朝的忠实奴仆，为清朝统治服务。清朝科举考试仍以八股文为主要内容，在很大程度上束缚了知识分子。

2. 克己内省

克己内省是古代德育的一个重要方法。"克己"指严格要求、约束和克制自己的言行，使之合乎一定的道德规范。"内省"，亦称内自省，指内心深处的自我反省。克己内省强调在道德修养方面要靠自己的主观努力，充分发挥自己的主观能动作用，要按照"严于律己，宽以待人"的态度来处理人际关系。这便是孔子从正面指出的"求诸己"，孟子从反面提出的"反求诸己"。《中庸》中又把克己内省升华到了"慎独"的高度。

孔子认为只有克己才能复礼，对自己要严格要求，对他人要宽容，才能使自己的行为符合社会的规范；内省需要自觉，被强制的内省不能达到真正的效果，一个人只有学会随时从心理上认真反思自己的言行，并且进行自我教育，才能不断提高自身的道德修养水平，最终成为真正的君子。孔子说"君子求诸己，小人求诸人"①，即遇事反躬自问，严格要求自己，随时注意自己的言行是否符合礼仪规范；"己所不欲，勿施于人"，要克制自己，要有同情之心，多为他人着想，自己不想要的，不要强加给别人；"攻其恶，无攻人之恶"②，即要勇于批评自己的缺点错误，学会自我批评，同时对别人的缺点错误要有宽容之心，学会去谅解；"见贤思齐，见不贤而内自省也"，看到别人好的道德行为，要向其学习；看到别人不好的道德行为，要从中吸取教训，进行自我教育；"内省不疚，夫何忧何惧"，自己反省自身的行为，保证其符合社会的道德规范，没有愧疚之情，还担忧害怕什么呢？

孟轲提出了"大丈夫"的理想人格。理想人格离不开自身的修养，他提倡"反求诸己"。孟轲说："爱人不亲，反其仁；治人不治，反其智；礼人不答，反其敬。行有不得，皆反求诸己。"③当你的行为未得到别人赞同时，就反省自身，对自己严格要求，争取做得更好；对那些比自己优秀的人，不能嫉妒他们，而应当从自身找原因。

魏晋时期傅玄提出用"内省法"来加强自身的道德修养。道德修养的内容要符合三纲五常的伦理道德内容，克制自身的欲望是

---

① 《论语·卫灵公》。
② 《颜渊》。
③ 《孟子·离娄上》。

加强自身道德修养的重要内容。他说："心正而后身正，身正而后左右正，左右正而后朝廷正，朝廷正而后国家正，国家正而后天下正。"① 君子要有理想人格，要先正其心，无论外在的环境如何变化，都不会变得迷茫。正心是加强道德修养的前提。

朱熹提倡"省察"，他认为，学生对自己的思想行为要时时反省，省察有助于提升自身的道德修养。朱熹认为，如果不进行自我反省，就不会自觉地去行动。因此，他提倡要经常省察自我，"实贯始终"，"无时不涵养，无时不省察"。朱熹还特别强调"克己"，他认为，克己必须坚决果断，克己复礼是一件事，并非是两件事。总之，克己复礼就是要存天理灭人欲，参照标准是要符合天理，当不良欲望在人的头脑中出现时，要立刻反思；不好的言行出现后要及时改正，争取把违背天理的言行尽快消灭掉，只有这样，才可以更好地去完善道德品质。

王阳明主张体认良知，拥有良知才能对自我进行评判，他认为有两种方法：一是"心上功夫"；二是"克己功夫"。"心上功夫"也就是要做到自我反省，"克己功夫"就是要把不符合天理的私欲祛除掉。若能做到体认良知，就可以完善自身的修养，可以控制各种各种贪欲，在良知的指导下进行道德实践。

3. 积善成德

积善成德，就是长期行善，可以形成一种高尚的品德，即积小善为大德的意思。

荀子说："积土成山，风雨兴焉；积水成渊，蛟龙生焉；积善成德，而神明自得，圣心备焉。"他主张道德品质的培养要从小处着手，慢慢地就会积少成多了。

董仲舒在《举贤良对策》中提到：德育过程是一个"兴善去恶"、"改过迁善"的过程，人的道德品质在这一过程中是通过慢

---

① 《正心》。

慢积累而不断提高的。只有正视自己的过错，不断检点自身，才能有所进步。

朱熹在《程董学则》中提到："彼学者所以入孝出悌，谨信、群居终日，德进业修，而暴慢放肆之气，不涉于身体者，由此故也。"朱熹认为在对儿童进行教育时，应先教其基本的伦理道德规范，向其灌输基础的文化知识，逐步去培养儿童的道德品质行为习惯。他在《童蒙须知》中用详细的条文规定了儿童生活与学习的每个方面。

王阳明在《教约》中，提到每天要检查儿童的德育活动，这正是体现了让儿童从小事做起的重要性，有利于儿童良好的德育行为的养成。《教约》中还有很多教育规范，同时他注重通过平时对学生的言行活动的观察与训练，培养学生良好的道德品质。

4. 身体力行

要重视道德行为的训练和道德习惯的培养，言行要一致，要把道德认识落实到道德行动上。

孔子强调学习知识要"学以致用"，即将课堂上掌握的知识运用在生活实践中，"君子欲讷其言而敏于行"，要重视人的行动。孔子强调德育实践，主张德育知识的深浅要依靠德育实践去检验。判断一个人的道德品质好与坏，不能仅仅从其言语中去推断，而应主要看其所作所为，一个人说得再好，如果其行动很不好，那其道德品质就不是高尚的。一个人只有言语与行动相一致才能一步步地完善自身的道德品质；只有努力地参与社会实践，才能不断地端正自己的行为，日积月累方可最终拥有高尚的道德品质。

张载非常重视践履，重视人的道德操守，强调道德践履，重视道德培养的终极目标。他说："人之事在行，不行则无诚，不诚则无物，故须行实事。惟圣人践行为实之至。"① 由此可见，他重视

---

① 《张子语录》。

行动，主张按照封建伦理纲常办事。

朱熹主张"力行"。他认为道德行为是一个人道德品质的重要标志，判断一个人的品德好坏，应该通过观察其行动来检验。他要求学生把学到的德育知识付诸实践；他强调，即使是圣贤，也要践行。一个人之所以是圣贤，是与其自身注重实践分不开的。知是行的前提，行是知的最终目的，行是检验知的唯一标准，反对知与行的脱离。朱熹认为"若不用躬行，只是说得便了，则七十子之从孔子，只用两日说便尽，何用许多年随着孔子不去。"① 朱熹还认为，道德实践可以深化道德认识，思想支配行为，行为可以强化思想，道德认知只是停留在人的观念之中，道德认知有正确与错误之分，只有从道德实践中才可以让原本正确的道德认识进一步加深与巩固，错误的道德认识得以纠正，实践是检验真理正确与否的唯一标准。

王阳明提出"教必著行"，主张"事上磨炼"。他认为过去的教育只注重说教，而忽视了实践，必须要纠正这一错误做法。身体力行可以获得真正的知识，学习知识的最终目的是为了指导人们的实践，知识在实践中得以应用，才是发挥了真正的价值，知识也只有在实践中才可以得到检验，理论一定要联系实际。王阳明认为一味地从道德认识上去加强道德修养是有很多弊端的，必须在实践中加强道德修养。从具体的事情上加以磨炼，方可取得良好效果。他说："人须在事上磨炼做功夫乃有益；若只好静，遇事便乱，终无长进；那静时功夫，亦差似收敛，而实放溺也。"②

5. 因材施教

因材施教即针对受教育者的个别差异，对其采用不同教学方法，具体问题具体分析，要有针对性，有层次性，有重点。

---

① 《朱子语类卷十三》。

② 《传习录》。

因材施教是孔子的教学方法之一，他认为因材施教的前提是认识学生，孔子根据每个学生的不同情况去教育学生。孔子认识学生主要采用观察法和谈话法，他通过观察学生的言语行为来判断学生的思想境界，"听其言观其行"。① 孔子隔段时间就找学生谈话，有时个别交谈，有时集体谈话。在对每个学生的特点全面了解的基础上，孔子具体问题具体分析，针对性地教育每个学生，针对不同学生的不同特长去分别促其进一步发展；对于学生自身存在的不完善的地方，孔子都耐心地加以指导并提出弥补的方法，使学生得到全面发展。

孟子也继承和发展了因材施教的主张，"君子之所以教五者：有如时雨化之者，有成德者，有达财者，有答问者，有私淑艾者。此五者，君子之所以教也。"② 教育者要对不同的学生采用不同的教育方法，这样教育才可以取得更加理想的效果。

南朝文学家刘勰在《文心雕龙》中指出了个体先天的差异性，由于这种先天差异性的存在，每个人的学习方法应各有不同，每个人都应当根据自身的发展状况制订行动计划。

唐代韩愈，把有才华的人比作千里马，他认为对于千里马的喂养不能和普通的马一样对待，这从中体现出了因材施教的重要性，教师应遵循学生的身心发展的规律，根据学生的特点，对各个年龄段的学生采用不同的教育方法，学生可以更好地接受教师所讲授的内容。韩愈在《原性》中说："上之性就学而愈明，下之性畏威而寡罪；是故上者可教，而下者可制也"，"中焉者，可导而上下也"。在这里他把人性分为上、中、下三品，并针对这三种不同性的人群，提出了不同的教育方法。

南宋朱熹不但注意分析前人的教育经验，而且注重自身的教育

---

① 《论语·公冶长》。
② 《孟子·尽心上》。

实践，根据人的身心发展规律，把人的教育分为两个阶段：小学教育阶段和大学教育阶段。针对这两个阶段他提出不同的教育内容与教育方法，这正是运用了因材施教。小学教育阶段，他提出"教事"的思想，教育方法上注重激发学生的兴趣，尽早教育，逐步去培养儿童的道德品行；大学教育阶段，他提出"教理"的思想，主要培养学生的自学能力，主张不同的学术观点要采用交流的方式，互相借鉴，取长补短，共同进步。朱熹对人教育两个阶段的划分及其相关见解遵循了某些客观规律，对后世影响深远。

王阳明提出"随人分限所及"[①]的教育思想。教学的过程应考虑到每个学生的接受能力，要在学者的原有能力与水平的基础上，对其进行道德教育，要把握度，逐步加深，不能贪多求快，否则可能会产生因噎废食的恶果。他认为教育学生如同医生治病，不可能采用一致的方法，而要适应学生的能力、性格、特长，遵循学生思想道德形成与发展的规律，只有这样，德育才能取得良好的效果。学校教育应在培养学生良好的道德品质的基础上，让每个学生的特长得到进一步的发挥，成就每一个学生。

6. 学思结合

孔子主张学思并重。孔子说，"学而不思则罔，思而不学则殆"。[②] 这反映了思与学的辩证统一的关系，仅仅去学而不去思，就不会了解知识的真谛；而仅仅去思但不去学，知识则会偏废。学是一个复杂的过程，孔子认为既不愿意学又不愿意思的学生，是很难教育的。学与思是互为条件紧密结合的统一体，学生善于思考，则能够发现问题，进而去发问，这样自身才会有进步。

韩愈是唐代教育的实践家，他主张把学习和独创结合起来。韩

---

① 《传习录》。

② 《论语·为政》。

愈主张在学习古人时，要做到"师其意，不师其辞"。① 学习过程中要主动思考，不要光学习课本知识；学习知识时，不要光为记文章词句而学，而要去学习其中作者的思想精华及其写文章所运用的方法，学习与思考要结合起来。在思考的前提下，形成自己独特的观点，而不是照搬照抄他人的观点，这样才能将知识学以致用。

朱熹教育思想的重要组成部分之一即是熟读精思。朱熹主张学习既要达到熟记于胸又要勤于思考。他认为读书一定要读够遍数，才能背诵下来，对知识的熟练背诵可以加深对知识的理解，但是熟读一定要和精思结合，要学会去发现问题与解决问题，这样可以真正把书读透，学到的知识才会牢固，长时间不会忘记。

王阳明在继承孔子有关学思的基础上，提出了"知行相资以为用，惟其各有致功，亦各有其效，故相资以互用"②，他认为思与学是人们获取知识的途径。学习时要虚心吸取古人的经验，勇于去创新地思考，不能一味地因循守旧。学与思必须结合起来。学与思既相互区别又相互联系，它们之间是一种辩证统一的关系。他说："学愈博则思愈远"、"思之困则学必勤"③，正是体现了这一点，这是对学与思关系的更深刻的概括。

中国古代的思想政治教育方法维护了中国两千多年的道德传统；同时也为我们当今有效地开展思想政治教育工作提供了丰富的资源。尽管受时代和阶级的局限性，一些德育方法没能充分发挥应有的作用，但我们仍可以对其研究、继承与发展，真正做到古为今用，不断推动我国思想政治教育方法的创新与发展。

总之，中国古代的思想政治教育重视对道德知识的灌输，以高度的道德信念指导人们的道德行为，不断地压制不利于统治阶级利

---

① 《答刘正夫书》。

② 《礼记章句》卷三十一。

③ 《四书训义》卷六。

益的思想与行为，把一切道德行为都约束于统治阶级规定的道德规范之内。在实施过程中，又突出强调内省与内化，注重行为实践，表面上看，中国传统德育注重人们的现实利益，实质上道德已经沦为了统治者进行统治的工具，道德教育被当做一种统治手段，道德中的人深受封建道德的压抑与束缚。

三　中国现实德育资源

（一）德育人力资源

人力资源的概念最早是由美国管理学大师德鲁克在（Peter Drucker）在 1954 年的著作《管理实践》中提出的。他认为，人力资源是一种特殊的资源，具备其他资源没有的能力素质，即"协调能力、融合能力、判断力和想象力"，通过有效激励可以使人力资源得以开发利用，并且带来相应的价值。[1] 在知识经济全球化发展的时代背景下，如何有效提高人力资源的素质，并将其转化为人力资本是国家促进经济社会发展、提高国际竞争力的现实需要。20 世纪 70 年代的美国，人力资源开发成为了一个注重研究性、实践性的独立、专门学科，在美国联邦政府的大力支持和推广下，经过 40 余年的发展，人力资源逐渐渗透到了美国教育、社会、经济等多个领域，人力资源开发得到了政府、社会、学校教育等多方面的共同关注，对美国经济的持续发展起到了较大的促进作用。当前，人力资源开已经成为了美国经济发展的战略之一，是美国应对 21 世纪全球化经济发展形势、挑战的有效工具。

---

[1]　汪力斌：《从美国人力资源开发概念的变迁中得到的启示》，《开发研究》2006 年第 6 期。

与物力资源相比，人力资源有其自身特性，主要表现在：第一，主观能动性。人是各种资源中唯一具有思想和意识的一种资源，所以主观能动性就成为人力资源与其他一切资源的根本区别所在；第二，可再生性。"个体的可再生性，即人的体能在生产过程中消耗之后，可以通过休息和补充能量而得到恢复。不仅如此，如果人的知识技能陈旧了、过时了，也能通过培训和学习等手段得到更新"。① 所以说，人的知识和能力都是可以再生的。德育人力资源无疑具有上述两种重要特性。

德育人力资源是德育活动展开的人的因素。任何德育活动都是以人为中心、围绕着人展开的。离开了人的因素，任何德育活动也就不存在，也就没有存在的意义和价值。人的因素是德育活动的重要因素，人力资源是德育活动得以存在和依赖的重要资源。德育人力资源大致包含以下四类。

1. 教师

学校是对学生进行德育的主阵地，教师（包含校长）是实施德育的最重要的校内人力资源。教师不仅是学生知识的传递者，而且是学生道德的引导者，思想的启迪者，心灵世界的开拓者和他们情感、意志、信念的塑造者，他们的专业水平和职业道德直接影响学生的健康成长。教师在与学生交流的过程中，不仅向学生展示着教师自身的素质状况、知识水平，同时也在培养他们对待事物的态度，解决问题的能力以及帮助他们树立自己的理想和信念。美国教育心理学家吉诺特说："在学校当了若干年教师后，我得出了一个令人惶恐的结论：教学的成功与失败，我是决定性的因素。我个人采用的方式和每天的情绪是影响学生学习气氛和情境的主因。身为教师，我具有极大的力量，能够让孩子们活得愉快或悲惨；我可以是创造痛苦的工具，也可以是启发灵感的媒介；我能让学生丢脸，

---

① 郭继东：《学校人力资源管理》，甘肃文化出版社 2005 年版，第 4 页。

也能使他们开心；能伤人也能救人。"① 这段话形象地表达了教师在教学中自我意识的觉醒，也是教师对学生深刻影响的形象表达。教师对学生的影响具有不可估量的价值。

教师的人格具有巨大的德育价值。教师人格是一种职业人格，它包括高尚的思想道德品质、强烈的历史责任感、严谨的治学态度、以身作则为人师表的追求等，教师人格力量的本质是一种人的内在素质的外在流露，它所体现的是人的本质、人的价值、人生意义、人生理想等本质性、终极性的追求，教师站在丰厚的知识底蕴的基础上，以全新的理念，通过言传和身教两种渠道把人格的力量传递给学生。马克思曾说："人起初是以别人来反映自己的。""教师在帮助学生认识周围世界时，他自己也作为周围世界的极重要组成部分出现在学生的智慧和心灵面前。学生在认识世界的时候，也一定在认识教师。教师的思想言行、感情意志、道德品质和威信影响力都以其真实内在的自我面貌呈现给学生。"② 教师不是教学机器，而是有血有肉、具有个性特点的道德主体，对学生产生着无形的、潜在的，因而也是持久的、深刻的德育影响。教师那种高尚的师德、超人的才情、高深广博的学识、厚实的修养、高远的志向、宽阔的胸怀、严谨的治学态度、勤奋好学的精神、恒定的事业心和责任感，激发着学生对理想的追求，使其外部行为和内在动机相互结合，形成高度的事业心和强烈的责任感。这种人格方面的影响是一种巨大的教育力量，它比任何言语具有更强的渗透力和震撼力，因而对学生思想道德的影响也是更深远、更持久的。正如苏霍姆林斯基所言，"我们从一位伟大的老师那儿所'获得'的与其说是一个具体的知识体系或一组技巧，还不如说是这位体现和代表知识的

---

① 甄丽娜、张智华：《陕西地区中学教师课程资源开发与利用现状调查》，《陕西教育学院学报》2007年第8期。

② 董晶：《关于教师人格魅力在思想政治课教学中作用的初探》，辽宁师范大学硕士学位论文，2006年。

教师的行为方式——他或她的生活热情、严于律己、献身精神、人格力量、强烈的责任感等等"。①

徐特立老先生曾说:"教师是有两种人格的,一种是'经师',一种是人师。人师就是教行为,就是怎样做人的问题。经师是教学问的,就是说,除了教学问外,学生的品质、学生的作风、学生的生活、学生的习惯,他是不管的,人师则是这些东西他都管。我们的教学是要采取人师和经师二者合一的,每个教科学知识的人,他就是一个模范人物,同时也是个有学问的人。"教师人格是一种职业人格,它既是立身之本,又是育人之基,二者是有机的联系,离开了教育和管理的实效,就不能称之为教师人格。乌申斯基曾说,"只有人格才能影响人格的发展和规定"。② 只有当学生在教师人格的影响下,朝着培养目标健康发展的时候,教师人格才具备了德育意义。也就是说,教师人格是在学生身上迁移、转化的过程中体现的,这种迁移、转化的过程,就是教师人格的德育化过程。因此,这一过程的实现,应该成为教师,尤其是校长工作的重点,以推动和促进这一转化过程。

教师的知识具有巨大的德育潜在价值。学生的生理、心理发展还不成熟,人生观、世界观和价值观还没有形成,教师是对其进行指导的最恰当人选。在学生眼中,教师就是权威,就是智慧、理智与道德的典范。教师的每一句话对学生来说就是最神圣的真理。由于学生对教师的这种无限信任,因而在融合的过程中,达成了学生知识向信念的转化。在转化过程中,学生把新的思想和观点纳入自己的价值体系中,成为自己价值体系的组成部分,并在此基础上,逐渐形成自己的科学的世界观、人生观和价值观。教师虔诚的敬业

① [苏] B. A. 苏霍姆林斯基、杜殿坤编译:《给教师的建议》,教育科学出版社1981年版,第86页。

② [苏] 乌申斯基:《乌申斯基教育学说》,洛尔德基帕尼泽、范云门、何寒梅等译,江苏教育出版社1987年版,第309页。

态度和为达成教育目标而表现出来的强烈求知欲，深深感染着学生，他们在"榜样"力量的驱动下，澄清认识，改变观念，完成思想上的升华。

教师的能力、经验、观念、素质等对学生德育也存在着潜移默化的影响，这些内在资源只有整体配合，才能对学生德性的成长发挥最大作用。

2. 学生

学生作为教育教学活动的主要参与者，是校内课程资源中形成以及实现课程目标的直接且必要的素材性人力资源。[1] 学生的知识、经验、感受、情感、问题、创意、困惑、态度和价值观，甚至于学生的听课、思考、讨论、练习、解决问题等都蕴涵着巨大的德育财富。学生作为德育资源，具有内生性的特点，能使各种资源能动地产生出比自身价值更大的教育价值。所以作为教师要关注学生资源，以发挥挖掘学生作为课程资源的最大内在价值。

学生资源有多方面的内容，如学生的知识资源、语言资源、情绪资源、行为资源、差异资源、兴趣爱好资源、活动资源、经验资源、能力资源等。学生作为宝贵的德育资源，主要体现在以下几个方面：

第一，学生经验蕴含着重要的德育价值。学生的经验是学生道德发展的基础、德育进行的起点、德育实施的中介和支持条件。任何走进课堂的学生本身都有着自己的知识经验和生活阅历，而不是一张白纸。学生有着各自的生活经历，在与人交往、沟通、交流中或多或少地都可以获得一些直接或间接经验。这些生活经验来源于学生现实生活，是学生最熟悉的德育资源。源于生活，意味着真实性和感染性，因而，最易为学生接受，从而激起学生的学习积极性，达到较好的教学效果。

---

① 吴刚平：《课程资源的理论构想》，《教育研究》2001 年第 9 期，第 59 页。

第二，学生的兴趣也是一种宝贵的德育资源。托尔斯泰曾说过："成功的教学所需的不是强制，而是激发学生的学习兴趣。"唯物辩证法认为，内因是事物变化的根据。我国古代教育家孔子所言的"知之者不如好之者，好之者不如乐之者"也正与此观点相关。强调学生是学习的主体，无论是学习科学文化知识，还是修身养德，提高思想品质素质，除了良好的外部条件的牵引，兴趣是学生最好的老师，是学生学习的原动力，也是发挥他们创新精神和创造潜能的必要条件。学生一旦对某些事物和问题产生了兴趣，就会激起他研究和探索的强烈欲望。建立在兴趣基础之上的学习能达到事半功倍的效果。

第三，学生的"错误"蕴涵着巨大的德育价值。心理学家盖耶认为：谁不考虑尝试错误，不允许学生犯错误，就将错过最富成效的学习时刻。来源于学生学习活动本身的学习错误，反映了学生最朴素的认识，反映了学生尝试和探索的轨迹，反映了学生真实的学习需求。作为宝贵的认知经验，虽然与课堂教学内容不相符合，但同样也是非常重要的课堂资源，要有效地开发和利用。学生在课堂上出现的学习错误源于学习活动本身，它是直接反映学生真实学习情况的生成性教学资源。由于学生受生理、心理特征及认知水平的限制，出错是不可避免的，作为发展和成长中的学生，犯错也是正常的。面对错误，不同的处理方法会产生截然不同的教学效果。学生犯错误并不可怕，重要的是教师如何挖掘"错误"背后的有用资源，促成错误转化为教学资源，在"错误"处生成清晰的认识，使课堂因生成而绽放光彩。

3. 家长

20 世纪 90 年代初，美国著名的卡内基基金会提交了一份名为《准备学习：国家的指令》的报告，报告七个方面内容中，排在第二位的就是"学校需要家庭的支持，学生需要称职的家长"。因此，家长作为德育的重要作用必须得到重视。家长对学生思想道德的形成具有导向和潜在影响。家长是学生教育的第一任教师。家庭德育对学生思想道德发展的作用是不言而喻的，一个和睦、幸福、文明上进的家庭，能够给孩子德性的成长创造积极向上的健康气氛，使孩子受到好的熏陶和感染；同时家长自身的知识、品德、情趣、性格、修养、仪态、言谈、举止等对学生的思想品德会产生一定的导向和潜移默化的深刻影响。孔子曰："其身正，不令而行；其身不正，虽令不行。"家长的一言一行，往往给孩子留下终身影响，发挥着积极重要的作用。在孩子的眼里，父母树立的榜样是具体生动的，是看得见摸得着的，是亲切感人的，因此极易被他们学习和接受。

4. 社区名人能人

在开放的时代，要促进学生的思想道德建设，只靠学校的"小气候"是难以奏效的，必须得到社会的支持和配合，形成一体化的社会环境，尤其要朝"学生思想道德社区化建设"的大方向发展。因为社区环境对于学生来说，是最直接、最具体可感、生动形象的社会氛围，它间接地反馈整个国家和国际社会的信息，它对人的影响往往超过整个国家或国际社会。社区名人能人是社区精神的直接代表，社区名人能人身上集中体现了所在社区的精神风貌、价值观和信仰。学生思想道德的可塑性大，模仿性强，富有理想，有上进的愿望，他们愿意模仿身边名人能人身上的那些在他们看来很有意义，能增强其自尊心、自信心和自豪感的模范行为，这些真的、善的、美的东西必然会激励他们去求真、求善、求美，激励他们像榜样那样去认识和处理问题，像榜样那样爱憎分明，像榜样那样去克服困难，勇往直前。

（二）德育物力资源

德育物力资源主要指各种硬件设施，它是德育的物质载体，也是德育得以实施的基本前提。物力资源一般都具有一定的质量标准，伸缩性较小，属于硬资源，因而物力资源总存在一定的损耗、折旧和报废等情况。对于德育来说，德育的物力资源不仅仅指学校德育物力资源，也包括可以为德育利用的社区物力资源和社会物力资源。

学校德育物力资源包括学校的建筑、场地、设施、设备、仪器、图书资料等，它们是学校德育必不可少的物质条件。学校的物力资源都可以成为德育的物力资源，当然，学校的物力资源也可以成为其他各育的资源，但是只有能更好地促进学生德性生成的资源才可以称其为德育物力资源，这一点，也可以说是德育物力资源与其他各育物力资源的区别，这也是资源多用性的体现。德育物力资源反映着一所学校德育现代化的装备水平，它的分配关系着德育实效的好坏。

社区物力资源主要指社区内的自然景观、公共设施、人文景观、企事业单位、文化娱乐场所等，这些物力资源对德育的社会化有着重要影响。社区是学生最熟悉的场所，学生在情感上有着自然的亲近。充分利用社区资源，可以让学生在自己最熟悉的环境里实践在学校内所获得的道德知识，做到理论与实践的统一，学生在社区里获得的感性认识也更容易上升为理性认识，并进而指导自己的道德行为，有利于学生自身的完善和德性的提高。目前，现在很多学校都积极开辟未成年人成长的"绿色通道"——各式各样的教育基地和公益性文化设施。如生态教育基地、科技教育基地、人文教育基地等。这些基地根据不同年龄段学生的特点，组织开展丰富多彩的社会教育活动，使基地成为学生们学习知识、了解文化、参与实践的重要课堂。"譬如，杭州市第一批第二课堂活动场馆就有71个，为便于学生参观，上城区青少年活动中心以及区里中小学老师通过一个寒假的调研和搜集资料编写了一本第二课堂活动指南。每位中小学生都领到了一本。活动指南分为三本，很有针对性，比如说，第一本书是针对 1—3 年级小学生的，介绍的场馆就以参与性、活动性为主，比如像'DO 都城'、蒋筑英科技馆，比较适合低龄儿童。而针对 7—9 年级学生的第三本书，就以历史、文化为主，介绍的主要是中国京杭大运河博物馆和清河坊历史街区这种文化积淀浓厚的场馆。书里最实用的信息莫过于'活动资源'，这里面标明了场馆的地址、画出了交通游览示意图，还写明了开放时间、联系电话，甚至把哪几路公交车可以到都说得一清二楚。"[1]

社会物力资源指社会上凡能被德育利用，并能发挥一定德育作用的设施、设备、场所等。它包括社会上的企业、事业单位、科研单位、部队、医院、名胜古迹、自然景观、人文景观、体育场馆、文化馆、图书馆、展览馆、博物馆、公园、青少年活动中心、影剧院等。其中部队资源是值得注意并值得大力开发的重要德育资源。部队一向以铁的纪律和严谨的作风而闻名，部队精神也是主流价值观的集中体现。在和平建设时期，部队还负有对青少年进行道德教育的特殊使命。部队可以为学生提供一个锻炼自理能力、学会服从命令、养成良好生活习惯的场所。学生通过实践部队生活，更能激发他们的爱国热情，更好地理解无私奉献精神。

（三）德育财力资源

德育财力资源主要指德育投资。德育财力资源是德育能够顺利展开的关键因素。德育财力资源不能脱离开教育财力资源而单独存在，德育的财力资源同教育的财力资源一样，主要依靠国家的教育投入。我们先来看一下我国的教育投入。由于教育投入主体的多样

---

[1]　高瑞萍：《论小学生社会教育资源的开发好利用》，山西大学硕士学位论文，2010 年，第 25 页。

性和投入目的不同，我国教育经费总收入从来源上看主要由五个方面构成：一是财政性教育经费；二是社会团体和公民个人办学经费；三是社会捐（集）资办学经费；四是学杂费；五是其他教育经费（即上述各项经费以外的其他项目预算外教育经费）。其中国家财政性教育经费是教育投资的主要组成部分。

从我国目前的《德育大纲》来看，《小学德育大纲》中没有规定德育经费的问题。在《中学德育大纲》中规定："教育行政部门和学校要合理确定德育方面的经费投入项目，列入预算切实保证。要积极创造条件为实施本大纲提供生产劳动和社会实践基地、校外活动场所和电化教育等必要的教育手段；组织力量编写、制作实施本大纲配套的教育资料与音像教材、读物。"《中国普通高等学校德育大纲》规定"德育经费要确立科目、列入预算。基本来源为政府拨给的事业费和收缴的学生培养费或学杂费。其投入比例以占同年上述两项经费总数的2%—4%为宜，人数较少的学校比例应高些。还应从预算外'学校基金'（含校办产业收入）中划拨一定比例的金额，弥补德育经费的不足。高校德育经费投入的范围，包括对学生进行思想政治教育的教学、管理和日常德育活动两部分。思想政治教育教学、管理经费投入包括马克思主义理论课和思想品德课教学、德育专职教师的培训提高、社会考察与调研、有关教研室的业务条件建设和图书资料、德育科研。日常德育活动经费投入包括对学生的日常思想教育、假期和课余组织的学生社会实践、大型德育活动以及用于学生和德育队伍表彰奖励（不含奖学金）等所需经费。学校应把建设适应学生德智体全面发展的现代化德育设施、设备和活动场所、基地纳入总体建设规划，并从基本建设费和设备费中给予保证"。《中国普通高等学校德育大纲》是唯一对德育经费比例进行具体规定的大纲，2%—4%的比例对于优先发展德育、德育首位这样的战略目标来说，远远不够。即目前条件下，德育财力资源大到国家层面、小到学校层面德育投入都亟待提高。

（四）德育文化资源

文化是一个国家的表征，也是一个国家赖以存在的精神源泉。"所谓德育文化是描述德育的文化本质和属性的一个概念。德育文化是以德育作为文化现象，以文化作为方法论原则，进而揭示德育的文化本性、德育文化运行规律和确认德育功能的文化力量本质的理论。即，以文化为世界观和方法论挖掘德育文化蕴涵，旨在揭示德育现代创新与发展应当实现的文化内涵扩展和建设体现时代发展要求的'以人为本'的新德育理念的文化价值目标和追求，并以文化方法从事德育和实现德育目标。"[1] 它主要包括社会文化、家庭文化、学校文化和企业文化等。其中德育文化资源主要包括社会文化、家庭文化和学校文化这三类。

1. 社会文化

党的十七大报告指出："中华文化是中华民族生生不息、团结奋进的不竭动力。"[2] 社会文化对学生的德性生成有着重要影响，尤其社会主流文化更是一个国家和一个民族的灵魂。主流文化是指被广大社会成员认可、在社会上占主导地位、起主导作用的文化，它是一个国家主流意识形态的表现形式。主流文化集中地反映着经济基础和社会上层建筑之间的关系，反映着经济基础和上层建筑的性质和发展方向。主流文化必然随着经济基础、上层建筑的发展变化而变化，因而不同历史时期，主流文化有着不同的内涵。在构建社会主义和谐社会中，"以马克思主义指导思想、中国特色社会主义共同理想、以爱国主义为核心的民族精神和以改革创新为核心的

---

① 郭凤志：《德育文化论》，中国社会科学出版社 2008 年版，第 10 页。

② 《十七大报告辅导读本》，人民出版社 2007 年版，第 34 页。

时代精神以及社会主义荣辱观为内容的社会主义核心价值体系更加集中、简洁地表达了我国当今社会主义主流文化的科学内涵"。① 胡锦涛同志曾指出："一个社会能否和谐，一个国家能否长治久安，很大程度上取决于全体社会成员的思想道德素质。没有共同的理想信念，没有良好的道德规范，是无法实现社会和谐的。要切实加强社会主义先进文化建设，不断增强人们的精神力量，不断丰富人们的精神世界。"② 这句话集中体现了主流文化对社会和谐和国家长治久安的重要影响、对公民德性成长的促进作用。对学生而言，主流文化对学生起着思想的引领和启迪作用，它规约着学生德性成长的方向；主流文化不仅为学生提供了价值理想和信仰选择，它也是学生德性成长的价值标准和评价尺度；主流文化同时也规范着学生的道德行为。

当前，随着我国经济体制、政治体制的变革，随着时代的急剧变化，我国的主流文化建设面临前所未有的冲击和挑战。主要体现在："在指导思想上，文化多元化与坚持马克思主义在思想文化领域指导地位一元化的矛盾凸显；在理论创新上，对社会主义主流文化的内涵、功能和作用等理论问题研究得不够，主流文化对各种非主流文化和各种社会思潮的引领、回应的不够；在对大众教育引导中，主流文化缺乏时代感、实效性和亲和力，因而对现实问题的及时合理回答以及对大众文化的对话、交流的不够；在实践层面上，主流文化所传播的核心理念与民族精神与具体实践操作之间产生的断裂，造成判断标准的失范，导致社会生活缺少被广泛认同的价值尺度；在现实生活中，年青一代逐步淡化对主流文化的认同；在网络信息时代，网络文化和现代信息技术发展逐步消解主流文化的控

---

① 陆岩：《当代社会主义主流文化的内涵特征及发展对策》，《思想政治教育研究》2009 年第 10 期。

② 《胡锦涛在党的十七大上的报告》，新华网 2007 年 10 月 24 日。

制能力。"① 加强主流文化建设，彰显其对人的精神筑魂的强大作用，成为当前文化建设的紧迫任务。

2. 家庭文化

"家庭文化是家庭成员通过学习与生活活动所创造和形成的精神财富、文化氛围以及承载这些精神财富、文化氛围的活动形式和物质形态"。② 孟子曾说："天下之本在国，国之本在家，家之本在身。"③ 这段话既表明了天下、国家、家庭和个人之间的关系，同时也表明"家"是"国之本"。家庭文化是社会文化的支柱体系之一，同时家庭也是众多丰富的社会文化形态的发源地。家庭文化的核心在于塑造儿童完整独立的自我人格，它既包括积极正面的家庭文化，也包括消极负面的家庭文化。有学者以年龄为 10—15 岁一般儿童和学习不良儿童为研究对象，对他们实施了大量问卷测量和访谈研究，调查得出这样的结论："家庭文化学习环境和学习不良儿童的自我概念的各个维度几乎都有一定关系，且在 $P < 0.05$ 或 $P < 0.01$ 水平上显著。良好的家庭文化环境，有利于学习不良儿童正确认识自己，对自己采取喜欢信任的态度；而不良的家庭文化环境，会不同程度地影响其自我概念的发展。"④ 由此可知，积极向上、功能健全的家庭文化是学生获得良好的自我认知、培养他们良好的道德情感的重要途径。家庭文化对学生道德规范的养成、价值观念的形成、个体心理品质的建构和情操的陶冶有着极其重要的影响。良好的家庭文化可以帮助学生获得真、善、美的情感，继而帮助他们形成知善之智

---

① 陆岩：《当代社会主义主流文化的内涵特征及发展对策》，《思想政治教育研究》2009 年第 10 期。

② 鲁洁：《教育社会学》，人民教育出版社 1991 年版。

③ 《孟子·离娄上》。

④ 俞国良：《学习不良儿童的家庭环境及其与社会性发展的关系》，《心理发展与教育》1997 年第 1 期。

慧、倾善之情感、向善之意志和行善之行为。

3. 学校文化

学校文化是学校在长期发展过程中逐步形成的各种文化的总和。它以社会文化为背景，以物质文化为基础，以制度文化为保证，以体现具有本校特色的学校精神为核心，以全体教职员工集体认同并共同遵循的传统习惯、价值取向和行为模式为导向，以培养人的素养、增加人的知识和技能技巧、提升人的境界、开发人的价值为目的。校园文化不是学校文化的同义语，校园文化从属于学校文化，是学校文化的重要组成部分。此处将重点阐述校园文化。

校园文化作为社会亚文化现象，必须与社会文化保持一致，它的目标是通过特定环境的熏陶与渗透，来培养学生在这一环境中的共同价值、信念追求和行为规范。就其广义而言，是指在学校里，由广大师生员工在教学、科研、生产、生活等各个领域相互作用中所创造出来的一切物质的和精神的产物以及创造的过程，它是一个多层次的有机复合体。从狭义上讲，"是指学生借助学校这个载体所表现出来的文化形式的总和，即以学生为主体，以教师为主导，以课外文化活动为主要内容，以校园为主要空间的一种意识形态、一种群体文化"。① 它主要包括物质文化、精神文化、制度文化和行为文化四个组成部分。

校园文化既是一种客观现象，也是一个活动过程。以德育为目标的校园文化，其活动过程贯穿了思想道德的教育和养成，是德育实施过程中必不可少的条件与因素，也是不断提高德育成效大有潜力可挖的教育资源。可以讲，校园文化是德育极其重要的一块园地，占领这块园地，德育能够更好地营造学生健康成长的环境；校园文化是德育极其重要的一个载体，依托这个载体，德

---

① 陈坚：《高校思想政治教育学概论》，东北师范大学出版社 1992 年版，第18 页。

育能够更加实实在在富有成效地开展起来，落到实处；校园文化是德育极其有效的一种途径，通过这种途径，德育能够更好地拓宽教育渠道，形式多样，方式灵活，丰富多彩，生动有效；校园文化还是德育极其重要的一个实践条件，利用这个条件，德育更加符合知情意行发展的教育规律，真正地收到教育人、塑造人的功效。总之，健康文明的校园文化活动，以及校内的整体文化氛围就是育人必不可少的环境条件，是德育可利用的极其重要的资源。对学生来说，校园文化对他们形成正确的人生观、世界观，高尚的道德情操、文明的品格情趣和人文精神，具有产生潜移默化且又不可替代的特殊作用。

第一，校园物质文化的感染作用。

物质文化，即载体文化，它是校园文化赖以存在和发展的物质基础，是校园文化的物质环境，主要包括教学、科研、生产和生活资料以及校园环境。具有一定的文化色彩和教育意识的校园环境，能使学校各种物化的东西都体现出学校的个性和精神。富有文化底蕴、格调雅洁的校园对人格的影响，在一定程度上超过了空洞的说教和僵化的训斥，对学生实现着"环境育人"的作用。校园文化是一种"人化"的文化，对学生的精神状态、心境及其成长发育有一定的影响。实验证明，单调、阴沉、刻板的物质环境往往使人的思维难以展开，并产生一种忧郁的心理，而丰富多彩、空气清新的环境则能提供大量的视觉提示，使人精神舒畅，思维清晰和敏捷。优美的校园环境、幽雅的设计与布置、精美的工艺品、各种独特造型的建筑等能使学生产生愉悦感，形成高尚的审美情趣，进而产生自豪感、高尚的情操和对理想的追求，使学生更加热爱自己的学校，热爱学习和生活，正所谓"随风潜入夜，润物细无声"。

第二，校园精神文化的熏陶作用。

精神文化是由校园文化所创设的政治思想和心理环境，并在此基础上经较长时期形成的校园精神，即校风、学风及师生的精神面貌，包括学校的价值体系、思想意识、理想信念、思维模式、工作方式及师生关系、校风、集体舆论等，它是校园文化的深层内核。精神文化通过校园这一相对学生而言的外部世界的文化氛围唤起他们高尚的情感，使他们的心灵受到感化，从而影响和形成真、善、美的德行和品格。精神文化作为一种对人具有精神陶冶作用的最重要的环境诱因，有利于消除学生个体"内在形式"与学校这一外部世界的对立紧张状态，并将二者高度和谐地统一起来。学校精神文化是以隐蔽课程的形式对学生发挥作用的，它作为一种教育情境和精神氛围，以一种含蓄、隐形的方式，对学生产生潜在的心理压力和行为动力，规范和约束学生的道德行为。精神文化规制学生认同、接受道德规范并转化为内部的道德需要，进而巩固、扩大，形成道德行为，显示出墨子所说的"染于苍则苍，染于黄则黄"的环境影响效果。

校园精神文化的核心是校园精神，它不仅具体外化为前三种文化，而且还是一种独立的精神存在，它主导着校园文化的发展方向、具体形态，规定着校园文化最本质的东西。一所学校与另一所学校的校园文化的区别，主要就是校园精神的差别。在校园精神中，最深层的是师生共同认同的价值观。它对师生的精神状态、行为方式等起着决定性的作用。师生依据这种价值观确定校园文化的内容和方式，决定自己的行为，并以此判定他人的行为。校园文化能否对学生发挥思想政治教育的作用，取决于其校园精神所蕴含的价值观与社会主流政治文化所倡导的价值观的重合度。重合度越大，发挥的作用就越大。这是因为，校园精神是以师生共同认同的价值观为核心，而这种价值观与社会主流政治文化所倡导的价值观相一致，则师生就会接受社会政治文化，认同社会主导的政治目标。因此，校园精神的这一特征使得校园精神的培育在校园文化资源的开发利用中具有极其重要的意义。

第三，校园制度文化的导向作用。

制度文化即由学校组织、机构及章程等确定的制度环境，主要包括各种规章制度、教学、科研、生产和生活的模式，群体行为规范、习俗等；制度文化对学生的行为起着规范和制约的作用。即使是自发的文娱活动，虽无明文规定，大家也都能自觉遵守，秩序井然。另一方面，受群体效应和从众心理的影响，在活动中学生会不断调控自己的行为，逐步融入到群体之中，最终成为群体中的一员。这种规范作用，有助于学生按照学校的规章制度要求自己，规范行为，逐步形成良好的道德行为习惯。特别是校风本身就是一种文化，是一种特殊的环境氛围力量和精神因素，这种无形的力量可以促使学生自觉规范自己的行为，养成良好的道德品质和行为习惯。校园制度文化既是自觉纪律与法制教育的结果，也是学生进行自我教育和相互教育的手段，例如学生在参与各种规章制度的制订、讨论与落实中锻炼了能力，增长了才干，同时也培养了良好的生活习惯及遵纪守法的自觉性，深层意义上，制度文化还将给学生带来一种独特的管理思想和教育理念，对个体人格的完善起积极影响。

第四，校园行为文化的体验作用。

行为文化是校园文化的动态层面，包括教学科研活动、组织管理工作、课外文化活动，乃至后勤服务等，体现着校园文化的独特风貌。在向学生传授知识技能的同时，直接促成了学生思想观念、价值体系的形成。现代学校是科学研究的中心，科研活动中折射出的创新、进取和严谨的科学精神，使学生在思想方式、情感意志、精神风貌和创造潜力上得到极大的锻炼和熏陶。另外，丰富多彩、集娱乐性、知识性和实践性于一体的课外文化活动，严谨、规范的学校组织管理，井然有序、热情周到的后勤服务，也会对学生产生积极的影响，是对学生德育的重要形式。

从思想品德形成的过程来看，活动和交往是品德形成的基础，学生心理内部矛盾是思想品德形成的动力。校园文化为学生积极活动和交往提供了条件，学生在交往中，形成对事物、对他人、对集体的关系，其行为方式也受到校园精神、道德准则和规范的调节，正是在这个过程中，学生体验并掌握有关关系准则，养成所需要的思想品德。由于校园文化是教育者根据教育目标、教育规律和学生身心发展特点而规范设计的，校园文化更易于对学生产生德育作用，在学生现有的经验、兴趣、情感、信念基础上，启发、促进、加速学生的"自我运动"，将外部要求转化为动机，并引起道德行为。校园文化正是适应了学生爱活动、好模仿、富于想象等心理特点的需要，发挥了情感在德育过程中的作用。所以说，校园文化对学生品德的影响，在于它创造了一个满足学生需要、陶冶学生心灵的场所和情景，以校风学风、价值观念、人际关系等方式表现出一种高度的观念形态，对学生在品德认识上起导向作用。而与观念体系相适应的学习生活环境和氛围，对学生起陶冶情操、规范道德行为的作用。

（五）德育课程资源

国际上，道德教育一般采用两种方式进行——显性德育和隐性德育。许多国家往往有许多德育计划、德育大纲和德育方案，但是并没有专门的德育学科存在，道德教育通常采用隐性教育的方式进行，即在其他学科教育中渗透德育的潜在影响。在中国和许多东方国家道德教育都有专门学科（中国称为思想品德课）进行直接的道德教学。美国当代德育学家托马斯·里考纳（T. Lickona）认为，各科教学对德育教育来说是一个"沉睡的巨人"，潜力极大。所以不利用各科教学（如人文、数学、物理、化学等）进行道德教育就是一个重大损失。"道德教育如果不关心隐蔽课程，期望得到满意效果是不可能的"。

所以，在这两种方式中，就存在不同的德育资源问题，显性德育课程中德育资源的价值能够被人们所接受，但是长期以来隐性德育课程的资源问题却存在被忽视的问题。实际上隐性德育课程中也存在着大量可以利用的德育资源。隐性德育课程具有真正的"诱导"特性。对学生德育来说，较之显性德育课程，隐性德育课程最大的优点在于它的作用方式是间接和潜在的，可以避免显性德育课程可能导致的逆反心理。

我国新一轮《基础教育课程改革纲要》明确指出："新课程的培养目标要使学生具有爱国主义、集体主义精神，热爱社会主义，继承和发扬中华民族的优秀传统和革命传统；具有社会主义民主法制意识，遵守国家法律和社会公德；逐步形成正确的世界观、人生观、价值观；具有社会责任感，努力为人民服务；具有初步的创新精神、实践能力、科学和人文素养以及环境意识；具有适应终身学习的基础知识、基本技能和方法；具有健壮的体魄和良好的心理素质，养成健康的审美情趣和生活方式，成为有理想、有道德、有文化、有纪律的一代新人。"实现这一目标，必须正确处理好显性德育课程和隐性德育课程及其资源问题。

1. 显性德育课程资源

在中国，思想品德课是进行德育的专门学科，是显性课程。道德教育的目的不是让学生无条件地服从某些规则，而是鼓励学生最终能够接受理性的自我指导和自我决定，通过学生自己的实践和理性思考作出自己的判断和决定，不断完善自己的道德生活。开设思想品德课的最终目标是要培养个性充分发展的、人格健全的社会公民。这就要求在正确的教育思想指导下，从学生的现实个性出发，尊重学生的需要、兴趣、创造和自由，通过个性化和社会化、教育和自我教育的统一过程，培养学生的良好个性品质，促进其个性自主和谐的发展。要达到上述目标，学生必须进行德育课程的学习。《中庸》把"明明德于天下"作为教育的目标，但要做到这一点必须从格物致知开始，也就是从求知开始。孔子也提倡寓德育于知识教学，认为应当在增进人的知识过程中完善人的道德品质，道德的培养和知识的传授是在同一过程中进行的。寓道德教育于知识传授，在求知中求善。因此，从这个角度来说，进行德育课程的学习是极其必要的。

2. 隐性德育课程资源

（1）人文社会科学课程。人文社会科学课程是隐性德育课程之一。当代西方哲学思想代表人物杰里米·里夫金说："某一社会特定世界观的最引人入胜之处，莫过于这一世界观的信奉者多半不能觉察到这种世界观是如何影响他们的行为以及他们对周围世界的认识。一种世界观的成功在于它从人们孩提时代起就对他们潜移默化，从而达到不言而喻的程度。"[1] 里夫金的见解基本上是正确的。德育是一个潜移默化的过程。这种潜移默化对学生来说，只有通过长期课堂的教与学，"寓"德育于教学中才能实现。《中学德育大纲》明确指出："各科教师均要教书育人，寓德育于各学科的教学内容和教学过程的各个环节之中。"

较之数学自然科学课程，人文社会科学课程中更是蕴含着大量的德育资源，例如语文课中文学上的榜样人物示范的作用；历史课中历史伟人的德行与自律精神；人文地理课中，地理知识和爱国主义的结合；在健康课中展示适度的自我控制对个人健康和品行的重要……这些资源都能影响和调动学生的心智、情感以至整个精神，是进行爱国主义、民族自豪感、国际主义、集体主义、革命人道主义、责任感、事业感、集体荣誉感和理想信念教育的最好素材。

尤其是语文课更是和德育紧密相连。语文课以其积极的思想性、质朴美感性和丰富的情意性而成为德育的重要载体和来源，语文课文本身就是民族文化的精华，学生在学习的过程中会受到强烈

---

① ［美］杰里米·里富金、特德·霍华德：《熵：一种新的世界观》，上海译文出版社1987年版，第2—3页。

的感染，产生一种对中华民族文化的自豪感，有利于培养学生的民族意识，有利于中华传统文化的继承和发扬。换句话说，某种程度上，语文课教学就是思想品德教学。例如《周总理，你在哪里》诗人赋予了山谷、大地、森林、大海以人的情感，写出了人民与山河同悲同悼的深切怀念之情；《背影》是朱自清先生记叙他与父亲之间催人泪下的父子深情的脍炙人口的名篇；《中国石拱桥》中桥梁专家茅以升以无比自豪的口吻介绍了中国石拱桥这一令人赞叹的我国古代劳动人民智慧结晶，《故宫博物院》则可以看做一篇游览故宫这一世界建筑史上最大的、保存最完善的古代宫殿建筑群的解说词……这些又都是激发学生道德情感的极好教材。

（2）数学自然科学课程。数学自然科学课程也是隐性德育课程之一。以往数学自然科学课程的主要目标是教育学生学会知识、学会技能，事实上数学自然科学课程渗透德育是数学自然科学课程的题中应有之义，传统的教学观将教学仅仅等同于知识的传授，这是对教学的曲解，教学具有非常丰富的内涵和外延，教学在知识传授的同时也包含着对学生思想道德的教育，即教学不等于单纯的知识传授。因此，新一轮基础教育课程改革实施后，数学自然科学课程加大了德育的功能。新一轮《基础教育课程改革纲要》中明确指出课程目标在于要"改变课程过于注重知识传授的倾向，强调形成积极主动的学习态度，使获得基础知识与基本技能的过程同时成为学会学习和形成正确价值观的过程"。中小学的数学自然科学是自然科学的基础学科，课程本身就是德育课程资源，同时在课程中也蕴涵着大量可以利用的教学资源，这些学科中渗透着科学家们辛勤的汗水、超人的智慧和高尚的品德，以及我国古代和现代科学家的杰出贡献，它们是进行爱国主义教育的极好素材；数学自然科学知识中包含着丰富的辩证唯物主义内容；教材中也包含着反映我国古代和现代科学技术的辉煌成就的内容，包含着探索自然的科学态度、科学精神和科学作风以及进行科学世界观和人生观教育的内容，具有较强的思想性。因此，结合数学自然科学教学向学生进行思想品德、科学道德等教育，塑造全面发展的人才，是数学自然科学学本身的内在因素，也是数学自然科学教育自身所具备的德育功能。

（3）活动课程。活动课程是正规课程的一部分，它是一种实践课程，也是一种隐性德育课程，是以训练良好行为习惯、培养责任意识和自我教育能力为主的课程。我国新一轮《基础教育课程改革纲要》规定："从小学至高中设置综合实践活动并作为必修课程，其内容主要包括：信息技术教育、研究性学习、社区服务与社会实践以及劳动与技术教育。强调学生通过实践，增强探究和创新意识，学习科学研究的方法，发展综合运用知识的能力。增进学校与社会的密切联系，培养学生的社会责任感。""制定国家课程标准要依据各门课程的特点，结合具体内容，加强德育工作的针对性、实效性和主动性，对学生进行爱国主义、集体主义和社会主义教育，加强中华民族优良传统、革命传统教育和国防教育，加强思想品质和道德教育，引导学生树立正确的世界观、人生观和价值观；要倡导科学精神、科学态度和科学方法，引导学生创新与实践"。因此，我们可以看到，活动课程的教育目标之一就是对学生适时进行道德教育，适时加深个体对道德原则、道德知识的理解和掌握，为真正获得道德和实现自我教育提供基础。

马克思主义认为，人的活动是人的本质的显现，是人存在和发展的根本方式。正是人的活动才构成了人类发展的历史。德育是以规范人的活动为内容的社会现象，活动课程通过学生现实的人与人之间的交往，不仅把抽象的道德原理和规范以具体的方式呈现出来从而加深学生的道德认识，培养学生对道德情景的自主判断能力，而且还会使学生产生相应的情感体验和自觉的参与意识，这就有可能使学生的道德知识转化为自己的观念和品性，从而使学生在未来遇到相似的情景时受到类似情感的触发而引起道德行为动机。杜威认为，这种使人们在工作和思想的统一中跟别人发生适当关系的教育方式，是最好的和最深刻的道德训练。因此，活动课程以其活动性、交往性、自愿性、自主性和灵活性而为学生所喜爱，是学校德育工作必须利用的重要资源，具有极大价值，在培养学生的道德行为能力和激发学生的道德情感方面具有学科教育所无法比拟的优势。

（六）德育信息资源

1. 网络资源

随着网络技术的迅猛发展，一个新兴的空间——网络空间，深刻地介入了学校德育现实环境，从内涵和外延上极大地拓展了学校德育空间，大量信息通过网络来到学生身边，极大地增强了学校德育的信息源、渗透力和覆盖面。网络空间以其虚拟化、丰富性，极大地激发了学生的参与兴趣，成为学生了解、认识世界的新窗口。但是网络同时也是把"双刃剑"，它给德育工作带来了新的机遇，同时也提出了严峻的挑战。一是网络的开放性，决定了网络信息数量剧增。数量巨大、来源广泛的网络信息严重分散了学生的注意力，冲击了学校德育在学生成长过程中的主导地位。二是网络的不可控性，决定了网络信息质量的良莠不齐。西方敌对势力大肆宣扬资本主义的政治、文化、民主、自由、人权等价值观和大量的垃圾信息严重地污染了学校的德育环境。三是网络的隐蔽性，使学生道德行为的自由度与灵活性增强，为他们放弃道德责任提供了可能。

网络是德育的新兴资源，是开展德育的新途径、新手段、新方式，也是新阵地。《公民道德建设实施纲要》指出"计算机互联网作为开放式信息传播和交流工具，是思想道德建设的新阵地"，因此，要积极主动地利用健康向上的文化占领这一阵地，同时也要吸收借鉴网络资源的积极因素，调整与学生的教育关系，找准立足点，实现网络资源的德育功能。例如高中《思想政治》必修课 4 个模块涉及经济、政治、文化、哲学，选修课涉及经济学、法学、国家与国际组织，等等。知识覆盖面大，涉及社会生活领域的各个方面。因此，教师应灵活运用网络资源，既能克服教材有关知识的局限性，又能引导学生利用网络资源帮助自己进行学习，获取更多知识，提高收集信息、分析信息的能力。

2. 传媒资源

传媒是指传播组织通过现代化的大众传播媒介——电视、广播、报纸、杂志、书籍等，对大众进行的信息传播过程。随着现代科学技术尤其是传媒技术的迅猛发展，大众传媒成为除学校教育、家庭教育之外的又一强有力的教育力量和社会化手段，而且对学生的成长产生着愈来愈大的影响。传媒是通过直接向人们提供信息发挥其影响作用，传媒是一定社会统治阶级的宣传工具，通过各种媒介传播社会主导意识，引导和教育人们接受其传播的思想，形成符合社会要求的世界观、价值观和道德规范。传媒具有广泛、快捷、生动、形象、直观等特点，是学生获取信息的重要渠道，同时也对他们的思想和行为产生最大最深刻的影响，传媒是不可忽视的重要德育资源。

传媒对学生的影响总体上是积极健康的。电视、广播、报纸、杂志、书籍等媒介声像结合，图文并茂，把各种信息提供给学生。学生收看的电视节目内容、收听的广播、浏览的报刊总体来说是积极向上的，特别是学生对科学知识类的电视节目和报刊栏目表现出较为浓厚的兴趣。作为传播社会主义精神文明主渠道的大众传播媒体不仅满足了学生的求知欲，更对他们树立正确的政治方向，形成科学的世界观、人生观和养成良好的道德品质起了积极作用。

但是传媒也有一定的负面影响，大众传媒在一定的程度上还是教师和家长继续教育的重要工具，但在市场经济大潮面前，某些大众传媒片面追求经济利益，其内容和学校教育有很多冲突的地方。

很多学生在好奇、追求刺激的心理下迷恋电视、迷恋"口袋书"等，随之而来的是厌学、逃学、说谎、逃避集体活动，甚至发生为贪图享乐而偷窃、向比自己更幼小的学生施加暴力等不良行为。所有这些，都给学校德育带来了强烈的冲击。同时，一些消极落后腐朽的东西往往也会借助各种媒介向学生传播，国内外敌对势力也千方百计地利用各种媒介宣传自己的价值观，从意识形态上影响学生，以达到"西化"和"分化"中国的目的。

　　因此，在复杂的传媒面前，教师要善于甄别、选择、开发和利用有用的传媒资源，将其带入德育实践。

第三章 德育资源的配置

一 德育资源配置的内涵

(一)德育资源配置释义

马克思说:"一种东西要成为交换对象,具有交换价值,就必须是每个人不通过交换就不能得到的,必须不是以这种最初的形式即作为共同的财富的形式而出现的。稀有性就这一点来交换价值的要素。"① 基于此,马克思认为资源配置是基于资源稀缺性的存在而产生的一种调节手段,西方经济学家正是用资源的稀缺性来解释资源配置。马克思同时指出:"要想得到和各种不同的需要量相适应的产品量,就要付出各种不同的和一定数量的社会总劳动量。这种按一定比例分配社会劳动的必要性,绝不可能被社会生产的一定形式所取消,而可能改变的只是它的表现形式,这是不言而喻的。"② 马克思在这段话中说明了资源配置是生产要素资源的分配,也就是社会总劳动量的分配,这是社会化生产的客观要求。社会各个经济部门根据社会分工,按一定比例分配社会总劳动量,从而生产出同社会各种不同需要量相适应的产品量,以保持社会生产结构和社会需求结构的基本平衡。这段话同时还指明了资源配置是人类社会经济发展的共有的一般规律。在任何社会形态之中,只要是进

---

① 《马克思恩格斯全集》第 46 卷,人民出版社 2011 年版,第 124 页。
② 《马克思恩格斯选集》第 4 卷,人民出版社 2011 年版,第 368 页。

行社会化生产，就必须按照一定的比例分配社会总劳动，生产满足社会需要的各种产品。社会资源的合理配置是任何社会制度都不能改变或取消的，只不过资源配置所借以实现的形式不同，在不同的历史条件下有可能发生变化而已。[①]

资源配置是解决资源有限性与人类需求无限性之间矛盾的主要手段。资源的稀缺性是对资源进行配置的主要原因。德育资源是自然有限的，它只能通过合理的渠道才能取得和使用，因而它也是稀缺的。同时人类的德育资源需求又是无限的，为实现人类更真、更善、更美的道德追求，人们总需要消耗一定的德育资源，二者之间矛盾的平衡只能通过合理的资源配置实现。据于此，德育资源配置是指在一定时期内，德育主体依据一定的方式，将德育资源配置到德育中，以实现德育目标的实践活动。

德育资源配置的关键问题，实际上是解决资源配置中的"优化"问题。"优化德育资源配置主要包括三方面的内容：第一是合理分配德育资源。包括：合理配置政府、社会和个人的德育资源，合理配置各级财政的投入，合理配置各级各类学校之间的德育资源，以及合理配置各级学校内部的德育资源。这里所说的合理分配，主要是指资源的总量和比例既要符合实际需要，又要保证重点。第二是减少德育资源的浪费。包括：减少人、财、物资源的浪费，减少专业、设备以及楼堂馆所的重复设置，降低生均成本费以及与教学、科研无关的费用等。第三是提高德育资源的使用效率。即：以有限的德育资源投入，培养更多的人才、出更多的成果，为社会作更多的贡献等"。[②]

---

① 参见林翊《〈资本论〉的资源配置理论及其现实意义》，《福建设社会主义学院学报》2000年第1期。

② 参见吕海鸿《城乡义务教育资源配置研究》，东北师范大学硕士学位论文，2006年。

（二）德育资源配置关涉的几个主要问题

1. 德育资源配置的主体

德育资源配置的主体可以从宏观层面、中观层面和微观层面进行分析。

宏观层面的德育资源配置的主体主要指社会（包括政府、社会部门、企业、个人和家庭）。宏观层面的德育资源配置主要涉及的是在政府财政开支中德育经费所占的比重，因此宏观层面德育资源配置的主体以政府为主。政府是德育资源配置的主导力量。这一层次的德育资源配置主要关注将有限的德育资源合理地在各地区、各级各类教育、各级各类学校之间进行分配。市场（企业和个人、家庭）对非财政性德育资源的配置，主要依据教育市场（如毕业生市场、科技市场）的投入要素的供求状况进行调节和配置。

中观层面的德育资源配置的主体主要指各级各类教育主管部门和学校。中观层面的德育资源配置实质上是德育资源的再分配问题。即如何分配德育资源，使德育培养人才的质量能够满足经济发展对人才的道德要求。将有限的财力、物力和人力在各育、各学科之间的分配体现了各级各类教育主管部门和学校对各育和各学科的不同重视程度。

微观层面的德育资源配置的主体主要指教师。教师对德育资源的配置既包括对外在德育资源的合理分配，也包括对自身资源（如时间、精力、知识、技能等）在德育上的分配。

"德育资源配置主体的多元化，是市场经济区别于计划经济的标志之一。德育资源配置的主体和方式的选择不是随意的，它是由经济体制的模式所决定，有什么样的经济体制就有什么样的德育资源配置方式与之相适应。在计划经济体制下，政府作为唯一的投资主体对德育资源配置进行集中决策，办学经费由国家按集中统一计划，根据行政层次和区域，逐级往下核拨；而在市场经济体制下，政府对德育资源的配置，改为分拨款和分散决策的方式，即中央财政负责其所属院校的经费投入并对这部分资源的配置进行决策，而地方财政则主要负责地方院校的经费投入，并承担一部分部属院校的共建费，同时还对这部分资源的配置负有决策权；企业和个人作为另一投资主体对非财政性资源的配置和决策，是按市场规则进行的。就我国目前的情况而言，由于人才供应相对过剩，德性品质的难以衡量，因此企业对德育资源配置的积极性不高，投资的力度和稳定性也不足；从个人对德育资源的配置来看，由于长期存在的教育卖方市场格局没有根本改变，因此学费的逐年上涨仍有一定的上行空间。相比之下，政府的主渠道作用仍十分明显，而学费的支撑作用也不可低估。"①

2. 德育资源配置的客体

德育资源配置的客体是指能够被配置到德育中的各种资源，主要包括投入到德育中的人、财、物等。资源本身是静止的、客观存在的，只有被配置到德育当中，成为被配置的对象，资源才成为德育资源，才能发挥其德育效能。各种人、财、物如何能有效发挥其最大功效，成为德育资源配置追求的效率目标。

3. 德育资源配置的方式

德育资源配置方式是德育资源配置主体与客体之间的纽带，一般包括计划配置、市场配置和两者的混合。但是，对于德育资源配置而言，由于德育的特殊性，其作为一种公共产品，其配置方式只能以计划为主，市场为辅。德育资源配置的方式，决定了各主体在资源配置中的不同作用。

---

① 参见吕海鸿《城乡义务教育资源配置研究》，东北师范大学硕士学位论文，2006 年。

（三）德育资源配置的应然价值追求

1. 公平

公平是一个价值尺度和规范选择。教育公平是各国政府教育改革的目标和共同出发点，教育公平表征着社会公平，它是社会公平的重要衡量尺度。教育公平，主要包括教育机会的平等享有和教育资源的公平分配，这已经成为世界教育改革和发展的主流思想。《国家中长期教育改革和发展规划纲要（2010—2020）》指出，要"把促进公平作为国家基本教育政策，教育公平的关键是机会公平，基本要求是保障公民依法享有受教育的权利，重点是促进义务教育均衡发展和扶持困难群体，根本措施是合理配置教育资源，向农村地区、边远贫困地区和民族地区倾斜，加快缩小教育差距。教育公平的主要责任在政府，全社会要共同促进教育公平"。作为教育资源的重要组成部分，德育资源配置也必须追求公平。德育资源配置公平，是国家对德育资源进行配置时必须依据的合理性规范或原则。作为由政府实行的公共政策，我们在追求配置公平的过程当中，要符合社会整体的发展和稳定，符合社会成员个体的发展和需要，并从两者的辩证统一关系中配置德育资源。（当然，公平也是相对而言，配置公平也取决于社会经济发展状况以及德育自身发展的状况。）教育公平是社会公平之本，德育更是一个社会和国家的基础性、先导性、并具有全局性的事业。从这个意义上说，德育资源配置公平就成为政府配置德育资源的首要价值尺度。

2. 效率

"效率与公平是伴随历史发展而长期存在的一个问题。必须辩证地认识和处理二者之间的关系，既看到它们对立的一面，通过矛盾运动规律努力实现效率与公平的目标，同时，更要看清二者统一的一面：效率是公平的前提，效率目标的实现为公平目标的实现提供了基础；公平是效率的保证，公平目标的实现，为效率的提高创造了良好条件"。[1] 所谓效率即是指德育资源的有效配置。在市场经济条件下，效率是评判市场经济活动的首要标准。既然教育是一种投资，要把德育资源转化为德育资本，我们就应该讲究效率。特别是在教育体制必须适应经济体制改革而转变的背景下，现实中的德育资源又比较匮乏，德育资源长期得不到合理利用和有效配置，因此我们必须激发运行主体讲究投入产出比，激发各层次、各部门的积极性，使有限的德育资源得到科学的分配、管理和有效使用，提高资源的利用效率和效益。[2]

3. 结构优化

结构是一个开放的系统。德育资源配置的结构优化是一项非常复杂的系统工程，它既包括德育资源配置的纵向结构优化，也包括德育资源配置的横向结构优化；既包括德育资源配置的宏观结构优化，也包括微观结构优化；既包括德育自身结构优化，也包括德育资源配置的外部环境与内部环境的协调问题；既包括德育资源配置过程的优化，也包括德育资源配置的结果的优化等。结构优化就是要使德育的各个子系统通过优化配置后，能够使其整体的功能大于各个系统的简单相加之和，结构优化追求的是整体效果。

4. 可持续发展

1987 年，世界环境与发展委员会在《我们共同的未来》报告中，将可持续发展定义为："既能满足当代人的需要，又不对后代人满足其需要的能力构成危害的发展。"可持续发展关注社会、经济、文化、资源、环境、生活等各方面的协调"发展"。1997 年中国共产党第十五次代表大会把可持续发展战略确定为我国"现代化建设

---

① 朱坚强：《比较·借鉴·改革》，中国人事出版社 2000 年版，第 202 页。

② 参见姚永强《关于基础教育资源优化配置的理论思考》，《西华师范大学学报》2005 年第 3 期。

中必须实施"的战略。这是一种新的发展观。德育资源配置也涉及可持续发展的问题，现实生活中经常存在着对德育忽冷忽热、对德育资源配置忽高忽低的现象，因此德育资源配置的可持续发展更多强调的是要保持德育资源在配置过程中的持续、平稳的发展态势，既不能一蹴而就，也不能忽冷忽热。德育资源配置可持续发展的核心是"发展"。这种发展包括：第一，发展要具有持续性。这也是可持续发展的最基本的含义。发展不仅要考虑眼前利益，更要考虑今后和长远利益。而且要把德育未来的发展作为出发点和归宿点；第二，发展要具有整体性。既要考虑德育资源内部各要素之间的整体性发展，也要考虑德育与其他各育之间的综合性发展；第三，发展要具有协调性。既注重量的扩张，也注重质的提升。德育资源配置的可持续发展是保障德育持续、平稳、健康发展的基本条件。

二　德育资源配置的影响因素

德育是一种意识形态，由社会存在所决定，国际和国家社会生活的点滴变化必然直接或间接地影响着德育，当然，包括对德育资源配置的影响。德育资源的配置受制于很多因素。

（一）全球化的冲击

全球化的冲击对德育资源的配置有着不可忽视的影响。20世纪80年代以来在世界范围日益凸显的新现象，是当今时代的基本特征。澳大利亚社会学家马尔科姆·沃特斯在《全球化：关键性思想》一书中指出："全球化是一种社会过程，其中对社会安排和文化安排的地理制约因素消失，而且人们越来越意识到它们正在消失。"全球化既包括物质和精神产品的流动，也包括人员的跨国界流动。人的流动是物质和精神流动最高程度的综合。20世纪90年代后，随着全球化势力对人类社会影响层面的扩张，全球化已经从最初的经济全球化扩张到政治、文化、科技、军事、安全、意识形态、生活方式、价值观念等多层次、多领域的全球化，全球化逐渐引起各国政治、教育、社会及文化等学科领域的重视。全球化是柄双刃剑。美国学者罗伯特·塞缪尔逊承认："全球化既是加快经济增长速度、传播新技术和提高富国和穷国生活水平的有效途径，但也是一个侵犯国家主权、侵蚀当地文化和传统、威胁经济和社会稳定的一个有很大争议的过程。"美国前国务卿基辛格承认："全球化对美国是好事，对其他国家是坏事……因为它加深了贫富之间的鸿沟。"英国《卫报》发表的题为《全球化的受害者》的文章承认：西方国家利用全球化推行"新殖民主义"。甚至美国《华尔街日报》早已在1995年7月6日就发表文章承认存在"美国的新帝国主义"。全球化对世界各国的各个领域各个方面各个角落都有着直接或间接的影响。放眼全球，我们的策略是应该积极投入到经济全球化的浪潮中，积极抓住全球化的机遇，大力发展我国经济；我们也应该旗帜鲜明地反对政治全球化，坚持中国特色社会主义道路绝不动摇，用核心价值体系构建我国的国民价值观。因此，在德育资源配置中，就要放眼全球，借鉴和吸取世界各国先进的德育思想和经验，采取各种方式加强国际交流和合作，既要派有关人员出去参观考察，也要邀请有关国家相关人员来我国互相交流经验，既要引进优秀的德育著作和教材，也要建立畅通的各国德育沟通网络。同时，我们也必须葆有我们的民族性和中国特色，这是在全球化浪潮中的方向性问题。

（二）社会政治经济的影响

社会政治经济文化对德育资源配置有着重要影响。社会政治经济和文化是社会正常运转的支柱，经济是基础，政治是经济的集中体现，文化是经济和政治的反映。德育是社会的上层建筑之一，由社会的经济基础决定，必然又反作用于经济基础。社会政治经济文化不仅是德育资源配置不能脱离的社会大环境，同时也是德育资源配置必须依存的重要资源。社会政治经济文化对德育资源配置有着重要影响。首先，社会的政治经济文化规定着德育资源配置的范式（质）和规模（量）。德育资源配置不能脱离当时社会的经济政治文化提供的社会条件。其次，社会的政治经济文化参与到德育资源配置中，主要参与到德育资源配置的目标、内容、形式和手段等方面，在当代集中表现为政府对德育资源配置的主导。最后，社会的政治经济文化为德育资源配置提供了动力和导向。社会政治经济文化的动力功能主要表现为使德育资源配置在量上实现扩展和在质上实现成熟，导向功能在于社会政治经济文化既为德育资源配置提供了发展的潜在样式，同时也使得范式定向。

（三）教育改革的影响

教育改革对德育资源配置有着直接影响。国际著名教育改革理论专家哈维洛克（R. G. Havelock）教授曾对"教育改革"作过如下定义："教育改革就是教育现状所发生的任何有意义的转变。"教育要发展，根本在改革。任何一次改革都旨在让教育回归教育本身，让学生获得真正的和谐幸福。我国的国家发展规划中对教育改革和发展都有五年、十年或长远规划，教育在国家中的应然地位得到了实现。教育改革是一个系统工程，包括各级各类教育，当然包括德育。教育改革对德育资源配置有着直接影响。教育改革为德育资源配置提供了更好的发展契机，为德育资源配置注入了活力。为顺应教育改革，德育资源配置必须发生相应变革，以自身的积极变化适应教育改革，尤其是近些年对德育地位的重要性有了质的提升以后，在教育改革中，德育都获得了较高的重视，也获得了较多的物质、人力等资源。

三 德育资源配置的主导力量——政府

近代以来，政府广泛而深入地对教育进行资源配置已经是世界性的普遍现象。政府不仅大量创办公办学校，投入大量财力，而且还以法律的形式保障教育经费的投入，在各国教育法中都明确表明教育投入要达到国民生产总值的百分比。政府配置教育资源（包括德育资源）而非完全由市场来决定，其中有着深刻的原因。

（一）政府主导德育资源配置的根据

1. 德育具有准公共产品的性质①

公共产品理论最早由美国的经济学家保罗·A. 萨缪尔森（Samuelson）在《经济学和统计学评论》1954 年 11 月号上发表的《公关指出的纯理论》中提出，后被经济学家所接受。萨缪尔森将社会产品区分为公共物品（public goods）和私人物品（private goods），公共产品和私人产品的区别在于产品在消费上是否具有竞争性和排他性。凡是在消费上具有非竞争性和非排他性的产品就是公共产品；反之，在消费上具有竞争性和排他性的产品，就是私人产品。消费的非竞争性（non-rivalry）指一个人对该产品的消费不影响他人对该产品的消费，在该产品未达到充分消费时，增加一个人消费的边际成本，生产成本和拥挤成本均为零。消费的非排他性（non-excludability）指一个人对该产品的消费不能排除他人的消费。"不能排除的原因，或者是因该产品在消费上具有整体性，无法在技术上进行分割，或者是虽在技术上易于分割从而可以排除，但因

---

① 此观点引自张澍军教授的"思想政治教育是作为社会主流文化基本载体的准公共产品"的思想，这种观点在理论界是一种首创。

排除成本过高使排除成为不必要。如国防和海上的灯塔就属于公共产品，面包和服装就属于私人产品。公共产品和私人产品是社会产品的两个极端，现实生活中，大多数产品都兼有两种产品的特征，称之为准公共产品或混合产品。"①

德育是社会或社会群体用一定的思想观念、政治观点、道德规范，对其成员施加有目的、有计划、有组织的影响，使他们形成符合一定社会所需要的思想品德的社会实践活动。从公共产品理论视角看，德育本质上是一种准公共产品。这种公共产品符合保罗·萨缪尔森对公共产品标准的界定。

首先，德育在消费上具有一定的竞争性。尤其是对于学校德育而言，当一所学校未满额时，一个学生的消费不影响另一个学生的消费，增加一个学生的德育边际成本为零。当学校已经满额，增加一个学生的边际生产成本为正数；一个学生的消费也会影响另一个学生的消费数量和质量，即存在边际拥挤成本增加的现象。因此，在这两种情况下，对德育的消费就具有一定的竞争性。

其次，德育具有消费上的不完全排他性。德育包含对工人、农民、青年学生、领导干部等的教育，因而在技术上德育易于分割。但是，这种分割，并不意味着德育可以把不为德育付费的个人排除在外，因为如若排除，则成本高昂到不可接受。德育是具有巨大的正外部效益的产品，一个人接受了德育，那么在受教育者身上所形成的诚实、信用、创新、奉献等品质，不仅会给个人带来经济的或非经济的效益，而且会对社会整体利益带来巨大的经济或非经济效益。如果对德育的消费进行大量排除，那么社会必将为此付出惨重的代价。

德育作为准公共产品，它是非物质的，有其自身独特的特点：

（1）德育是传承社会主流文化的基本载体，它不是单纯的经济行为，是一项以影响人的思想品德发展为目的的社会活动，它的

---

①　王善迈：《教育服务不应产业化》，《求是》2000年第1期。

存在是为满足全体社会成员所需要的思想品德，进而构建和谐而有序的社会生活以及良好的社会秩序。

（2）德育是一种无形产品，它对人的行为的约束是无形的；同时这种无形产品具有可再生性，不会因为利用而减少，甚至它的存在依存于使用。

（3）德育的收益是隐性的，主要表现在人的思想道德水准的提高上。这种收益的实际效果显现可能需要几年、几十年，甚至上百年的时间。

（4）与一般的公共产品的供给是通过公共选择进行的一样，德育也是公共选择的结果，与其他许多公共产品具有的消费者个体的非选择性一样，德育对个人来说，只有接受，而不受喜好决定。但是由于需求者——受教育者有自己的主观意愿，因此只有合乎需求者需要的德育，才能真正为需求者所接受并内化。

德育从整体上讲是准公共产品，其不同类别和不同级别的德育，产品属性和特征不尽相同，在受益外在性和排他性上表现也各异。例如从小学、初中、高中、到大学的德育，它们在受益外在性方面逐渐减小，在消费的排他性方面则逐渐增大。按照这样的顺序排列，学校德育的公共产品属性逐渐减小，私人产品属性逐渐增强。也就是说，学校德育的级次越低，其公共产品属性越强。

西方经济学家认为，公共产品的本质属性决定了作为公共物品，必须由政府来提供。德育是社会受益率很高的公共事业，作为准公共产品，必须由政府来提供。

2. 德育是国家长治久安的重要保障

自其诞生那一天起，德育生产的就是一种精神产品。这种精神产品是社会主流文化所倡导的核心价值、是人类文明传承所需要的公共道德、是个体成长所必需的精神食粮。"德育"虽然是一个现代概念，但是它所包含的政治教育、思想教育、道德教育却是人类社会进入文明时代以来的普遍社会现象，只不过在不同历史时期其表现形式和作用的内容不同而已。在中国古代社会，中国传统道德的核心及其一贯思想，就是强调为社会、为民族、为国家、为人民的整体主义思想。例如，范仲淹所提倡的"先天下之忧而忧，后天下之乐而乐"，文天祥认为"人生自古谁无死，留取丹心照汗青"等，正是在这种整体主义思想指引下，中国传统道德强调先人后己，先公后私，助人为乐，强调个人对社会尽责，强调自觉地为他人、为社会、为人群。近现代以来，德育所倡导的"科学"、"民主"思想，尤其使国民经历了精神的洗礼。中国共产党领导广大人民群众在波澜壮阔的革命与建设实践中，形成了独具特色的德育传统，如实事求是、平等待人、群众路线、以身作则、坚持真理、批评和自我批评等，都是在不同历史时期中国人民宝贵的精神食粮。[①] 现阶段，这种精神产品的外在表现形式主要是马列主义、毛泽东思想、邓小平理论和"三个代表"重要思想。在人类社会发展中，这种精神产品，为人类社会的不断进步、为人类文明的传承、同时也为个人顺利完成社会化和促进其人性发展、修补其人性弱处起到了不可估量的作用。

3. 德育通过传播"社会主流意识形态"，降低社会的交易成本

通过采用劳动简化系数法、总量生产函数模型、二次型最佳拟合优度函数等不同方法，国内学者靳希斌（1997）证实中国1952—1978年教育在国民经济增长中的贡献率是20.9%，林荣日（2000）的研究结论是1982—1995年中国教育对经济增长的实际贡献率为10.46%，安雪慧（2002）的分析认为，1981—1995年中国初等、中等、高等教育对经济增长的贡献分别是16%、10%、12%。教育对经济的贡献离不开德育的贡献。诺斯说："意识形态是个人与其环境达成协议的一种节约费用的工具，它以世界观的形

---

① 参见张耀灿、陈万柏《思想政治教育学原理》，高等教育出版社2001年版，第42—61页。

式出现从而使决策过程简化。"① 德育是传播社会主流文化的基本载体之一。它传播的是社会所倡导的主流价值体系，是一个国家得以存在的精神支柱和力量源泉，也是维系国民凝聚力的重要纽带。从古至今，德育通过倡导"君子爱财取之以道"、"富贵不能淫、贫贱不能移、威武不能屈"、"君子喻于义，小人喻于利"到"廉洁奉公""守法自律""光明磊落"到今天的核心价值体系，向人们倡导了一种清晰的社会价值判断标准，减少了社会生活的不确定性，增强了人们的预期。这种价值认同就构成了新制度经济学所说的内生制度，它作为规则发挥着作用，可以使人们减少机会主义之害，降低经济生活的摩擦成本。因此，德育促成的社会主流价值体系能使一个难以驾驭的复杂世界易于管理。

（二）政府配置德育资源的方式

政府是德育资源配置的主要提供者，它配置德育资源的主要方式有财政手段、法律手段、计划手段和行政手段。通过各种手段的相互作用，为实现德育资源的最优化配置而努力。

1. 财政手段

财政手段是指政府通过财政拨款在总投资中所占的比例对德育进行宏观控制的一种资源配置方式。经费是德育发展的核心要素。德育经费是教育经费的一个重要组成部分，德育经费在整个国家的教育资源配置中没有单独罗列出来，而是包含在整个教育经费当中。德育经费的发展、遇到的问题及解决的路径实际上也是教育经费同样遇到的问题。因此，德育经费相关问题的研究，本书将结合教育经费展开。

近十年来，在教育经费来源渠道及构成上，我国国家财政性教

---

① 参见旷乾《教育资源配置中的政府与市场》，广西教育出版社 2007 年版，第 75 页。

育经费依然是我国教育经费总投入主要来源。其他渠道如社会团体和公民个人办学经费、社会集资办学经费等所占比重微乎其微。从表3-1，我们不难看出，随着我国办学体制改革的稳步推进，社会团体和公民个人办学经费从2003年开始快速增长，占总教育经费的比例迅速提高，到2006年达到最高5.59%。这说明，已经有越来越多的社会资金、家庭和个人支持教育，国家的办学体制改革和对民办教育的支持政策，对我国教育经费的来源结构产生了重大影响。但是，从表中我们也可以看出，社会捐资和社会集资办学经费在逐年下降，每年至少以10个百分点的速度在下降。社会力量办学是教育经费来源的一个重要渠道，可以很好地缓解教育经费的压力问题。对于社会力量办学，政府应采取激励和保障措施，让更多的社会团体参与到教育投资中来。

表3-1　　　　　我国1992—2009年教育经费来源结构表[①]

年份	合计	国家财政性教育经费		民办学校办学经费	社会捐赠经费	事业收入		其他教育经费
			#预算内教育经费				#学杂费	
2000	3849.1	2562.6	2085.7	85.9	114.0	938.3	594.8	148.4
2001	4637.7	3057.0	2582.4	128.1	112.9	1157.5	745.6	182.2
2002	5480.0	3491.4	3114.2	172.6	127.3	1460.9	922.8	227.9
2003	6208.3	3850.6	3453.9	259.0	104.6	1721.8	1121.5	272.2
2004	7242.6	4465.9	4027.8	347.9	93.4	2011.4	1346.6	324.0
2005	8418.8	5161.1	4665.7	452.2	93.2	2340.0	1553.1	372.4
2006	9815.3	6348.4	5795.6	549.1	89.9	2407.3	1552.3	420.7
2007	12148.1	8280.2	7654.9	80.9	93.1	3177.2	2130.9	516.6
2008	14500.7	10449.6	9685.6	69.8	102.7	3367.1	2349.3	511.5
2009	16502.7	12231.1	11419.3	75.0	125.5	3527.6	2515.6	543.5

注：2007年对部分教育经费统计指标进行了修订，表中2000—2006年"民办学校教育经费"指社会团体和公民个人办学总经费，2007年起指民办学校中举办者投入。

---

① 资料来源：《中国教育经费统计年鉴》（2000—2009）中国统计出版社。表下同。

同样，近十年来，在"教育优先发展"的战略思想的指导下，我国各级政府都明显加大了对教育的投入，教育经费规模不断扩大，从 2000 年的 3849 亿元增加到 2009 年的 16502.71 亿元，增幅达 12653.71 亿元，年均递增 1265.371 亿元。具体见表 3 - 2。

表 3 - 2　　　　　　　2000—2009 年我国教育经费投入统计

年份	全国教育经费		国家财政性教育经费		财政预算内教育拨款	
	金额（亿元）	比上年增长（%）	金额（亿元）	比上年增长（%）	金额（亿元）	比上年增长（%）
2000	3849.1	14.93	2526.61	12.04	2085.68	14.87
2001	4637.66	20.49	3057.01	19.29	2582.38	23.81
2002	5480.03	18.16	3491.4	14.21	3114.24	20.60
2003	6208.27	13.29	3850.62	10.29	3453.86	10.91
2004	7242.60	16.66	4465.86	15.98	4027.82	16.62
2005	8418.8	16.24	5161.08	15.57	4665.69	15.84
2006	9815.3	16.59	6348.36	23.00	5795.61	24.22
2007	12148.07	23.77	8280.21	30.43	7654.91	32.08
2008	14500.74	19.37	10449.63	26.20	9685.56	26.53
2009	16502.71	13.81	12231.09	17.05	11419.30	17.90

资料来源：《中国教育经费统计年鉴》（2000—2009），中国统计出版社。

2. 法律手段

法律手段是指政府通过立法，以法律的形式确立政府、社会以及学校在德育中的各自权利和责任的方式。法律是资源配置活动的前提和保障。从我国教育体制改革的 20 多年来看，法律的变化对德育资源配置的影响很大，影响着资源配置活动的效果。从我国的《教育法》、《义务教育法》、《教师法》、《职业教育法》、《高等教育法》、《民办教育促进法》、《中外合作办学条例》、《学生伤害事故处理办法》、《德育大纲》、《中共中央关于进一步加强和改进学校德育工作的若干意见》、《中小学德育工作规程》、《中共中央国务院关于进一步加强和改进未成年人思想道德建设的若干意见》

等有关法律来看，这些法律主要规定了我国教育经费的投入增长情况、教师工资、教育财政拨款情况、校舍建设与学费以及管理办法，明确了各级政府、学校的权利和责任，规范了学校与行政机关的关系、学校与社会的关系。它们共同构成了一个比较完善的德育法律制度和规范体系，确保德育能在一个规范有序的制度化轨道运行。

3. 计划手段

计划手段是指政府通过制定相应计划、规划、信息服务以及政策指导等对德育资源配置进行宏观调控的一种手段。计划对于确定新定位、制定新目标、形成新优势、发掘新潜力、创设新环境、拟定新思路具有重要的指导意义。计划不仅是国家和地方在较长时期发展德育的依据，同时也是一定时期国民经济和社会发展的重要保障。制定德育计划，就德育与社会的关系来看，可以实现德育对社会风气的净化、国民素质的提升，使德育成为国民经济增长的动力；从教育内部来看，德育计划的制订和实施有利于尽快实现德育目标，实现德育对其他各育的促进作用。德育计划往往包含一系列的德育政策，有利于促进社会范围的德育改革。所以，计划手段是政府加强对德育进行宏观调控的最有效手段之一，它对政府进行德育资源的配置具有至关重要的意义。德育计划的制订和实施本身既是一种宏观调控职能，同时又是政府对德育进行宏观调控的主要手段。

新中国成立以来，我国的教育计划贯穿着新中国的各个历史时期，我国的教育计划体系非常完善。从新中国成立之初的"一五计划"到现在的"十二五计划"，政府就把教育纳入了国民经济和社会发展五年计划当中。在教育资源配置上，国家的态度正由计划经济下的"一公交，二财贸，凑凑合合搞文教"的尴尬境地，迈向了"优先发展教育、提高教育现代化水平，对实现全面建设小康社会奋斗目标、建设富强民主文明和谐的社会主义现代化国家具有决定性意义"的高度。从时间上看，我国先后制定了诸如《全国教育事业 2010 年发展规划》、《全国教育事业 10 年规划和"八五"计划》、《全国教育事业"九五"计划和 2010 年发展规划》、《全国教育事业"十五"计划和 2010 年发展规划》、《国家教育事业"十一五"规划》、《21 世纪教育振兴计划》、《中国教育改革和发展纲要》《2003—2007 年教育振兴行动计划》、《西部教育发展计划》，以及 2010 年公布的《国家中长期教育改革和发展规划纲要（2010—2020 年）》。教育计划为我国规定了不同时期的教育发展的目标，在教育资源的投入、教育设施的完善、教育公平的促进、教师工资与地位的提升等方面都有相应的规划，从总体上看，我国的教育计划都能得到有效的执行，促进了我国的教育事业的长足发展。

　　作为教育的一个重要组成部分，国家关于教育的发展计划都包含了我国的德育发展计划，从我国教育事业的"五年计划"到最新的《国家中长期教育改革和发展规划纲要（2010—2020 年）》（以下简称《纲要》），无不把德育作为教育事业的重中之重，《纲要》更是重申了"坚持德育为先"的目标，把德育地位提升到"建设人力资源强国"重要保障的地位。关于德育计划，我国也制定了诸如《爱国主义教育实施纲要》等计划，在地方层面，各省市也有自己相应的德育计划。德育计划为德育的有效实施提供了方向、目标和动力，促进了德育事业的有效展开。

（三）当前政府配置德育资源存在的主要问题

1. 政府在德育资源配置中的错位问题

　　错位问题主要有两种表现：一是政府行使职能的错位。政府部门滥用职权，在履行对学校的管理职责、行使管理权力的过程中，偏离自身的职责任务、活动范围、运行轨道，从而出现违背学校的意志、损害学校利益的行为。二是政府在教育投入中的结构错位。主要是指政府的教育投入在三级教育、城乡之间的分配比例不合理。如 2002 年教育经费投入总量占本级财政支出百分比,最高者(浙江)是最低者(新疆)的 7.6 倍。[①]

2. 政府在德育资源配置中的越位问题

即政府以"全能者"的身份出现,超越自己的权限范围,涉足到本应由其他主体配置资源的事务当中去,"越位"现象严重影响了其他主体的积极性,破坏了主体间的平等地位,阻碍了其他主体作用的发挥和有序、良好的配置系统的健康发展。

3. 政府在德育资源配置中的缺位问题

即政府应该承担的责任没有承担、政府应该履行的职责没有履行,导致出现资源配置上的"真空"。如政府在教育经费投入与筹措中的缺位,突出表现在中央和省级政府的教育经费投入太少与财政性教育经费占国内生产总值比例过低两个方面。

(四) 走出政府配置德育资源的失灵

1. 明晰政府在德育资源配置中的角色定位

政府在德育资源配置中首先应该是一个服务者。促进公共教育资源的公平配置,关键在于政府角色的转换。要转变政府职能,改革教育领域的行政化体制。强化政府公共服务职能,扩大教育资源的供给能力和提高教育公共服务的水平。改变政府包揽过多、权力过于集中的高度集中的管理体制,探索在转型社会和市场经济环境下,政府、市场、社会组织、公民个人等主体共同参与的新型教育治理结构;促进教育决策科学化、民主化,建立科学民主决策的程序和制度。通过向学校赋权、向社区赋权的改革,扩大和落实学校

---

① 教育部财政司:《中国教育经费统计年鉴 2003》,中国统计出版社 2003 年版。

的办学自主权，恢复学校的自主性和学术的独立性，建立政府宏观调控，学校自主管理，社会广泛参与的新的治理机制和新型的政校关系。[1]

服务者的角色意味着政府要为德育提供一套完善、合理的资源配置规则，做一个德育资源配置规则的创制者和有效运行的服务者。

2. 确保教育财政投入的充足与公平

公共产品的有效供给需要社会成员按自己从公共产品中的受益程度来负担相应的成本，但是人们总是倾向于隐瞒自己从公共产品消费中获得的真实收益，从而使公共产品有效供给的实现十分困难。对于德育来说，也存在这样的问题。因其收益本身就难以计算，且又难以马上在受教育者身上显现出实际效果，所以其有效供给理想状态的实现就更为困难。在学校教育中，德育师资力量薄弱、课时量少、教学资源有限等，更是严重影响着德育的实现价值。尤其是德育的投入比例偏低更是严重制约着德育的发展。有的学校没有把开展德育工作方面的经费列入预算并加大投入；有的学校认为学生德育工作是虚的，资金投多投少无所谓，能减就减；有的学校拨给学生的德育经费每位学生只有 12 元。[2] 这与时代对德育要求培养高素质的人才极不相称，影响了德育工作的顺利展开。政府作为国家事务的管理者，是德育的生产主体，也是德育的投入主体。政府要加大对德育的投入力度，要经过科学系统的评估，建立按学生的比例配置德育财力投入的机制。尤其要把德育提高到关系国家兴衰成败的认识高度。

分配方式上保证社会公平也是公共部门的一个基本原则。因此，从这个意义上来说，政府所提供的德育应该平等地为全体公民

---

① 杨东平：《面向未来的教育改革》，《经济观察报》2009 年 10 月 12 日，第 34 版。

② 陈丹雄：《当前高校思想政治教育投入问题思考》，《江西青年职业学院学报》 2005 年第 3 期，第 15 页。

享有，政府在提供德育时不能歧视任何个人，必须给所有的公民提供同质同量的德育。但是目前，在我国存在着德育资源分配事实上的不平等，如物力资源投入方面东部多、西部少；沿海多、山区少；城市多、农村少；重点学校多，普通学校少等。这种不平等导致的后果必然是德育外在发展环境的不平衡。在东部城市重点学校中，从事德育的教师办公条件明显优越于西部农村普通学校。对于义务教育阶段而言，它是创设平等的基本途径和重要条件，涉及整个国家长治久安和长远利益，这一阶段外在条件的差异，影响着社会公平，制约着德育的发展。德育作为公共产品，资源分配上就要力争做到平等，以保证社会公平的实现。

胡锦涛2010年7月13日在全国教育工作会议上的讲话，指出："教育投入是支撑国家长远发展的基础性、战略性投资，要健全以政府投入为主、多渠道筹集教育经费的体制，大幅度增加教育投入，2012年实现国家财政性教育经费支出占国内生产总值的4%，并保持稳定增长……教育公平的关键是机会公平，基本要求是保障公民依法享有受教育的权利，重点是促进义务教育均衡发展和扶持困难群众，根本措施是合理配置教育资源。"要确保教育财政投入的充足与公平就要做到：

第一，尽快实现财政性教育经费在国民生产总值（GDP）中4%的目标。

国民生产总值是反映国民经济发展状况的综合指标，对于反映国民经济发展规模和速度具有重要意义。近些年来，尽管我国教育经费已经有了逐年增长，但不可否认在2003—2005年间我国的教育经费占GDP的比重不但没有上升，反而有下降的趋势。以下是2000—2009年财政性教育经费占GDP的比例。

从表3-3、图3-1我们可以看到，在2002—2006年间，财政性教育经费占GDP的比例分别是2.90、2.84、2.79、2.82、3.00；五年时间里，教育经费在GDP的比重都在缓慢增长。

表 3 – 3　国家财政性教育经费及其占 GDP 的比例（2000—2009 年）

年份	国家财政性教育经费（万元）	预算内教育费（万元）	GDP（亿元）	国家财政性教育经费占 GDP 的比例（%）	预算内教育经费占 GDP 的比例（%）
2000	25626056	20856792	99215	2.58	2.10
2001	30570100	25823762	109655	2.79	2.35
2002	34914048	31142383	120333	2.90	2.59
2003	38506237	34538583	135823	2.84	2.54
2004	44658575	40278158	159878	2.79	2.52
2005	51610759	46656939	183217	2.82	2.55
2006	63483648	57956138	211924	3.00	2.73
2007	82802100	76549100	249530	3.23	3.07
2008	104496300	96855600	300670	3.48	3.22
2009	122310000	114193000	340903	3.59	3.35

　　资料来源：国家统计局《中国统计年鉴 2008》，中国统计出版社 2008 年版。2007、2008 年教育经费数据来自教育部财政司《中国教育经费统计年鉴》。2009 年数据来自《求是》2011 年第 2 期。

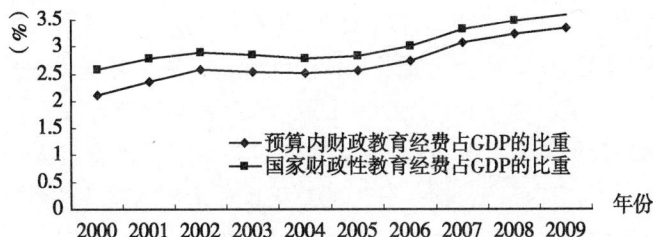

图 3 – 1　国家财政性教育经费占 GDP 的比重①

---

　　①　资料来源：国家统计局《中国统计年鉴》（2007 年），中国统计出版社。2008 年数据来自《中国教育经费统计年鉴 2008》，《中国教育报》；2009 年数据来自《中国教育经费投入不足，制约教育事业发展》，《求是》2011 年第 2 期。

表 3 - 4　不同收入水平国家的公共教育支出占国内生产总值的比例①

项目	国家分类	公共教育支出占GDP的比例（%）	人均GDP（美元）	政府财政收入占GDP的比例（%）	公共教育支出占政府财政支出的比例（%）	人均受教育年限的期望值（年）	人口增长率（%）
算术平均	高收入	4.8	19217	32.8	12.5	15.6	0.8
	中高收入	4.7	4330	26.8	16.9	13.4	0.7
	中低收入	4.3	1504	19.5	17.6	12.0	1.3
	低收入	3.9	420	17.2	17.5	8.1	2.1
中位数	高收入	4.8	21154	36.2	12.1	15.8	0.6
	中高收入	4.6	4528	26.4	17.8	13.1	1.0
	中低收入	4.2	1391	17.1	17.4	12.0	1.5
	低收入	3.3	346	12.4	15.6	8.8	2.1

　　从表 3 - 4 中可以看到，高收入水平的国家公共教育支出占 GDP 的比例在 4.8%，低收入水平的国家也在 3.9%，有资料显示美国用于知识生产、传播开支占 GDP 的 20%，其中教育占 10%。② 而我国教育经费占国民生产总值的比例一直在 3% 左右徘徊，在 2004 年甚 7 至出现了低于上年比例的情况。这种经费投入的状况与教育的国际化、现代化要求是背道而驰的，缺少经费，教育就如无水之舟。王小利等利用 1978—2002 年我国财政教育投入占 GDP 的比例的数据以及 GDP 的增长率数据对我国财政教育投入的最适规模进行了实证分析，这一分析的结果也显示我国财政教育投入的最适规模应为 3.5% 左右。③ 这样，我国教育投入的比例明显低于应达到的比例和规模。长此以往，导致我国财政性教育经费缺口很

---

①　齐鲁网：2008 年全国教育经费投入占 GDP 比例未达 4%。

②　叶尚志：《教育与经济刍议》，《人才开发》2002 年第 3 期。

③　王小利：《中国教育投入的财政政策分析》，《财政研究》2004 年第 4 期。

大，积累性教育经费缺口更大。南京大学社会学系张玉林先生据此测算出，从 1985—2003 年，政府欠教育的经费总计为 10100 亿元。①

《中国教育改革和发展纲要》第 43 条明确规定："逐步提高国家财政性教育经费支出（包括：各级财政对教育的拨款，城乡教育费附加，企业用于举办中小学的经费，校办产业减免税部分）占国民生产总值的比例，本世纪末达到 4%。"对此，《国家中长期教育改革和发展纲要规划（2010—2020）》指出："要加大教育投入。教育投入是支撑国家长远发展的基础性、战略性投资，是教育事业的物质基础，是公共财政的重要职能。要健全以政府投入为主、多渠道筹集教育经费的体制，大幅度增加教育投入。各级政府要优化财政支出结构，统筹各项收入，把教育作为财政支出重点领域予以优先保障。"全国人大教科文卫委员会调研组认为，"十二五"期间加大教育经费投入，对于"实现更高水平的普及教育、形成惠及全民的公平教育、提供更加丰富的优质教育"，将起到至关重要的作用。② 努力增加教育经费总量，不仅要大力增加财政性教育经费，还要积极鼓励社会资金投入教育。在今后几年内，中央政府可以在现有投入的基础上增加"一个百分点"，较大幅度地增加中央本级教育经费的支出，并带动地方政府也增加"一个百分点"，使之从 2006 年的 3.01% 提高到 2010 年的 3.05%，从而整体上增加政府教育投入。③

第二，适当增加德育经费在教育经费中的比重。

经费问题始终是困扰德育工作的重大问题。在有些人的观念中，"德育不花钱"，"给学生讲讲大道理就可以了"。在教育现

---

① http://bbs.pep.com.cn/thread–106050–1–1.html.

② 全国人大教科文卫委员会：《中国教育经费投入不足，制约教育事业发展》，《求是》2011 年第 2 期。

③ 参见侯娓娓《义务教育资源配置问题研究》，山东师范大学硕士论文，2010 年。

代化、国际化的今天，这一观念不仅是错误的而且是十分有害的。从国际上来看，世界发达国家不仅重视德育，而且对德育大量投资。在英国，其他课程可以由各个学校自己确定，唯独德育课程自 20 世纪以来必须由国家政府确定和管理，并逐步成立了一系列国家德育管理机构来加强对德育工作的领导。早在 1978 年，在英国教育大臣提议下，英国政府就建立了国家社会道德委员会和国家社会道德教育中心，研究并制定了统一的英国学校德育工作计划。进入 20 世纪 90 年代后，英国政府教育部又制定并颁布了《道德教育大纲》，规定学校必须向学生传授道德价值观，并对德育工作给予大力支持和大量投资。日本在 20 世纪 50—60 年代一度倾向于为经济服务，注重技术教育，但 70 年代后德育的地位越来越重要。日本甚至已经把德育能不能搞好当作国家兴亡的关键来看待，所以近年来日本政府所进行的一系列教育改革几乎全部围绕德育而展开。1989 年，日本召开"加强道德教育全国大会"，提出"德育工作是关系日本 21 世纪命运的关键，德育应成为学校教育的首位。"他们认为，轻视德育的思想值得反思，只有重视德育投资，才能使日本经济得到高速发展。美国虽然在 1960—1980 年对教育的投资增加了 60%，但教育的水平却下降了。里根对此在国情咨文中分析说："我们之所以存在教育问题，并不因为我们花的钱不够多，而是因为没有把足够的人力、物力、财力花在道德教育上。"此后，德育在美国教育中的地位越来越重要，越来越受到政府的重视。目前，美国许多学校都设有专门的、相对独立的道德教育咨询指导机构，在人员组成、活动经费、活动场地上都有妥善的安排。从世界发达国家的教育经验中，我们可以知道：越是发达国家，对德育越是重视，在这些发达国家的共识里，德育是关系国家兴亡的关键，因此，无论是从管理上，还是从投资上，都对德育大力扶持。

在我国，对于规定的经费，首先要保证有限的德育经费投入到位，避免德育经费被挪用、侵占的情况；其次，要保证到位的经费能够物尽其用。要使德育手段现代化、德育管理信息化，就要建设适应学生德育发展的现代化德育设施、设备和活动场所，掌握现代化的德育管理方法。在此基础之上，才能考虑适当增加德育经费在国家财政性教育经费中的比重这一问题。

德育经费是实现德育目标不可缺少的物质保障，优良的师资、良好的设备、充足的财力始终是德育发展的重要保障。难能可贵的是自《关于进一步加强和改进大学生思想政治教育的意见》（即中央十六号文件）以来，国家已经开始率先在高校思想政治教育方面有了极大投入，例如：自2006年以来国家投入巨额资金实施得为期五年的全国高校思想政治理论课骨干教师培训计划；2011年年初教育部颁布的《高等学校思想政治理论课建设标准（暂行）》中也明确指出："学校在保障思想政治理论课教学科研机构正常的各项经费的同时，本科院校按在校学生总数每生每年不低于20元、专科院校按在校学生总数每生每年不低于15元的标准提取专项经费用于教师学术交流、考察等，并随着学校经费的增长逐年增加。专项经费安排使用明确，专款专用。"有的省市已经开始认识到德育的重要性，并已加大对德育的投入。如2005年以来，广东省组织全省高校先后实施保障体系建设工程，从收缴学费中按每生每年20元的标准提取思想政治理论课教学专项经费，加强了教学条件建设。同时，该省建立工作绩效评估体系，从2007年上半年开始，已完成了三批高校评估工作，引导高校优先解决制约思想政治理论课发展的问题。① 在教育现代化的今天，适当增加德育经费在教育经费中的比重，不仅是德育发展的需要，也是建设人力资源强国的必需。

第三，确保教育财政投入的公平性。

公平不仅仅体现在教育机会和权利的平等，还体现在教育的过

---

① 中国新闻网：http://www.chinanews.com.cn，2008-7-10。

程中，主要表现在经费的投入、师资力量的投入、教学硬件设施的投入等方面的公平。教育投入是实践教育公平的基础。其中教育财政投入是最主要方面，也是其他教育投入的源泉。

首先，要确保教育财政投入的区域公平。近年来，中央财政通过转移支付加大了对中西部地区的支持，但中西部地区与东部地区公共服务方面仍存在很大差距。如 2006 年，小学和初中生均预算内教育事业费河南省分别是 948.57 元和 1195.42 元，贵州省分别是 1055.44 元和 1190.65 元，而上海市分别是 9409.78 元和 10325.89 元；小学生均预算内教育事业费，上海市分别是河南省、贵州省的 9.92 倍和 8.92 倍，初中生均预算内教育事业费，上海市分别是河南省贵州省的 8.64 倍和 8.67 倍；上海市小学和初中生均预算内公用经费分别达到 2300 元和 2600 元以上，而同期河南、贵州两省小学和初中的生均预算内教育事业费分别只接近上海市生均预算内公用经费的半数。① 所以，从教育均衡化发展、教育公平发展的视角出发，必须根据各省市实际情况重新考量教育经费投入的比例，避免一刀切现象。

其次，要保证德育经费投入的充足与公平。与智育相比，德育经费少之又少。2005 年有学者在对玉门外国语高级中学的访谈中了解到，该校仅在对高考某一项的奖励上就表现出对智育的高投入。例如，该校近年对考入全国名牌大学如"清华"、"北大"的学生奖励在逐年不断提升，从 2 万元到 4 万元再到 6 万元，而在德育方面一年的所有经费投入远不如对考入"清华"一个学生的奖励多，如果把对高考所有项的奖励和每次开学时给考分排名前 30 名的学生的奖励加起来，对德育经费的投入就显得更加可怜，不过是杯水车薪而已！主管德育的校长谈道："德育经费的缺乏，对我

---

① 教育部国家统计局财政部：《2006 年全国教育经费执行情况统计公告》，《中国教育报》2007 年 12 月 29 日。

校德育管理工作的开展有太大的制约，毕竟经济是基础！"① 教育公平不仅应当关注弱势群体，也应当关注弱势学科。尤其在教育财政投入上要确保在合理范围内的适度公平，对易被学校工作忽视的德育更要保证财政投入上的适度公平，可以用法律法规或规章制度的形式明确规定德育投入的比例。

3. 构建德育资源配置的法律体系

首先，要加强《教育投入法》、《教育投入程序法》的建设。有关我国教育投资的法律法规都散布在各类教育法律法规当中，并无系统的法律体系。如前所述，我国教育投入占 GDP 的比重长期偏低，这使得我国人力资本贡献份额占综合要素生产的比重也相对偏低（仅为 28.22%）。根据王金荣（2002）的测算，我国要保持年均 8% 的经济增长，人力资本在综合要素的贡献份额起码应达到 37.61%，这就要求教育投入要在一个较长的期间保持一个相对稳定的高比例。② 为此，国家必须尽快建立《教育投入法》，从制度建设上入手以法律的形式明确财政教育经费的数量指标，对教育经费规定最低限并加强人大科教文组织对教育预算执行情况的审察，以解决政府、社会和个人在教育投入中的权利、义务和相关的法律责任。在《教育投入法》中，要明确规定教育投入的来源、分配、使用、管理、审计、执法、监督、法律责任和救济保障等制度环节；规定国家财政性教育经费支出占国内生产总值比例的下限值；明确各级政府根据经济社会发展状况（例如地区人均 GDP 值），规定教育经费总投入和各级各类教育经费投入占生产总值比例和财政支出比例的下限值；制定各级各类教育生均财政拨款的基本标准。我们应该结合《国家中长期教育改革和发展规划纲要》的制定，以未来十几年我国

① 孟文美：《中学德育管理现状的调查及对策研究》，西北师范大学硕士论文，2005 年。

② 王小利：《中国教育投入的财政政策分析》，《财政研究》2004 年第 4 期。

经济社会发展和教育发展目标以及受教育人口变化的趋势为依据，科学合理地确定国家财政性教育经费投入到2015、2020年的阶段性目标，切实解决我国长期存在的教育经费短缺问题，使教育经费投入与教育需求保持相对平衡。[①] 为保障《教育投入法》的实施，也必须建设教育投入程序法，在程序法中要详尽规定启动《教育投入法》的途径、启动该程序法的成本。

其次，也要加强《教育行政组织法》的建设。《教育行政组织法》是调整各级教育行政机关管理教育事务的职责、权限以及教育公务员的权利、义务的法律规范的总成。治权法定、越权无效，是依法行政的基本原则。教育行政机关必须在法律规定的治权法以内活动，非经法律授权，不可能具有并行使某项职权，否则就是超越职权。因此，制定《教育行政组织法》是教育行政机关依法行政的前提条件，是防止滥用权力，提高教育资源（含德育资源）配置效率的必要措施。一般而言，教育机关的性质、任务、职权、组成、活动方式以及成立、变更和撤销的程序，由教育机关组织法和教育机关编制法制定。教育公务员的任命、录用、晋升、待遇等由公务员法规定。教育行政机关组织法和公务员法统称教育行政组织法。[②]

4. 完善德育资源配置的计划体系

要加强计划手段的预测性指导作用。

第一，德育计划的制订要从实际出发，更多考虑德育的地位及与其他各育相比的特殊性。

第二，德育计划目标要切合实际。

第三，德育计划应着力改变教育投资相差悬殊的状况。

第四，德育计划要有针对性、连续性和可持续性。

---

① 张武升、张军凤：《加大经费保障力度　落实教育优先发展》，《中国教育报》2010年1月26日。

② 金一鸣：《中国社会主义教育的轨迹》，华东师范大学出版社2000年版，第525—526页。

四　实现在德育资源配置中政府与市场动态有效的结合

（一）正确处理政府与市场的关系

1. 政府不能完全配置德育资源

各级德育不能完全由政府免费提供。从理论上讲，政府统一生产和供给德育，可以确保公平和效率，尤其是可以有效地避免"搭便车"行为。亚里士多德曾说："凡是属于最多数人的公共事物常常是最少受人照顾的事物，人们关怀着自己的所有，而忽视公共的事物；对于公共的一切，他至多只留心到对他个人多少有些相关的事物。"① 公共产品的这种公共属性，使得德育无法通过市场交易自主实现，必须由政府提供。但是，政府作为单一的主体地位，就会导致公民基本的选择权利的丧失。这时，政府提供什么，公众就消费什么；政府生产多少，公众就消费多少；政府能生产什么，公众就消费什么。于是，当改革开放后，资本主义价值观大量涌入我国以后，面对纷繁复杂的社会现象，公众对主流价值观呈现茫然与困惑，对价值选择无所适从。从实践上看，德育完全由政府供给，缺乏有效的监督机制和激励机制，极可能因公众过度依赖政府，受政府财政能力限制，造成投资严重不足的现象发生。政府完全垄断德育，导致的直接后果就是教育供求和资源配置完全由政府提供，不能实现资源的优化配置，无法有效满足居民和社会的教育需求。正如世界银行认为的那样："在许多国家中，基础设施、社会服务以及其他商品和服务，由公共机构作为垄断性的提供者来提

---

① ［古希腊］亚里士多德：《政治学》，吴寿彭译，商务印书馆1983年版，第47页。

供，不可能产生好的结果。"①

2. 充满竞争性的市场也不可能完全配置德育资源

这是因为，按照德育的一定的边际成本为零和边际拥挤成本为零来计算，那么德育必须免费供给，这样私人投入就无法得到补偿；按照德育具有的排他性衡量，德育就不能避免"免费搭车"现象，那么私人投入也不能通过市场得到补偿。尽管生活中有人会出于道义免费进行德育，但是这种"道德机制"仅适用于道德高尚的人，并不适宜大面积推广，也不适宜长期进行，长此以往必然会导致德育整体效果甚微。同时如果将德育的生产主体完全交给市场的"主体部门"或私人部门生产的话，意即德育不再承担社会主流文化传播载体的职责，德育的传播内容由市场自行选定，德育供求和资源配置完全由市场调节，那么在这种情况下，后果是非常可怕的。德育将异化，追求利润将成为其发展的主要目标，育人将成为手段，最终导致的结果是严重动摇整个社会的根基，影响整个社会的发展水平。因此，德育为符合社会价值原则，其生产主体则不能完全是市场。

3. 以政府为主导，市场为补充

德育的生产主体只能是政府和市场。但是，在政府和市场的关系上，应该以政府为主导，市场为补充。这是因为，不同于其他产品，德育承载的是传承社会主流文化的历史重任，具有极强的外部性效益。从经济的角度讲，德育可以培养出各类具有良好思想道德素质的劳动者，有利于国家经济的发展；从国家的角度讲，德育还具备为社会和国家带来相应的公共利益的社会、政治和文化价值。这种价值一般不可能像经济价值一样能够通过个人和市场的力量得以有效实现，而只能由代表公共利益的政府来满足。尤其随着中国

①　蔡秋生等译：《世界银行发展报告（1997）：变革世界中的政府》，中国财政经济出版社1997年版。

改革开放以来，商品经济和信息社会的到来，个人主义、实用主义、利己主义等价值观的影响严重冲击着主流价值观，更加凸显出强化政府引导德育方向的重要性。在实践中，我们不可否认，教育投资多主体的存在，教育中存在着市场竞争是不争的事实。政府可以引入市场机制，由德育的直接提供者转变为德育的采购者。德育主要由政府来提供，并不表示德育完全由政府来生产，即经济学上的"公共提供（public provision）≠公共生产（public production）"。让市场参与德育的供给，符合市场主体的"经济人"动机，即在能够实现公共利益的同时也能够给自己带来利润。对政府而言，引入市场机制，可以有效促进资源合理配置。

（二）市场经济条件下，政府引入市场机制配置德育资源

政府引入市场机制配置德育资源主要涉及德育为谁生产、德育如何生产的问题。

1. 德育为谁生产？——大众

德育作为公共产品，也存在分配问题。德育的分配对象是全体大众，它是为满足全体社会成员精神上的需要而存在的。德育的分配也要保证社会公平，这是德育作为公共产品必须坚持的一个基本原则，其若分配不公就意味着社会资源分配的不公。为保证其公平原则的实现，德育在分配上要坚持投入分配比例上公平、人员配置上公平以及物质资源分配上公平等。

2. 有效供给

政府和私人部门合作供给，由公共选择机制和市场机制共同发挥作用。

德育的有效供给可以通过这样几个途径实现：第一，义务教育阶段的德育由政府免费提供，包括政府提供德育的内容、方式、师资、资源以及财政支持等；第二，其他教育阶段的德育由政府和社

会共同提供，主要指高中和大学阶段的德育由家庭和政府共同提供；第三，其他形式的德育由政府授权给电台、电视台、新闻媒体等，由他们负责向社会提供；第四，对于由私人部门提供的德育，政府可以通过政府补助的方式实现。政府和私人合作供给并不等于政府完全放手，政府应该在适度范围内，对各种供给方式进行宏观监控，使其向有利于社会主流文化传播的方向发展。

　　总之，"德育投入与产出的比值，即德育活动质量与效益的高低，是德育活动的永恒主题。如何站在时代风云和社会发展的战略高度，深谋远虑地考察和对待德育的投入和产出问题，应该成为国家、学校以及每个致力于德育工作、力求取得德育效益的教育者必须深入研究的问题。这涉及建设一支过硬的队伍、国家必要的经费投入和建构完善的体制"。[①]

---

① 张澍军：《德育哲学引论》，人民出版社 2002 年版，第 381 页。

第四章 德育资源的开发与利用

一 德育资源开发的内涵及其意义

(一) 德育资源开发的内涵

开发 (development) 是一个动态的过程。据《语言大典》解释，开发就是"使某物从其潜力不明、未曾实现或未完全实现的状况变为外显的、部分或完全实现的状态"。开发强调的是从无到有、从不充分到充分的过程，从无到有是数量增加的过程，不充分到充分是效率提高的过程。因此，我们可以这样理解"开发"，开发包含两层含义，一是数量增加的过程，二是利用率提高的过程。开发既可以指对土地、矿山、森林、水力等自然资源的开发，也包含对人的才能的开发，现代社会，人的才能越来越被看做一种重要的资源。因此开发既可以指对物的开发，也可以指对人的开发（主要指对人的才能的开发）。

据此，德育资源开发是将潜在的或未完全实现价值的德育资源，通过组合、提炼、挖掘或培养提高等方式，变为现实的或完全实现价值的德育资源，使之有效地服务于德育活动，促进受教育者德性提高的动态实践过程。德育资源的开发也应包含两层含义：一是数量的增加，二是利用率的提高，即：一是寻找和发掘还没有被纳入德育领域的新资源，二是对已经有所开发的德育资源进行深度开发，充分挖掘其潜能。这就说明，在德育资源开发中既包括把一些被忽视的资源赋予德育意义，使资源的总量得到最充分的扩充包含，也把原有的德育资源按照一定的方式进行重新整合。开发的内容包括发掘新资源、深度开发原有资源、优化组合现有资源等。开发是德育资源进入教学实践环节的开始。

从德育资源开发的概念中，我们不难发现，德育资源的开发是一个适应社会需求变化的过程，重视实效性。德育资源开发的目的是"服务于德育活动，促进受教育者德性提高"。总体来说，德育资源开发是以德育资源价值的充分展开来促进德育的发展。

德育资源的开发主要有以下五个方面的基本途径：第一，开展社会调查，不断地跟踪和预测社会需要的发展动向，以确定或揭示有效参与社会生活和把握社会所提供的机遇而应具备的知识、技能和素质；第二，考查学生在日常活动中以及在实现自己目标的过程中能够从中获益的各种德育资源，包括生活经验、情感态度和价值观等方面的各种课程素材，以及开发和利用相应的实施条件等；第三，研究一般青少年以及特定受教学生的情况，以了解他们已经具备或尚须具备哪些思想基础或素质，以确定制定课程教学计划的基础；第四，鉴别和利用校外德育资源，包括自然与人文、各种机构、各种生产和服务行业的专门人才资源；第五，建立德育资源管理数据库，拓宽校内外德育资源及其研究成果的分享渠道。①

德育资源的开发与德育资源的利用紧密联系在一起，资源的开发目的在于利用，利用的前提在于开发，开发过程包含着利用，利用过程又会促进进一步的开发。

（二）德育资源开发的应然价值追求

为增强德育效果，更进一步促进学生德性的发展，为学生健康

---

① 参见江山野《简明国际教育百科全书·课程》，科学出版社 1995 年版，第 112—115 页。

成长创造良好的德育环境，在资源的开发和利用过程中，开发者遵循学生品德发展的基本规律，遵循学生身心发展的规律与特点，以一定价值理念为指导创造性地开展德育活动。

1. 以学生德性发展为本

德性是指一个人在实践中因一定的习惯或方式而养成的稳定的良好的个性品质。通常意义上，德性与品德同义，但是德性更强调个体品格的特性，因此，与品德相比，德性更能使个体之间相区别开来，它是每个个体所独有的品格特性。人的德性的品格表现为对美的热爱，对恶的憎恨，它是内在于主体的自我品质的存在，借外在的德行而放射出灿烂的人性之光。

纵观中西方哲学发展史，我们可以发现伟大的哲学家们一直把德性确定为人的一种本性，是人的一种自由自觉的智慧实践活动。无论是《荀子·王制》中认为的德性"为之，人也；舍之，禽兽也"，还是亚里士多德的伦理生活所追求的目的——善与幸福，抑或是康德的实现生活幸福的纯粹性目的，或者是麦金太尔的《追寻美德》中所阐述的获得实践生活的内在利益所必需的品质……他们都认为德性是为人之所以为人的标志，是人和禽兽相区别的徽征，是一个人称其为人的根本，是获得国家或个人生活幸福的内在关键性品质。因而德性在人类的存在和发展历程中起着重要价值，它是一切人类价值的基础，是人类文明的尺度，也是人类现代社会有序的根基。[1]

对个人而言，德性确定个人的人生价值。当一个人成长到一定阶段，必然会追问诸如人生的价值是什么？怎样活着才有价值？如何处理个人及社会的关系……德性就是在思考并解答这一系列人生重大问题中得到证明和确认。德性一旦在个体心灵深处确立，就能

---

[1]　金伟：《大学生德性培育的意义与途径》，《湖北社会科学》2003 年第 10 期，第 124—126 页。

引领个体通过选择，走一条积极健康的生活道路，它使一个人即使面对危险、利诱，也能坚持自己的立场、原则，不被其所征服。德性的品格表现为爱一切美好的东西，憎恨一切恶的东西。这种爱憎分明的品格所表现出的无私无畏的浩然之气，成为与邪恶势力相对抗的力量。康德曾指出，德性是一种抑制非道德因素的坚韧力量，其意义之一在于控制各种感性的倾向。人性也正是由于有了德性的支撑，才使人由于懂得追问人生意义而真正与兽类相区别。

德育资源是一种客观存在，如果不能进入课程，成为促进学生德性发展的有利条件，资源的存在将无意义。德育资源是外在的因素，只有作用于学生，成为对学生德性成长有良好促进作用的内因，德育资源才显示其价值。充分挖掘德育资源的价值成为德育资源开发的最终指向。从这个意义上讲，任何资源的开发、利用都必须以学生德性发展为本。任何德育资源的开发利用都要围绕促进学生德性发展展开。这是德育资源开发的首要价值追求。以学生德性发展为本的价值取向首先要求我们充分利用一切资源为学生创造有利于学生德性成长的德育环境，关注学生德性的点滴成长，让学生真正体会到德性的意义。其次，开发德育资源必须以德性发展的规律为内在逻辑，所运用的资源都应适合德性发展的需要，这样对学生实施的德育才是有针对性的德育，才能促进学生健康主动地发展。最后，在开发德育资源的过程中要激发学生对德性的探求欲，要让学生的个体成长在体验和领悟中进行，德育素材只有激发学生的探求精神才能真正内化为学生的个人德性。因此关注学生的德性发展是时代对德育的呼唤，彰显德性价值要贯穿整个德育资源的开发过程，要以学生德性成长的规律为逻辑，创造有利于其德性发展的环境，启发学生对德性的探索。

2. 时代性

德育资源的开发必须紧跟时代步伐，要用最鲜活的时代素材和资料去充实资源开发的全过程，尤其是通过对社会上有争议的、与学生认知相冲突的事件的阐释和澄清能够极大地提高学生的道德判断力，提升学生的德育主体意识。过时的、与学生生活结合不紧密的德育资源容易引起学生的反感和倦怠，德育也就缺乏说服力和表现力。时代性表征着德育资源开发的鲜活性和时代魅力。

3. 个性化

德育资源的开发要个性化意味着两层含义，一是对学生而言要充分考虑每一个学生特点，二是对学校而言要因地制宜。德育资源的开发与利用在保证实现一定德育目标的前提下，充分考虑学生特点，应开发适合每一位学生发展的德育资源，在调查学生兴趣爱好及发展需求的基础上，使德育资源的利用价值在每一位学生身上都能体现最大化，满足学生个性特长的充分发挥，提高学生学习的主动性、积极性。德育资源的开发与利用本身就是一项极具创造性的实践活动，没有个性，也就失去了创造性。因此，德育资源的开发与利用应根据学校特色、学生个性发展需求积极制定措施和实施策略，切不可流于表面和形式。

学校要因地制宜意味着以学校所处地区的现实状况为依托，发挥地区优势，根据学校当地的情况开发适宜的德育资源。由于不同地区、学校、学科、教师和学生，可资开发与利用的德育资源存在极大的差异性。因此，学校在进行德育资源开发与利用时，应充分"发挥地域优势，强化学校特色，区分学科特性，展示教师风格，发挥学生个性"①，注意时间、空间、人力、物力上的现实可行性，扬长避短，因地制宜、因时制宜、因人制宜地开发与利用德育资源。切不可盲目攀比，盲目跟风，不顾学校实际和学生发展的需求一味追求高代价、远距离的优秀德育资源的开发，从而不仅造成不必要的资源浪费，最终也将失去学校的办学特色。因地制宜地开发

---

① 宋振韶：《学校课程资源开发与利用的原则与途径》，《中小学管理》2004年第12期。

德育资源首先要全面了解当地学校所处的地理位置，利用当地的优势，无论是农村美丽的自然风光，还是城市便利的校外条件，都是天然的德育资源。农村天然景观，可以激发学生对大自然的热爱，对自然科学的探求。城市的天文馆、科技馆可以激发学生对科学的无限追求。其次也可以将地域特色和学生的实践活动结合，挖掘和利用当地的风土人情，将当地特有的风俗习惯和文化活动引入德育，将德育与学生的生活紧密地联系在一起，这样更容易被学生理解。最后因地制宜还要求学校创设符合具有地方特色的校园环境，开发符合学生需求的校本课程，充分发挥学校的优势，以学校的生活实际为德育素材，开发和利用一切具有教育性的资源。这样，学校的德育资源就会变得丰富多彩。

案例：德育资源的开发要个性化①

一位湖南籍教师在讲述"爱国主义要从爱家乡爱故土做起"时，这样使用德育资源："湖湘文化最崇尚爱国主义精神"②，湖南人士的爱国热情从古代就已经开始。屈原最早在湖湘大地奏响爱国主义乐章，他力主改革楚国弊政，以自强抗秦，却遭谗言而被流放湖南十年，后依然"长叹息兮以掩涕，哀民生之多艰"；王夫之把民族利益看得高于一切，早年举兵抗清，后兵败返乡隐居山洞，誓不降清；左宗棠抬着为自己准备的棺材，年近六旬还上新疆去收复伊犁；谭嗣同看到神州面临亡国灭种之危急形势，大声疾呼"唯变法可以救亡"，甘愿"横刀向天笑"，血溅刑场以醒国人；陈天华一个《猛回头》，发出《狮子吼》，敲响《警世钟》，留下万言《绝命书》，刻

---

① 寻晖：《初中思想品德课与学生民族精神的培育》，湖南师范大学硕士学位论文，2005年，第22页。

② 陈代湘、黎跃进：《胆识＋霸蛮＝湖南人》，湖南人民出版社2003年版，第95页。

苦求学，振兴邦国；毛泽东忧国家的主权与独立，忧国民思想之陈旧，忧国家之政治腐败，励精图治，指点江山；彭德怀、刘少奇、胡耀邦、朱镕基等新中国领导人，一身正气、淡泊名利、以国家利益为重；龙永图身为中国首席谈判代表，与世界贸易组织谈判多年，终于使中国如愿以偿加入 WTO；还有那么多为了中国人民的解放事业，不惜抛头颅洒热血的在中国军队中占很多比例的湖南人。这些杰出的人士，堪称爱国主义的典范，是对学生进行爱国主义教育的优良地域资源。

4. 生活化

教育要回归生活，寻回学生失落的主体意识，是现代教育的一个重要理念。德育资源开发要生活化是指德育资源开发不应游离于学生生活之外，而应是在学生的生活之中，从学生的生活实际出发，以学生的生活为依托来开发德育资源，实现德育向生活世界的回归。学生即使缺少社会经验，也是有知识、有一定生活经验的人，只要选择的德育素材和学生的生活实际是相联系的，学生们以自己的经验为基础，获取的认识就会更加深刻，取得的德育效果也会更好。因此，在德育资源开发过程中，生活化的价值理念是一种必然的选择。无论是学生的生活经验还是学生们感知的社会现实，都是鲜活的德育素材，深入挖掘这些德育素材，将这些资源转变为具有教育性的德育因素，这样德育才具有感召力和说服力，才会引起学生在思想矛盾冲突中的探究，促进学生价值观的形成。如可以组织和引导学生开展节日主题活动，既可以保证传统文化的传承，又能够使德育真正朝生活化、大众化的方向发展。当以学生的生活实践的形式再现各种道德情景时，那些死板的、僵硬的道德规范就会变得活灵活现，学生在参与中得到的道德体验会更加强烈，这样学生不仅将道德规则内化成了自己的知识，在这个过程中学生还发挥了学生的积极主动性，道德判断力亦随之增强。可见，生活化理念指导德育资源的挖掘，是现代德育发展的必然趋势。

案例：德育资源开发要生活化[①]

今天下午，我带领全班学生到学校附近的一家贫困户去进行义务劳动——扒玉米，同学们一会儿把活干完了，便来到山顶下的小树林里休息。我笑着说："咱们去山上玩玩吧，看看能发现什么宝贝？"

同学兴高采烈地走进山林里纵情玩耍，有的抓来蝴蝶仔细观察它的外衣，有的摘来野果让我品尝，有的干脆脱掉鞋子，把脚放进清澈见底的溪流里，有的打开歌喉放声歌唱，"我看见一座座山，——"笑声，歌唱声，嬉闹声，打破了这山林往日的宁静。

最后回去的时候，我说能不能以《走进大自然》为题写一篇论文。第二天早晨上课，45本作业一本不少地交了上来，而且书写工整，内容丰富，一改往日的生搬硬套、枯燥无味的状况。这使我认识到；是大自然启迪了学生们的思维，激发了他们的兴趣，才能写出如此丰富的文章。

这也使我认识到：必须让学生在大自然中成长，因为人是自然的产物，人永远不能脱离大自然而生存，只有让学生走进大自然，呼吸大自然的清新空气，认识大自然的神奇奥妙，收获关于自然与社会的知识，这样学生才能形成宏阔宽大的人生视野，积极向上的心态，强健雄壮的体魄。

5. 可持续发展

可持续发展原则指的是在资源开发的过程中，对资源进行合理

[①] 刘焕军：《农村教师在课程资源开发中发展的个案研究》，东北师范大学硕士学位论文，2006年，第14页。

利用和挖掘，将开发与保护相结合，达到人与资源的和谐发展。德育资源的各个要素是相互联系的，开发者要从整体上对德育资源进行把握，将资源的各个要素看成相互联系的有机统一体，统筹各个德育要素之间的关系，最大限度地发挥德育资源的有效性。从纵向开发要注意对开发的资源进行系列化的深入挖掘，从横向开发要注意开发的范围与层次。在利用德育资源的规划过程中，将德育资源的利用与提升结合起来，使整个开发过程形成良性的循环系统。

（三）德育资源开发关涉的几个主要问题

德育资源的开发所要解决的问题是如何通过设计德育资源开发方案，使德育资源进入实践系统。具体而言，主要关涉以下主要问题。

1. 德育资源开发的主体

谁开发德育资源——即德育资源开发的主体。德育资源的开发主要在学校内部进行，因此，涉及的德育资源资源开发的主体主要指学校内部的各级各类人员，主要有校长、管理人员、教师、学生和后勤人员等。其中教师是德育资源开发的主导力量。

2. 德育资源开发的客体

开发什么——即德育资源开发的客体。客体是德育资源开发的对象，那些能够进入德育系统、促进学生德性成长的一切因素都可以作为德育资源，成为德育资源开发的客体。

3. 德育资源开发的方式

怎么开发——德育资源开发的方式。德育资源开发的方式决定着德育资源开发的目标能否实现。一般情况下，德育资源开发的方式主要有创新式、问题式、情境式和经验照搬式等。影响德育资源开发方式的主要因素有开发者的权限、对待开发的态度、开发的流程、开发的机制等，因此，在德育资源开发中，主导力量的素质很重要。

（四）德育资源开发的一般流程①

德育资源的开发是按照一定的操作程序进行的。德育资源开发活动具有过程性和生成性等特征。首先，德育资源的开发本身是就一个过程，是一个在时间上不断延续的过程，既包括对德育资源价值认识的过程，也包括对德育资源价值实现的过程。这一过程既是开发者对德育资源的认识不断成长和发展的过程，也是德育资源不断进入开发者视野的过程。其次，德育资源的开发是一个不断生成的活动。在开发德育资源的过程中，要对德育资源不断进行新的排列、组合，要不断调整活动方式，不断解决遇到的问题，不断改变原来的设计，不断生成新因素，从而使德育过程本身不断增添新的成分，成为一个不断创造的过程。一般来说，德育资源开发的实践活动包括以下基本流程：

第一步，确定目标。德育以促进学生的德性成长为主要目标，因此，德育资源的开发要以促进学生的德性成长这一目标为依据。依据这一总目标，设立相应的、具有可操作性的具体目标。具体目标是总目标的基础和依托，体现了学生应该达到的道德水平和层次。如果没有具体目标的达成，就没有总目标的实现。要顺利实现这些具体目标，就必须要调动有助于实现这些目标的各种德育资源，寻找最现实、最优越的资源。

第二步，寻找和评估德育资源。首先，要对自己学校所具有的德育资源有较为清楚的了解。每个学校都有自己的"资源库"，教师要注意从中及时获取所需的资源，如各种资料、参考书、教具、学生具有的可以利用的资源等。这些往往是最现实、最有可能首先

---

① 参见段兆兵《论课程资源开发与教师专业成长》，西北师范大学硕士学位论文，2003年，第16—18页。

得到利用的资源。其次，要对学校所在地的社区乃至社会德育资源有一个大概的了解和掌握。在开发与利用这些德育资源的过程中，通过不断接触社区、社会，将会加深开发者对社区、社会德育资源的进一步了解。最后，要对寻找到的德育资源的价值进行评估。评估一般经历这样几个步骤：先是对德育资源进行描述、列举，在内心将各种资源摆出来；然后进行比较，比较德育资源与实现德育目标的相关程度，比较德育资源间的优越程度，比较开发的难度和条件，为进一步的开发创造条件。

第三步，选择与开发德育资源。德育资源的选择应该体现优先原则。首先是效果优先。优先选择的应该是最有利于实现德育目标、最有助于德育目标达成的资源。选择德育资源是面对众多德育资源做出决策的过程，体现着选择者的基本素质。这一过程实际上是通过简明扼要的解释或象征性的符号来反映德育资源的基本特征，在人们头脑中形成一些较具体的框架。其次是利用优先。选择德育资源的方式主要有两种，一种是直接使用，这实际上是德育资源的利用问题，这是一种对现有资源完全熟悉基础上的利用；另一种是间接利用，也就是开发的问题。最有效、经济的办法就是直接利用现有的德育资源。如果已经意识到要运用某种资源，但是在目前状态下没有这种资源，但又需要这种资源，这时候，就要想方设法或者创造一种新的资源形式，或者用一种功能近似的资源来代替，或者改造某种资源以适应新的用途等。这实际上就是德育资源开发的问题。德育资源的开发实际上是把德育资源从潜在的状态导向实现的状态。

（五）德育资源开发的意义

近30年来，我国基础教育在德育课程方面进行了一系列相应的改革，尽管取得了很大成绩，但同时依然存在许多问题，例如：

德育课程目标不明确、德育课程内容脱离生产和生活实际、德育课程评价不够科学、忽视学生全面素质的提高、经验在其他地区得不到推广等。产生这些结果的原因是多方面的，其中，一个重要原因就是对德育资源的忽视。德育资源是为学生和教师的终身学习创造有利条件的最重要的因素，它已经成为制约我国德育课程改革不可忽视的重要因素。德育资源的开发对于德育目标的实现、德育课程改革的顺利进行、德育课程实施的广度与深度具有重要意义。开发德育资源是保障德育课程改革成功的重要条件之一。

1. 德育资源的开发，决定着校本德育课程开发的力度与实效

校本德育课程是以学生所在的学校为基地的德育课程发展。我国以往德育课程编制完全由国家负责，学校和地方没有自主权。在国家课程面前，学校和教师是完全被动的承受者。而发展校本德育课程就有可能满足学校、社区、学生的差异性，充分利用社区、学校的德育资源，为学生提供多样化、可供选择的德育课程。关于这一点，全国许多中小学的教师已经积极地付诸实际行动。青岛第三十九中学开发"德美一体"的校本课程，充分利用现有德育教育资源，加强德育制度和学校德育环境建设，建立校外实践教育基地，在美育中开展德育，从艺术课与德育课结合中研究美育在人的素质教育中的重要作用，培养出了具有较高文化素养和艺术素养的人才。云南泸水四中利用学校独特的地理位置，充分挖掘泸水县境内的自然资源、人文资源，学校设置三个模块 12 个专题的德育校本课程资源开发的探索构想，把德育与热爱自然、热爱科学、保护环境等科普知识、地域文化知识教育有机结合起来，为学生走近生活、自主进行资源探索提供了丰富的实践机会。[1] 又如"浙江省嘉善县的西塘镇中心小学开发的《走进古镇文化》的校本课程，该

---

① 李维春：《德育校本课程资源开发探微》，《四川教育学院学报》2005 年第 9 期，第 21—23 页。

校是一所百年老校，地处有'吴根越角'之称的水乡古镇西塘。学校将古镇文化与学校课程的有机结合作为办学特色，让学生认识与古镇有关的著名人物及历史事件，以激励学生学会做人和陶冶情操。在这样的教育哲学指引下，学校规划、编制了《走进古镇文化》的校本课程，并引导教师逐步开发出相应的系列化的校本课程，通过了解本地区历史沿革、西塘由来、著名人物、传说故事、风俗习惯、风味佳肴、土特产、旅游产品等，体会古镇人勤劳、善良、淳朴的民风，体验古镇名产'八珍糕'和'荷叶粉蒸肉'的制作生产过程"。① 这些德育校本课程完全是由本校教师在对当地具体实际情况进行调查以后，在充分认识当地存在的各种课程资源基础上提出来的。事实证明，这种经过对资源充分认识之后提出的德育课程，很受学生欢迎，而且也满足了当地经济发展的需要。充分认识当地现有资源，就能开发出适合本地经济发展的校本德育课程，这样的德育课程也是有生命力的德育课程。

2. 德育资源的开发，有利于充分发挥教师的能动作用

广大教师是进行德育课程改革的中坚力量，如果没有他们的积极主动的参与，任何改革也不可能获得真正意义上的成功。对于教师而言，由于时间、精力、认识等因素的限制，不可能自己主动去进行德育课程改革或者适应改革。德育资源的开发，实际上是为教师提供了一个展示自己才能、智慧和创造力的机会。例如：教师可以结合自己身边的材料、工具等去创造卡片、教具、学生练习材料、卡通图画等；也可以针对学生兴趣，设计各种活动、方案、问题（例如名作欣赏、名师导航等）；在有条件的地区，教师还可以运用电视、录像、电影、录音等视听手段向学生展示实际工作技能、口头表达能力、无私的行为及其他可观察的业绩等。这些德育

---

① 胡继飞：《关于校本课程开发的若干建议》，《教育实践与研究》（小学版）2009 年第 1 期。

资源的开发，既可以丰富教师的教学内容，也可以使学生增长见识。这实际上就是教师能动作用的体现，在对这些德育资源开发的过程中，即使教师充分发挥了自己的聪明才智，也使教师提高了自身的专业技能。可以这样说，德育资源的开发和利用是教师专业能力提升的重要标志。著名德育课程研究专家斯滕豪斯（Stenhouse）认为，"德育课程发展是人的发展"；"没有教师的发展就没有德育课程的发展"。① 也就是说如果没有教师方面的相应变革，就不可能实现德育课程改革；缺少教师的改革，任何改革也不可能获得成功。教师是德育课程的最终实施者，他们的思想、行为、观念等对德育课程变革过程以及对将德育课程政策转化为德育课程实践的方式，都有着强有力的影响。

3. 德育资源的开发，可以充分调动社区的教育积极性

社区为人们提供了社会交往的组织空间和地理的活动区域，社区对人的思想观念、行为规范、生存和发展都有着深刻的影响。社区有些物力、人力、管理资源是学校无法具备的，例如，社区的工厂、名胜古迹、塑料大棚；社区的专业户、科技大户、社区公仆、学生家长；社区教育行政部门、社区教育力量、社区教育机构等，这些对于学校德育而言，都是重要的资源。学校要为社区服务，学校办学所产生的一切办学功能和社会价值，无不与周边社区发生密切关系。长期以来，学校德育实际上基本处于"封闭"状态。由于传统观念和一些定性的思维方式，使学校领导和教师对学校开发校外课程资源的积极性一直不高，学校的德育课程改革往往只做带有主观色彩的单方面努力，忽视各种重要资源的使用，也忽视德育与家庭、社区以及社会的联系。由于学校缺乏与社区联系的主动性，又没有找到恰当的合作方式，因而使德育缺少活力、质量不

---

① 欧用生：《台湾新课程实施的经验：课程理论与实际的对话》，《"内地、台湾和香港义务教育课程之比较研究"学术研讨会论文》2000 年第 6 期。

高，学校相对于社区仍然存在孤岛状态；社区也难以参与到德育中来，社区德育资源有一大部分被闲置或与学校脱节。重视社区德育资源的开发与利用，就可以充分发挥社区优势，增强学校与社区之间的联系，密切学校与社区的关系。例如，教师可以组织家长会、家长学校、社区能人演讲、社区实践、为孤寡老人送温暖等活动。在活动中，既可以使学生了解家乡的生产生活实际，也可以使社区增强对学校的认识、加强与学校的联系，同时也可以为我国的社区教育奠定一定基础。学生德性的健康成长是全社会的共同责任，整合社会资源，调动全社会的力量关心关注学生，才能更好地服务于他们的健康成长。同时，我们也要看到：这种相互联系实际上也是一种德育资源的合理配置过程。

二　德育资源利用的内涵及其意义

（一）德育资源利用的内涵

利用是指利于发挥效用。孔颖达疏："利用者谓在上节俭，不为糜费，以利而用，使财物殷阜，利民之用。""以利而用"中利用的目的在于"利"，"用"是达成"利"的手段。德育资源的利用之"利"表现在德育资源具有价值性，"用"则是实现德育资源"利"的手段。因此，德育资源利用是指将开发出来的德育资源，创造性地带入实践环节，使其充分发挥效用的过程。在这个概念中，首先，德育资源利用的前提是德育资源开发方案的存在，德育资源开发为德育资源利用提供了前提；其次，德育资源利用必须进入实践程序，这种进入并非僵化地对德育资源开发方案照搬，而是要在教师教学智慧的指引下，创造性地将其带入实践过程；最后，德育资源利用必须重视效用，效用是德育资源利用的灵魂，这种效用就是将德育资源的价值得以最充分的实现。

（二）德育资源利用的应然价值追求

1. 效率

美国著名经济学家汉纳谢克（Hanushek）曾对投入教育过程的要素的配置优化对教育结果的影响做过深入的研究，得出这样的结论：学校用以提高学生学业成绩的典型投入政策（例如降低班级规模、聘用具有更多教学经验和更高学历的教师、提高教师工资以及提高生均费用）并没有显示出与学生学业成就具有一致性的关系。[①] 汉纳谢克的结论实际上表述了这样一个存在：一味地增加投入并不能产生预期中的教育产出，这也实际上验证了提高学校内部资源利用效率与教育产出有较强的关联程度，换言之，提高资源利用效率对于产出的影响有更大的空间和可能。德育资源的利用并不是德育资源的简单罗列，而是通过利用过程，实现德育资源价值的最大化。因此，在利用过程中，效率就成为利用的首要价值追求目标。首先，德育资源利用效率的实现也是德育资源开发价值实现的过程。资源的开发与利用总是紧密地联系在一起，德育资源的开发是德育资源利用的前提和基础，德育资源的利用是德育资源开发的延续和实践。德育资源开发过程和结果的可行性、可操作性，为德育资源的利用提供了有利条件；其次，德育资源利用价值的实现表现取得人们认同的积极效果。传统德育通常要消耗大量的人力、物力以及相关资源，而在现代社会，竞争激烈，人们时间观念和效率意识增强，个体成员生活安排紧张而周密，德育投入的时间、人力和物力对每个人来说都是很宝贵的，如果取得被人们认同的积极效果，说明德育资源得到有效利用，否则不仅没有价值，而且造成

---

① ［美］Martin Carnoy 编著：《教育经济学国际百科全书》，闵维方等译，高等教育出版社 2000 年版，第 361 页。

德育资源的浪费。

2. 生活性

德育资源利用过程并不是对开发结果的原样照搬，而是对开发结果的创造性发挥。这种"创造性发挥"要以学生生活为基础，让德育回归学生生活，使德育实现其生活旨归之意。德育资源的利用应着眼于学生现实生活的整体性，从学生的生活原型出发，使知识、规范和技能重新融入学生生活之中，有机地整合为学习主题；力图使儿童感受到学习的"个人意义"，通过亲身参与的各种主题活动、游戏和其他实践活动，努力开辟一条通向学生生活的渠道，使他们在与生活的内在联系中获得整体发展，在活动中获得生成和发展。

案例：德育资源利用的生活性原则[1]

《经济生活》中《积累和消费的关系》一节，既是重点又是难点，如果按照教材去讲解，学生难免乏味。为了让学生更容易接受这一知识点，教师可以引用与学生现实生活相联系的例子："有一户人家养了一只母鸡，这只鸡一天生了一个蛋，对于这户人家来说可有三种消费方案：一是坚持一天吃一个鸡蛋（收支平衡）；二是把鸡也杀了吃掉（透支）；三是在一段时间少吃鸡蛋，省出十个鸡蛋，孵成小鸡（积累）。如果成活八只，有四只母鸡，四只公鸡。过上一段日子，一天可以吃四个鸡蛋，遇上特殊的日子，还可以杀公鸡改善生活。如果主人这样坚持下去，那么消费水平便会不断地提高，积累也会越来越大。"讲完这个例子之后，告诉学生，这就是有名的一个经济学原理——"吃蛋原理"。并问：以上三种消费方案你认为

---

① 刘文娟：《新课程视野下思想政治课课程资源开发与利用问题研究》，东北师范大学硕士学位论文，2007年，第19页。

哪一种最优？为什么？学生纷纷回答第三种方案最优，这样讲这一原理，可以大大提升学生学习的兴趣，同时再趁机表明各自的理由，然后顺着学生的思路做总结，很简单地讲清楚了积累和消费的关系。

3. 创造性

创造性是德育资源利用的活的灵魂。德育资源利用本身就是一项极具创造性的实践活动，失去了创造性，德育资源利用就会流于机械主义和形式主义。即使是同一个开发方案，经过不同的教师带入实践环节，得到的利用效果也是不同的，因而，德育资源利用对教师的专业素养提出了极高的要求。教师在利用德育资源过程中，要对开发过程进行创造性的发挥，善于利用自身优势，积极把握课堂动态性资源，结合学生实际情况，展开德育实践过程。同时，德育资源的利用也要强化学校特色，展示教师风格。

（三）德育资源利用关涉的几个主要问题

1. 德育资源利用的主体

谁利用德育资源——即德育资源利用的主体。德育资源的利用主要在学校内部进行，因此，涉及的德育资源利用的主体主要指学校内部的各级各类人员，主要有校长、管理人员、教师、学生和后勤人员等。其中教师是德育资源利用的主导力量。

2. 德育资源开发的客体

利用什么——即德育资源利用的客体。客体是德育资源利用的对象，德育资源利用的客体既包括教师在德育资源开发后诞生的实施方案，也包括在德育实践过程中生成的动态性德育资源。动态性德育资源的价值常常为人所忽视。

3. 德育资源利用的方式

即怎么利用——德育资源利用的方式。德育资源利用的方式决定着德育资源开发的结果能否实现。一般情况下，德育资源利用的方式主要有创新式、问题式、情境式和经验照搬式等。影响德育资源利用方式的主要因素有利用者的资源意识、利用者的素质以及利用的机制等。

（四）德育资源利用的一般流程

德育资源利用是德育资源开发和德育目标实现的关键环节。

1. 准备过程

在德育资源利用阶段，首先要研究德育资源开发的结果，为展开德育资源利用的实践做好具体准备。因此，德育资源开发方案的具体可操作程度及其科学性就成为影响德育资源利用的关键因素。为顺利进入实践环节，要对开发方案进行重新研究，随时调节一切可能不太适宜的环节。如果觉得不符合学生需要，对提升学生德性不具有太多积极意义，可以重新转入德育资源开发的环节。

2. 实践过程

这一过程，是德育资源开发方案的具体实施。实践环节是德育资源利用的关键环节。因为实践环节是动态发展的，因而会有各种不可预测的因素影响开发方案的顺利实施。在这一过程中，教师要注意把握实践过程中的各种动态因素，也要注意把握即时生成的各种动态性德育资源，对于有利的动态性德育资源，要及时地引入实践过程，及时地对开发方案进行调整，甚至于越过开发方案。无论是开发过程，还是利用过程，一切以有利于学生德性提高为目的。

3. 反思过程

反思是为了提高教师的德育资源开发与利用能力。实践过程结束后，教师通过写作反思、阅读反思、录像反思、研究反思等多种方式，及时而深刻地对实践结果进行反思。反思的方式主要有两种。一种是即时检查与评价。这种方法就是在运用资源过程中随时进行的评价。这种评价主要根据学生的兴趣、参与度、领悟程度等因素来判断，根据得出的结论，随时调整，以保证德育目标的实现。一种是事后反思。即有意识的德育资源利用结束后，应对德育资源的整体设计方案进行较为系统的反思。反思的主要内容是依据德育效果，看德育效果与德育具体目标之间的符合程度。反思的内容包括：反思开发方案对实践过程的适切性、反思实践过程中自身的德育资源利用能力、反思实践过程中遇到的动态性资源、反思开发方案对学生德性提高的意义……反思环节既可以对实践环节有个总结，也可以通过不断反思促进教师德育资源开发与利用能力的提升。反思应该变成教师经常自觉的活动。

（五）德育资源利用的意义

1. 德育资源利用有助于德育资源开发价值的实现

德育资源利用是德育资源开发价值实现的关键环节。开发为德育资源利用提供了前提和可能，利用则是德育资源开发价值的实现，同时也是德育资源价值的实现。如果说，开发是前期准备工作的话，那么利用则是将开发带入实践环节的过程。德育资源的利用为德育资源开发价值的展开提供了充分可能。任何完美的德育资源开发方案必须依赖于德育资源利用才能得以实现。

2. 德育资源利用有助于德育课程的有效实施

德育课程的有效实施，不仅体现在将德育目标顺利转化为学生个体的思想道德素质，同时也体现在通过学生个体德性的提高促进社会整体道德素质的提高。德育资源利用有助于德育课程的有效实施主要表现在通过对学生认知水平的了解，创设有效的学习环境，提供学生学习机会，巧妙处理课堂预设与生成的关系，以使教学效果达到最优化。

3. 德育资源利用有助学生自主学习和全面发展

《教育财富蕴藏其中》曾说："教育的各个组成部分均应有助

于人的发展。"新课改背景下，要求能为学生提供多种学习经历，给予学生多方面的信息刺激，调动学生多种感官参与，确立学生在学习中的主体地位。学生在教学中的地位将更突出，学生将受益于大量丰富的、开放性资源的开发和运用。德育资源的利用有助于提高学生的学习积极性，学生的实践能力、学习兴趣、创新能力将会有全新的发展。教师通过对学生的生活经验、感受、兴趣、爱好、知识、能力的全面了解，运用一切可用的资源，为学生的学习、实践、探究性活动而服务，开阔视野，提升创新实践能力，最终促进全面发展。

三　德育资源开发与利用的影响因素

德育资源配置是德育资源开发与利用的前提和基础。德育资源配置完成后，对德育资源所形成的人力、物力、财力等条件实际上深深地影响着德育资源开发与利用的效果。但是德育资源配置更侧重于一种宏观层面，而开发与利用更是一种微观层面，是对德育资源配置后价值的具体展开与实现。因此，总体上来说，德育资源配置实际上对德育资源开发与利用的影响非常巨大。

德育资源由谁开发利用、开发利用什么、如何开发利用基本决定了德育资源开发利用的基本格局。德育资源的开发与利用并非简单易为之事。德育资源的开发利用十分复杂，也受制于很多因素，诸如：物质条件的优劣、财力的保障是否到位、学校的文化氛围以及开发者自身的素质高低等，这些因素的合力构成了对德育资源的开发利用的影响过程。

（一）物质条件影响着德育资源开发利用的难易程度

物质条件是德育资源的开发利用与利用的物质保障。物质条件的好坏对德育资源的开发利用有着较大影响。试想物质条件优良的东部沿海城市的学校与物质条件恶劣的西部农村学校，二者之间对德育资源的开发利用程度必然存在着较大差异。东部沿海城市的学校可以充分利用现代化的教学设备和手段，如通过互联网获取信息；利用学校的图书馆、资料室寻找材料；利用多媒体、幻灯片等展开教学，也可以充分利用社区良好的物质条件获取资源。而西部农村地区的学校基本上不具有这些现代化的教学设备和手段，他们的教学条件只能在维持学校正常运转这一层次，现代化教学设备，如投影仪、电视机、摄像机、录音机等资源就很难进入德育课程。因此，对于他们而言，德育资源开发利用所需的物质条件也是较为落后的。物质条件的优劣对德育资源开发与利用的影响主要在于它们影响着德育资源的开发与利用的难易程度。优良的物质条件使得德育资源的开发利用变得相对简单，而落后的物质条件无疑增加了德育资源的开发利用的难度。在条件落后的地区，开发者无疑要花费更多的时间和精力去寻找适宜的德育资源。当东部沿海地区的教师已经在互联网上游刃有余地搜寻各种资料的时候，也许西部贫困地区的教师正在费尽心力地在茫茫书海中寻找有用的信息。但是良好的物质条件并非德育资源开发利用的必要条件，它们只是使得德育资源开发与利用变得相对简单而已。只要做个德育资源开发利用的有心人，在物质条件落后的地区一样可以开发出大量的、优秀的德育资源。

（二）财力条件影响着德育资源开发利用的纵深度

财力条件是德育资源开发利用的财力保障。没有相应的财力保障，纵使开发利用者有极大的热情，德育资源的开发利用也难以推行得更深更远。1997 年，毛如善等人对山东省 39 所高校和交通部部属 10 所高校的德育工作现状进行了问卷调查。从问卷结果分析可以看出，49 所院校"两课"教学经费投入情况表明，除 3 所院校无回答（占 6.1%）外，其余院校无 1 所回答"能满足需要"；有 11 所院校认为"基本满足需要"，占 22.5%；有 24 所院校回答"投入不足"，占 49%；有 8 所院校回答"投入严重不足"，占 16.3%；还有 3 所院校回答"无专项投入"，占 6.1%。[①] 德育经费投入不足势必影响到德育设施设备的更新、教师队伍的稳定、资源开发利用的程度、资源利用的广度以及德育活动的展开等诸多环节，客观上使德育资源开发利用的主动性受到压抑，最终形成德育实效滞后于社会需求的不利局面。

（三）学校的文化氛围影响着德育资源开发利用的范围

学校文化是学校校风、历史传统、人际关系、领导管理方式等的反映。这些因素对德育资源开发利用都有不同程度的影响。其中，教师之间的合作关系以及校长的领导方式对德育资源开发利用的影响较大。

教师在德育资源开发利用中从自发到自觉，需要多种因素的互动，而一个具有共同合作的团体则是至关重要的。在一个具有共同合作精神的团体中，教师更愿意参加到德育资源的开发利用的设计中来，他们努力去收集有关科目和本地区的材料，他们互相合作、协调分工、互相支援。教师们彼此之间表现出的团结和合作精神，使得他们之间资源共享、经验共享、经历共享，这对教师专业化的成长无疑也是具有极大促进作用的。

校长的领导方式是德育资源开发利用的重要影响因素。传统上，校长领导大部分集中于一般行政工作或公共关系、社区的经

---

① 毛如普等：《社会转变期高校德育工作的现状及成因》，《济南交通高等专科学校学报》1997 年第 5 期。

营，但较缺少德育资源开发利用的意识，忽略对德育资源的开发利用的领导与管理。香港中文大学的罗耀珍在对香港灵光中学、仁立中学、培明中学进行的个案研究中发现：[①] "仁立中学建立的契约文化（Quinn & McGrath, 1985 年）表明了校长和中层管理（包括各委员会主席和科务小组主任）的作用非常重要，在这种文化中，校长采取了民主的管理方式（Bush, 1986 年），这使教师形成了强烈的参与意识，意见得到共识以后才作出决策。在各委员会和科务小组这一层面，负责中层管理的教师起到了带头作用，他们鼓励教师共同合作，以此建立密切的专业关系。"这种开放型气氛决定了德育资源开发利用工作能否真正成功落实。在德育资源开发利用中，校长的适当放权，采用民主管理的办法，无疑将充分调动各种因素参与到德育资源开发利用中来。

总之，德育资源的开发利用更需要学校有关人士积极主动参与，从而形成一个合作伙伴的关系、一个互动的网络。这个互动的网络中，学校内的成员能一起合作，互相支援，彼此激励和共同承担。德育资源开发利用就是这个网络集体决策的产物。这个互动的网络使学校成为一个有机的整体，能够对外界的刺激和变化做出适当的、有效和迅速的反应。一种合作、对话、民主的学校文化将极大地影响德育资源的开发利用的范围。

（四）开发与利用者自身素质影响着德育资源开发利用的广度和深度

开发与利用者自身的素质是德育资源开发与利用的关键因素，这是因为德育资源的开发与利用，说到底是由人来完成的，开发利

---

① 罗耀珍：《校本课程的发展：香港三个个案的研究》，《教育发展研究》2001 年第 4 期。

用者自身对德育资源的认识程度、对德育资源开发利用的兴趣、开发利用者自身的专业水平和开发利用德育资源的能力以及开发利用者参与意识与合作精神都决定着对德育资源开发利用的广度和深度。同样的德育资源，有的人的开发利用可以做到游刃有余、出神入化、得心应手，而有的人完全视而不见，或者只看到德育资源表面的价值，看不到德育资源与德育目标之间的关系。不同的德育资源，有的人可以充分地发掘利用，而有的人则难以找到任何资源。这就是开发利用者自身素质对德育资源开发利用广度深度的区别。人的因素使得德育资源开发利用利用具有了主体，如何提高主体的素质成为德育资源开发利用必须重视的关键问题。

四　德育资源开发与利用的主导力量——教师

传统观念认为，德育资源开发仅仅是专家的事，与教师没有关系，这种定位不仅是不准确的，也明显削弱了教师在德育资源开发中的地位。在德育资源开发的诸多主体（专家、校长、学校其他管理人员、教师、学生等）中，教师担当着最重要的角色，是诸多主体中的主导力量，教师要自觉的转变角色，并要积极地在实践中实践自己的角色。

（一）教师是德育资源开发利用的主导力量

后现代课程观的代表人物小威廉姆·E. 多尔在他的《后现代课程观》一书中指出：后现代主义为人们描述了一个随机的、混沌的、非对称性的、分形的世界图景，"当这种新的更为微妙的秩序被引进学校教育时，教师和学生之间的关系将发生巨大变化。这种关系将更少地体现为有知识的教师教导无知的学生，而更多地体现为一群个体在共同探究有关课题的过程中相互影响。如舍恩

（1983）所言，在这种框架中，学生可能对教师权威'延缓不信任'，相反，通过行动和交互作用向教师'随之产生的能力'开放，相应的，教师将'乐于面对学生'，与学生一起探索师生达成的共识"。① 教师不再是知识的权威者，不再是教学过程的主宰者，不再是学生的对立面，教师是"平等者中的首席"。② "平等者中的首席"，后现代主义课程观为我们描述了一个理想的教师角色！笔者以为，作为"平等者中的首席"，教师本来角色得以澄清。因为这种"平等者中的首席"的界定，将教师角色确定为教育系统中的"首席"，但是这种"首席"地位不是将教师置于学校其他人员之上，而是应为：在整个学校系统中，学校的管理者、教师以及其他人员都处于平等地位，都要为学校的发展负责，但是在这些"平等者"中教师将作为学校发展的主导力量——"首席"，因而要对学校的发展负起高度的责任。"平等者中的首席"恢复了教师在学校中的地位。教师的主导地位也同样体现在对德育资源的开发利用中。

德育资源开发利用具有条件性，只有主客观条件具备的情况下，才能实现德育资源的科学合理开发利用，缺少任何条件都会影响开发利用的效果。这些条件表现为外部方面（诸如观念的、经济的、政治的、家庭的、社会的、文化的等）和内部方面（如教师的、学生的、教育内容的、教育手段的、教育途径的、教育环境的等）。其中教师是最主要因素。教师是德育资源开发利用的主导。

就以往而言，我国德育资源的开发利用仅仅是教师的个人行为，教师完全凭借自己的个人经验以及教学的实际需要去开发利用

---

① ［美］小威廉姆·E. 多尔：《后现代课程观》，教育科学出版社2000年版，第5—6页。

② 大卫·杰弗里·史密斯：《全球化与后现代教育学》，教育科学出版社2000年版，第238页。

德育资源。这其中往往容易导致这样的问题出现，即：如果教师有较高的职业道德、有较强的敬业精神，那么教师在德育资源的开发利用中，就会投入大量的精力和时间，就会把对德育资源的开发利用当成自己的一项重要工作来做；反之，教师则会在教学中得过且过，就会看不到德育资源的重要价值。Nisa 等（1992）在阐述有利于学校整体课程改革的条件时指出，有关的资源是影响课程改革实施的一个重要因素。Nisa 认为"缺乏物质资源也会影响教师的动机、时间和精力，他们必须抽出时间去课堂之外寻找了。他们常常把自己的东西拿到课堂中用（如：地图、参考书），他们还要自制一些用品（如：卡片），他们也向学生家长、自己的家人和朋友以及公众借教学用品。他们在这上面所用的时间可能就会影响到个人或学校发展的其他方面"。可见，德育资源的开发利用是教师有效实施德育的重要保障。

因此，笔者认为：在德育资源的开发利用中，教师应该是主导。这种主导地位意味着在德育资源开发利用的群体（例如行政人员、德育专家、智囊团、社会力量等）中，教师是最主要成员。在德育资源的选择阶段，开发计划可以由行政人员、专家和教师共同制定；在德育资源的利用阶段，教师是利用德育资源的主要人员，利用过程以教师为主，教师在德育资源的开发利用过程中要不断修订开发利用方案，使德育课程更加符合学生和社会的需要。

（二）教师成为德育资源开发利用主导力量的现实意义

教师成为德育资源开发利用的主导可以促进教师积极开发利用德育校本课程，促进教师对社区德育资源的开发利用，加强学校与社区的联系，等等。对于教师自身而言，德育资源的开发利用是德育教师专业化成长的理想路径。

教师专业化，是指教师从非专业人员发展为专业人员的转变过程。它实际上是教师不断接受新知识、增长专业能力的过程，也是教师的职业理想、职业道德、职业情感、社会责任感不断成熟、不断提升、不断创新的过程。主要包括内化教师职业价值、获取教师职业手段、认同教师职业规范、形成教师职业性格等几个方面。①教师专业化成长是一个动态的发展过程，它贯穿于教师的整个职业生涯。

德育教师的专业化成长一般经历了"大学前的基本积累——师范院校的专业培养——教育教学岗位的实践锻炼"这样一个发展历程。在大学前的基本积累阶段，主要是各种基础知识、基本技能和基本态度的养成，基础知识包括教师的语言基础知识、自然知识、生活知识、社会知识等，基本技能包括教师的表达能力、分析判断能力、逻辑推理能力和社会交往能力等。在这一阶段中，也形成着未来教师对待事物的基本看法、基本观念、基本态度等，这往往影响着着教师将来从事德育的态度和实施德育时对学生的个人影响，因此，这一阶段是德育教师未来成长的基础和条件。师范院校的专业培养一般在思想政治教育专业进行。这种培养，从专业的角度，强调了学科知识的价值。在师范院校中，通过传授未来教师所具备的专业知识，讲授教育学、心理学、教学法的知识，通过组织对学生进行以职业技能训练为主的教育实习，使学生具备了未来从事教师职业所需要的一般技能和知识。但是，在师范院校的培养中，目前存在的主要问题之一是，将专门的德育师资培训归为师范院校的思想政治教育专业，而在思想政治教育专业的课程训练中，占主导地位的课程是政治、经济和哲学理论，而道德哲学、品德与德育心理、德育理论与实践方面的系统训练基本没有。教政治课的教师和教数学课的教师培养模式是一样的：专业课程之外只有公共教育学、公共心理学、教材教法与教育实习。显然，这一模式背后

① 鲁洁、吴康宁：《教育社会学》，人民教育出版社1990年版，第448页。

的假设是：德育课程学习等同于一般文化知识的学习。这一观念与实践上的偏差是我国德育效益长期低下的重要原因之一。[①] 这样，走出校门的师范生普遍缺乏作为一名德育教师应有的职业眼光、教育智慧与德育技能。在教育教学岗位的实践锻炼阶段，教师发展的方向定位于如何教好教材、如何讲好课、如何尽可能地与课程标准的要求相一致。尤其在我国，由于高考指挥棒的指引，在中小学阶段，德育教师对学生的德育等同于知识的传授，获取高分是他们的教育目标。这种情况下，有些教师在行将退休的时候还不清楚毕生从事的职业究竟在追求什么、应该怎样去做。在实际的教学中仍然是直觉多于理性分析，充满了未经深思熟虑的做法和个人主观意愿上的选择和判断。学校只是学生发展的场所，而没有成为教师成长与发展的场所。教师的专业成长迷失于盲目性和非自主性之中。[②]

　　德育资源的开发利用过程，就是教师专业不断成长的过程，开发利用程度和范围的大小，将决定教师专业发展的程度和水平；可以开发利用的德育资源的无限性，决定了教师的专业发展也是无止境的。在德育资源开发利用的实践活动中，教师通过融入自然和社会生活，实现对自然、社会及人与自然、人与社会的关系的感悟，这是一种心灵的敞亮和思维的开启，是认识的飞跃，从根本上为自身的专业成长打下了深厚的思想和文化基础。教师在德育资源开发利用过程中可能会失去传统教师所具有的权威、地位和虚无缥缈的尊严，可能会失去像教学参考、教学指南等非自主性材料这些捆绑手脚的锁链，获得的将是创造的广阔领域和空间，获得的将是专业的成长、专业化的地位和对教育真谛的领悟。德育资源的开发利用是一种教师职业的解放过程，在这一过程中，教师获得的是智慧的

---

　　① 檀传宝：《德育教师的专业化与教师的德育专业化》，《教育研究》2008 年第 4 期，第 32 页。

　　② 参见李定仁、段兆兵《论课程资源开发与教师专业成长》，《教育理论与实践》2005 年第 6 期，第 42—45 页。

解放、创造性的解放，实现的是专业自主权、课程决策权的回归。这是一种向教师专业成长正确道路的回归。[①] 具体说来，德育资源开发利用对教师专业化成长的促进作用主要体现在以下几方面。

1. 德育资源开发利用促进教师教育理念的更新

一个教师形成什么样的教育理念并指导自己的教学实践，是影响教师专业化成长的关键因素。在德育资源开发利用中，教师通过自己对德育目标、德育内容、德育途径、德育方法等的理解，寻找、利用、组织适合德育的资源，并使它们进入德育课程。这实际上，暗含着教师对德育的个性化理解，即暗含着教师的教育理念。这种理解，可能来自于教师自身对于德育富于理想色彩的理解，也可能来自于教师教学实践的经验累积，同时也可能来自于外界对教师的影响。自 2000 年开始启动的我国新一轮基础教育课程改革开始，对德育资源的开发利用已经成为教师的专业技能之一。新一轮课程的改革，既有来自于大学关于先进教育理念的讲解，也有社区等教育力量对教育理念的影响，同时还有教师自身自觉的学习，等等。更重要的是，教师为使学生在德育资源构成的环境中成长，要不断研究学生的需求，探索学生的心理，寻求学生的共鸣，关注学生德性成长的点滴变化，从而实现学生主体地位在教学中的确立，真正实现德育以人为本、以学生为本、以学生德性成长为本的教育理念。长此以往，教师就能够由经验式、无意识的朦胧教育理念，向以学生态度的改变、信念的确立与践行，即学生德性成长为核心的教育理念不断演进，以至有意识地建构清晰的、理想的教育理念，并随着时代的发展予以更新。这是教师逐渐走向专业成熟的一个重要维度。

---

① 参见李定仁、段兆兵《论课程资源开发与教师专业成长》，《教育理论与实践》2005 年第 6 期，第 42—45 页。

2. 德育资源开发利用促进教师知识结构更新与优化

以往，许多教师的知识结构基本上属于封闭型，即主要知识基本上局限于教科书中的内容。因此，知识的陈旧和老化成为一个突出的问题。在德育资源开发利用中，教师可以通过多种途径、多种形式获取多个层面的知识。第一，教师为达成德育目标，要通过教参、报刊、书籍、图书馆、互联网等寻找有关素材，这是一个基础性的工作。在这项工作中，教师拓宽了自己的知识面，尤其是基础知识更加宽泛；第二，德育资源的开发利用能够把德育理论和德育实践联系起来，会使教师依据新的专业知识解决实践问题，这也是教师不断反思和改进自己的实践，在解决德育问题中形成教师特有的专业知识的过程；第三，在德育资源开发利用中，教师必须调动自己的全部智慧，去设计、研究和践行德育资源开发利用方案，促进了教师管理、合作、实践等方面知识的增长；第四，德育资源开发利用促使教师关注自己专业之外的知识领域，接触各行各业的社会人士，使他们的社会生活知识也有一个较大的增长。总之，在德育资源开发利用中，教师通过对新知识的不断接纳和吸收，对自身已有知识的不断反思，使自己的知识结构不断改造和优化，从而促进教师专业化成长。

3. 德育资源开发利用促进教师专业能力提升

培养教师能力，促进教师专业能力的提高是德育资源开发利用的主要目标之一。因为德育的学科属性使然，因此从专业技能角度看，教师不仅要有知识的传递技能，还要有影响学生情感和行为的能力，帮助学生做出价值选择和将道德选择固着化，而成为道德信念的能力。[①] 德育资源的开发与利用，为教师提供了一个展示自己才能、智慧和创造力的机会。教师可以自己主动去开发利用、利用

---

① 蓝维：《德育专业化的关键：德育教师的专业发展》，《教育研究》2008 年第 4 期，第 26—27 页。

对教学有益的德育资源。例如：教师可以结合自己身边的材料、工具等去创造卡片、教具、学生练习材料、卡通图画等；也可以针对学生兴趣，设计各种问题、活动、方案等；在有条件的地区，教师还可以运用电视、录像、电影、录音等视听手段向学生展示口头表达能力、无私的行为及其他可观察的业绩等。这实际上就是教师能动作用的体现。在对这些德育资源开发利用的过程中，既可以丰富教师的教学内容，也可以使学生增长见识；即使教师充分发挥了自己的聪明才智，也使教师提高了自身的专业技能。可以说，德育资源的开发和利用是教师专业能力提升的重要标志。著名课程研究专家斯滕豪斯（Stenhouse）认为，"没有教师的发展就没有课程的发展"。也就是说，如果没有教师方面的相应变革，就不可能实现课程改革；缺少教师的改革，任何改革也不可能获得成功。教师是德育课程的最终实施者，他们的思想、行为、观念等对课程变革过程以及对将德育政策转化为课程实践的方式，都有着强有力的影响。

（三）当前教师德育资源开发与利用中存在的主要问题

一般来说，德育资源开发的成功与否主要取决于教师德育资源开发的能力。调查显示，当问及当地教师在德育资源开发方面的能力情况时，75.7%的教师认为一般，11.1%的教师认为差，只有13.2%的教师认为强。总的来说，很多教师尚不具备德育资源开发的能力。主要表现在以下几方面。

1. 教师开发德育资源的主体意识淡薄

德育资源的开发是一项具体的实践活动。既然是一项实践活动，必然具有实践主体、客体、中介等实践要素，它们构成实践活动的基本要素。具体说，德育资源的开发也必然具有开发的主体、客体、中介等基本要素。很明显，德育资源开发的客体是德育资源，那么德育资源开发的主体是谁呢？到底该如何认识和确定德育资源开发的主体及其意识呢？这是一个容易被教师自身、研究者、社会等人群忽视的重要问题，也是容易引起人们纷争的重要问题。因为，德育资源开发的结构性要素之一就是开发主体的存在，而德育资源开发主体之所以能够开发德育资源又根本在于其具有自觉的资源开发的主体意识。也就是说，德育资源开发的前提性条件是开发者的存在及其自觉的开发主体意识的担当。

开发者的主体意识对德育资源的开发具有决定性意义。但是目前，大多数教师开发德育资源的主体意识淡薄。有不少教师并没把自身看作是德育资源的开发者。例如，人们比较普遍的一种看法是德育资源开发是上级主管部门或学者、专家的事情，与自己无关。从小视角看，人们虽然已经意识到教师应是德育课程资源开发的主导，在很长一段时间内，也没有得到应有的重视，其创造性和能动性都不能得到极好的发挥。长此以往，教师缺少德育资源开发的空间，缺乏开发德育资源的意识，形成了德育资源开发与己无关的错误想法。虽然新一轮课程改革之后，德育资源的开发被写进品德课程标准中，德育资源的开发成为教师必备的专业技能，但是大部分教师依然存在等、靠、要的思想意识，自主开发德育资源意识淡薄，有的甚至不知道什么是德育资源，更谈不上去主动创设德育资源，有的教师甚至认为资源开发就是编写新教材，开设新课程。由于开发德育资源主体意识低，导致大量德育资源被闲置与浪费。当然，德育资源的开发主体是一个系统性存在，其中有上级主管部门、学者和专家，但是教师自身也是德育资源的开发的重要主体，他们是为数众多、经验最丰富的资源开发者，他们的主体意识强弱、科学与否将直接决定着德育资源开发的程度和效果，因而教师开发德育资源的主体意识淡薄是我们必须深刻认识和认真解决的问题。

2. 教师的德育资源意识薄弱

德育资源的开发作为一项实践活动，开发利用者必须树立德育资源是什么、德育资源在哪里、德育资源如何创设等有关德育资源意识，才能为德育资源的开发准备认识论前提。反之，如果在德育行为实践活动中，如果开发者没有树立正确的德育资源意识，或者说，他们的德育资源意识是狭隘的、保守的、落后的，那么就无法识别德育资源，就无法保证德育资源开发的持续有效性，甚至直接造成德育资源的浪费或闲置。因此，立足于问题的视角，我们必须客观认识教师德育资源意识的境况到底如何。

实际上，在德育资源开发的过程中，教师的德育资源意识不容乐观，这是一个薄弱的环节。大多数教师还没有树立科学正确的德育资源意识。首先，教师大德育资源观尚未确立，不少教师仍然将教材当作唯一的德育资源来开发，其他德育资源开发力度不大，甚至于没有开发，更谈不上利用。学校和教师在德育资源开发中的缺位状态，不仅使广大教师德育意识淡薄，同时也使得大量有意义的德育资源被忽视和浪费，其德育功能没有被充分地认识和利用。其次，不少教师不知道从哪里找到自己所需要的资源，更不知道如何开发这些资源。学校和教师在课程资源的开发与利用上存在着"三重""三轻"的倾向：重"应试性"德育资源，轻"发展性"德育资源；重校内德育资源，轻校外德育资源；重规定性、静态德育资源，轻生成性、动态性德育资源。最后，受"考试指挥棒"的影响，教师受到来自学校、学生家长和社会等各方面的压力，教师尤其是重点学科教师在面对学科教学评估和竞争的压力时，不得不把主要精力放在自己所教学科的成绩提高上。因此，学校大部分教师虽然已经逐渐意识到了德育资源开发的重要性，但往往也因缺乏经验、缺少经费、教师自身能力不足以及德育意识淡薄等原因，无暇顾及德育课程资源的开发和利用了，使得大量有意义的德育资源被忽视和浪费。因此，德育资源的开发急切呼唤教师的德育资源意识普遍增强。

下面是两个主题均为"学校里工作的人们"的教学片段。[①]

例1

主题：学校里工作的人们

师：我们学校里有哪些工作人员？

生1：校长。

生2：各班班主任。

生3：门卫爷爷。

师：他们每天都做了些什么？

生1：校长管理全校日常工作。

生2：班主任上课、管理班级。

生3：门卫爷爷每天为我们开门。

师：是啊，学校里有很多工作人员，他们为学校做了很多事情，这都是你们平常都见到了的．他们都很辛苦，我们应该怎样做呢？

生：好好学习。

（课后）

我问教师：上这门课，您考虑过请其他人帮忙吗？

师（笑）：这课是我上的，别人能帮上忙吗？

例2

主题：学校里工作的人们

（教师通过投影仪，向学生展示学校教职工工作的照片，伴有悠扬的音乐）

师：你们认识他们吗？对他们了解吗？

---

① 袁圆：《〈品德与社会〉课程资源及其开发与利用研究》，湖南师范大学硕士学位论文，2005年，第13—14页。

生：有些认识，有些不认识。

师：怎样去了解他们呢？

生1：可以采访他们，和他们沟通。

生2：可以和他们交谈。

（教师通过投影展示事先准备好的"小队采访计划"表。学生分组讨论怎样采访，教师在学生当中做适当指导）

师：今天我请来了学校的清洁工阿姨、保安叔叔和厨师等教职工。你们可以通过交谈的方式采访他们。

（教职工走进教室，掌声响起。学生开始采访"客人"，并由每组组长将采访记录写在采访稿纸上）

（学生通过投影展示成果：

小组1采访保安：保安工作辛苦，每天7点起床。

小组2采访厨师：厨师最拿手的菜是红烧鸡翅。

小组3采访清洁工：清洁工工作非常辛苦，每天工作10多个小时。

小组4采访校长：校长工作虽然辛苦，但看到学生快乐地成长心里很高兴；校长很喜欢读文学书，特别喜爱看童话书籍）

例1中，教师采取问答式的教学方法，引导学生思考学校里工作的人们有哪些，他们都做了哪些工作？通过老师这种简单的问话方式，学生只能将自己已经了解到的情况再次进行回顾，除此，学生很难了解到更多他们不知晓的学校教职工的工作和生活情况。例2中，教师充分利用学校的教师资源，首先通过投影展示教职工工作的照片，后又将这些教职工请进教室，让学生面对面地和他们交流，以采访的方式使学生了解到更多的关于教职工生活和工作的情况。这两个课的主题都是"学校里工作的人们"，学校教职工是活生生的德育资源。上这个主题课，品德与社会任课教师可以通过各种方式将这宝贵的资源利用起来。在例1中，这一德育资源就被浪费和闲置了。从课后"我"与教师的谈话中，了解到这位教师的德育资源意识非常淡薄。

德育资源不会自觉主动地进入实施领域，需要主体的意识活动去认识和开发。同时，课程资源具有价值潜在性，没有人的意识活动的分析和判断，德育资源隐藏的价值就难以被发现，更谈不上有效地开发与利用了，德育课程目标也难以实现。

3. 教师开发方法不当，资源整合能力较弱

德育资源的开发是一项具体的实践活动，必然具有实践主体、客体、中介等实践要素，它们构成德育行为实践的基本要素。教师开发德育资源的主体意识属于实践主体，教师开发德育资源意识来源于实践客体，因而德育资源开发还必须关注实践中介。也就是说，教师德育资源开发利用的方法、方式等问题也直接关涉到德育资源的开发状况，它们是制约德育资源开发程度的又一个重要方面，甚至是关键方面，它们是实现资源开发的"船"和"桥"。正如，一个人要过河，开发者作为主体在此岸，德育具体资源作为客体在彼岸，实现主客体之间链接的就是德育资源开发的方法、方式。因此，立足于问题的视角，我们需要客观审视当前教师德育资源开发利用的方式方法如何。

当前教师运用德育资源开发的方式、方法等的中介去开发德育资源的实际态势并不乐观，存在不少问题，值得认真反思。

从图9-1可以看出，当前由于教师运用德育资源开发利用的方式依然主要集中于对教学用书的开发（占83.33%），教师依然将教学用书作为最主要的德育资源来源，教师德育资源开发的方法依然是通过讨论会（占68.33%），教师使用的主要德育资源依然是计算机。而对于实验室、家长、农村资源、校外工厂、科技馆、少年宫等资源存在明显被忽视的现象。有调查显示，"教师使用的课件多数是原始素材的堆积，而不是体现新课程理念的有助于改变学生学习方式的课件。在交流过程中，多数一线教师反映平时课务

繁重，除在公开教学时自制或请人制作教学课件外，平时很少有时间去制作教学课件，教师在平时教学中只能选择图片、音频、视频等素材来辅助辅助教学或将上述资源进行简单的组合后来用于教学。对于互动性强、能充分体现新课标理念的网络型课件，教师却极少在课堂教学中使用，经过探讨，教师认为一是自己无能力制作这些课件，二是认为有些网络课件仅仅是大量素材的整合体，在课堂教学中使用反而会使学生偏离学习目标，降低效率……有些教师尽管认识到存在多种类型的课堂教学资源，但他们可能会低估某些重要资源的利用价值。例如，教师有时候会低估自己的学生，认为学生缺乏准备，不习惯批判性思考，不能学习比较难的材料等，这些关于学生的假定严重地误导了教师"。①

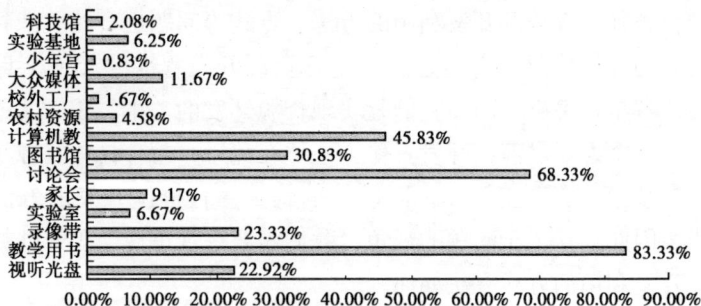

图4—1 德育课程资源开发的基本情况②

德育资源开发利用不当导致的实际后果，主要表现为：第一，德育资源被闲置浪费现象严重；第二，德育资源彼此之间缺乏整合协调；第三，校外与校内资源缺乏整体共建。这些问题的出现和存

---

① 董曼莉：《中学思想政治（品德）课程资源整合与实践对策研究》，河北师范大学硕士学位论文，2008年，第11—12页。

② 参见胡卫平等《小学新课程实施现状调查报告》，《课程教材教法》2005年第2期。

在与教师没有充分掌握德育资源开发的方式方法密切相关，也突出表征着当前教师德育资源开发存在的问题。进言之，教师开发方法不当，资源整合能力普遍较弱，这些需要进一步改善和提高。

下面是主题为"有多少人为了我"和"亮出我自己"的教学片段。[①]

例3

主题：有多少人为了我

师：我们坐在这宽敞明亮的教室上课，有哪些人帮助了我们呢？

生1：教师给我们上课。

生2：发电厂的工人为我们送电。

师：说得很好。

此例中，教师对学生发言的内容没有深入挖掘，而这也是教师可以利用的宝贵的课程资源。比如，学生1提到了教师为他们上课，教师可以由此引导学生思考一些问题：书本从哪里来？桌椅、黑板、粉笔、书包从哪里来、学费从哪里来？学生自然会想到编书者、书店工作人员、木匠、爸爸妈妈等许多人。再如，学生2的回答提到了电，教师可以围绕电、电灯引导学生继续思考帮助我们的人还有很多：灯具厂里的工人、卖灯具的商家、学校里的电工、管理教学楼电器设备的教职工，等等。这样，学生将更清楚地认识到生活中任何一件看来很容易得来的事物，其实都凝聚着许许多多劳动者辛勤的汗水。教师利用了学生置身其中的教室这个课程资源，让学生思考有哪些人为了"我"。但是，教师对于课程资源的开发

---

① 袁圆：《〈品德与社会〉课程资源及其开发与利用研究》，湖南师范大学硕士研究生学位论文，2005年，第16—17页。

与利用只停留在表层还没有深入下去。可见，这位教师尽管有课程资源意识，但是开发与利用课程资源的方式和方法还有所欠缺。

例4

主题：亮出我自己

（学生在教师的引导下，大胆地在教室前面对全班做自我介绍）

师：还有谁想介绍自己？

（此时，教室内一个组的两个学生在小声嘀咕，不时发出笑声）

学生 a 问学生 b（b 平时很胆小）：你敢举手发言吗？（学生 b 摇摇头，脸红了）

生 a（笑，露出鄙视的神情）：真没用，胆小鬼一个。

生 c：别为难她了，她在我们面前说话声音都小得像蚊子。

（生 a 和生 c 笑出声来）

（学生 b 很委屈很难受的表情，眼眶湿润了）

（周围的同学都听到这两位学生的对话，朝他们的座位方向望去。教师也听到了他们的对话，但对此事视而不见。）

师：安静，我们继续上课。

课堂里经常会有一些意想不到的事情发生。在这堂课中，两位学生 a 和 c 嘲笑胆小的 b，教师没有理会此事，只是要求大家安静。教师对此事视而不见的态度必然使学生 b 更加不敢发言，学生 a 和 c 也不会认识到他们的错误。此课的主题是"亮出我自己"，使学生亮出"自信的我"、"大胆的我"、"与众不同的我"就是课程目标之一。这一突发事件，就是生动而鲜活的课程资源。教师可以引导、鼓励学生 b 走到教室前面，向全班同学和老师做自我介绍。不管她表现怎样，教师对她战胜自己的行为都要给予大力表扬。这样，教师既可增加学生 b 的自信心，也能不动声色地对学生 a 和 c 进行批评和教育。

课堂里的突发事件也是重要的课程资源，教师要有敏锐的洞察力及时发现它并予以挖掘，通过对突发事件及时、巧妙、机智地处理，不失时机地对学生进行教育。突发事件是不可预料的，它是真实而难得的教育机会，如果处理得好，对学生进行品德教育会比平时更为有效。

（四）增强教师德育资源开发利用的能力

1. 转变德育资源观，提高教师对德育资源价值的认识

"许许多多的历史经验告诉我们，先进设备的引进，大量经费的投入，如果不伴之以人和社会观念的现代化，不伴之以社会文化的进步，最终都不免要畸形发育。"[1] 教师德育资源观的转变是先导。只有教师的资源观发生了变化，有效开发以及利用德育资源才能发生真正转变。教师应该认识到德育资源不仅仅存在于学校系统内部，同时也"超越学校教育的范围"，广泛存在于社会生活的方方面面。德育资源为德育价值的实现提供了良好的前提。我们前文提到，《中国教育报》曾经报道的那位教师正是意识到了德育资源的积极作用，才取得了如此巨大的成功。在他的课程实施中，我们可以看到，同一种资源（例如：风景秀丽的山川）同时在对学生的德育、美育、智育等起着积极作用，让学生在学习知识的同时，在德性上有了极大提高。这正是德育资源的魅力所在，也是德育的魅力所在。

教师学会开发德育资源达到的上述目的，其仅仅是要重视开发德育资源的一个中途，并非终途。其最终目的是教师在开发德育资源之后，应该重视培养学生开发德育资源的能力，让学生学会在没

---

① 曾满超：《教育政策的经济分析》，人民教育出版社 2000 年版，第 49 页。

有教师指导下，也能够为自己的终身学习寻找良好的德育资源，这是一个长远的目标，也是让学生终身受益无穷的目标。教师在引导学生认识善、发现善的时候，学生在他的生活中可以知道怎么样去选择善、践行善……掌握德育资源的开发最终将使学生们学会学习，学会精神上的独立与自由。可以这样说，德育资源的开发为学生学会德性成长创造了必要条件。

例5　德育资源的价值①

有教师讲"实施可持续发展战略"时，请学生列举走进低碳生活，做一个"低碳达人"的具体行动。学生的答案可谓"百花齐放"。在学生发言之际，教师察觉到学生对这一问题的认识仅仅停留在口头上，而在实际生活中却远远没有做到。因此，他突破原定预设，顺手从讲台旁拿出学生喝剩的半瓶矿泉水，机智地将问题抛给学生："我们不能只做语言的巨人，行动的矮子呀。也许有人认为这是个人的私事，那么如何处理这喝剩的半瓶矿泉水，仅仅是我们个人的私事吗？"本来这是一个很生活化的问题，也是人们习以为常的做法，经过教师的精心捕捉，用"仅仅"提醒学生注意思考的方向，却一下抓住了学生的"眼球"。通过教师的精心引领，学生们跳出了常规思维的束缚，运用逆向思维克服了简单的肯定或否定，进而明白了这是我们个人的私事，但又不完全是个人私事的原因。接着教师又将学生的注意力引向了一个"特殊群体"，讲了著名影星成龙的故事：成龙为了避免与别人的矿泉水瓶搞混，造成浪费，他总是在自己的瓶上签上名字，直到喝完。请问像成龙这样的著名影星有必要如此节约吗？并说明理由。

---

① 姜华：《探寻品德课教学中问题生成的有效性》，《基础教育研究》2010年第10期。

　　教师通过成龙这一公众人物的事迹再次引导学生突破常规，从新的角度去挖掘、去理解书本知识。这样学生的思想境界也能逐步得以升华，课堂问题的有效结果也会水到渠成。

2. 提高教师的德育资源开发利用意识

　　教师的德育资源开发利用意识直接影响教师开发利用德育资源的积极性，影响着教师对德育资源认识的广度和深度，也影响着德育资源开发利用的程度和效果。美国哲学家赫舍尔在解释存在的意义时说："最高的问题不是存在，而是对存在的关切"，"对存在的关切超越存在"，"一切存在都是被阐释的存在"。[①] 德育资源相对于人来讲是外在的、对象性的，它不会自觉地进入课程领域，需要主体的意识活动去认识和开发利用。同时，德育资源具有价值潜在性，没有人的意识活动的分析和判断，德育资源隐藏的价值就难以被认识，更谈不上有效地开发与利用。应该说，教师对德育资源开发利用的主动性、积极性、需要和动机是提高德育资源开发利用效果、发挥德育资源作用的先决条件。

　　教师应该树立什么样的德育资源开发利用意识呢？首先，教师应该认识到德育资源的丰富性。德育资源是大量客观存在的，它无处不在，无时不有，我们就在德育资源之中。德育资源没有存在与不存在的问题，只有是否认识到与开发利用到的问题。其次，教师应该认识到德育资源的深厚性。德育资源没有优劣、等级之分。同一种德育资源可以根据需要开发利用出多种多样的教育内容和功能。再次，教师应该认识到德育资源的开发利用仅仅是达成德育目标的手段。德育资源的开发利用不是越多越好。开发利用的目的是为了更有效地实现课程目标，是为了提高教学效果，如果德育资源与课程目标之间没有必然的联系，德育资源的开发利用也就失去了意义。最后，教师也应该认识到德育资源开发利用是教师义不容辞

---

① 薛晓阳：《知识社会的知识观》，《教育研究》2001 年第 10 期，第 25—30 页。

的使命，是他们职业生涯的一个重要组成部分。但是德育资源开发利用不只是教师一个人的事，应充分发挥学生、学校、社会、家长的作用，使他们拥有的德育资源也能为实现德育目标服务。

例6　德育资源的丰富性①

在一次公开课上，一位老师在上《我知我师我爱我师》这一课时，老师提了一个问题：在你们的心目中，老师像什么？同学的回答百花齐放。有的同学说，老师像太阳，照亮了我们前进的道路；有的同学说，老师像蜡烛，燃烧了自己，照亮了别人；有的同学说，老师像父母，关心我们的学习、生活……后排有一同学在下面轻声地说，老师像刺猬，有些同学和听课的老师也有听到，转身向他望。这位老师就请他回答，问他：老师像什么并说明理由？这位学生涨红了脸觉得自己说错了话，老师柔声地说："甭怕，勇敢地说出自己的心里话，说出你自己的见解就好。"在老师的鼓励下，这位同学说："老师好比是刺猬，随时可能要刺人，所以我们学生不敢靠近他们，还是远离为妙。心情好的时候，对学生很好，这就好比刺猬将刺收起来，这时的老师好可爱；当心情不好的时候，对学生很凶，这就好比张开满身的刺刺人，这时的老师好可怕。"听完这位学生的心里话，老师略带自我批评的说"我今天才发现原来在你们心目中我们的老师是如此的令人恐怖啊，今后我将努力使自己成为孔雀，而不是刺猬。"老师的话刚落，同学们情不自禁的鼓起掌来。至此，"我爱我师"这个主题在同学心中已经悄然形成，而不需要空洞的说教了。

---

① 张芳：《论思想品德课堂生成性课堂资源的开发利用》，南京师范大学教育硕士学位专业论文，2011年，第28页。

3. 提高教师德育资源开发利用的能力

德育资源主要通过教师的具体运作对德育产生影响，教师是德育和德育资源之间的重要媒介。德育资源是教师进行课程实施的有利辅助工具。在有相关的、有利的德育资源的辅助下，教师的课程实施将会变得更生动、更受学生欢迎、更有利于提高教育质量。我们承认，教师承担着比其他职业更多的压力与困难，但是正如迈克·富兰（Michael Fullan）所说，"如果社会要取得成功，学生必须成功；如果学生要取得成功，教师必须取得成功"。① 显然，教师承担的责任是重大的。因此，在对德育教师的师资培训中，应恰当、灵活地结合调查研究、案例分析、专题研讨、实践探索等多种活动方式，认真总结经验和规律，摸索那些便捷和高效的开发利用模式与方法，倡导一种资源多角度、多功能、多层次地开发利用，避免简单重复，使教师逐步具备捕捉、选择利用、整合和反思各种类型德育资源的能力。作为课程实施的组织者和促进者、课程的开发者和研究者以及课程资源开发与利用的主体，教师德育资源开发利用的能力深刻地影响着德育实施的效果。请看以下关于"亮出我自己"的教学片段。②

例 7

主题：亮出我自己

师：同学们，我是你们的新老师，你们想了解我吗？

生（齐声）：想！

师：想了解老师什么，尽管提问。

生：您叫什么？

---

① ［加拿大］迈克·富兰：《变革的力量——透视教育改革》，中央教育科学研究所、加拿大多伦多国际学院译，教育科学出版社 2000 年版，第 60 页。

② 袁圆：《〈品德与社会〉课程资源及其开发与利用研究》，湖南师范大学硕士学位论文，2005 年，第 16—17 页。

师：我叫李明。你们愿意和我交朋友吗？

生：愿意。

师：（和学生握手）来，好朋友握个手。

生：您几岁了？（笑声）

师：老师给你们出个算术题。再过 8 年，我就 29 岁了。

生（齐声）：21 岁。

生：您住在哪？

师：在湖南益阳一个小山村。

师：只有老师介绍自己，我不喜欢，你们也要介绍自己，让我认识你们呀。

（学生们争先恐后地介绍自己）（略）

（教师用投影展示自己的明星卡）

> **明星卡**
>
> 姓名：李明
>
> 出生地：湖南
>
> 最自豪的地方：
>
> 跳霹雳舞、说绕口令
>
> 骑在马背上用树叶吹歌

师：看了我的明星卡，你们了解到什么？

生：您喜欢跳霹雳舞、说绕口令以及骑在马背上用树叶吹歌。

师：想不想看看老师表演一下呢？

生：想。您跳一段霹雳舞吧。

（老师在乐声中跳霹雳舞，精彩的表演赢得学生热烈的掌声）

师：刚刚老师亮出了自己，你们想亮出自己吗？

生：想。

师：拿出准备好的明星卡，想想可以亮出自己的什么，然后写在明星卡上。

（在轻快的音乐声中，学生认真地做各自的明星卡，教师

巡视并给予指导）

（一刻钟后，学生展示明星卡，并展示各自的绝活）

教师自身蕴涵着极为丰富的资源。在这堂课中，教师通过自我介绍、跳霹雳舞，引领学生介绍他们自己，鼓励他们尽情地展示他们与众不同的地方。在课堂中，教师"孩子气"的语言（"只有老师介绍自己，我不喜欢，你们也要介绍自己，让我认识你们呀。"）、恰到好处的肢体语言（与学生握手），拉近了他与学生们的距离。尽管师生是第一次见面，但教师的热情感染了学生，课堂气氛非常活跃，学生在轻松的环境中大胆地亮出自己。在这个过程中，学生体验到快乐，增强了自信。

提高教师德育资源开发利用的能力主要表现为：

第一，提高捕捉德育资源的能力。德育资源就在我们的身边。对于学生来说，一草一木都有丰富的意蕴，只要方法得当，就能产生良好的教育效应。这就需要教师具有"智慧地利用德育资源"的能力，即教师对德育资源要有一种敏锐的洞察力，有天然的直觉，对学生、教材、资源及现实生活之间的联系有很好的把握，对资源能很好地驾驭。要善于从学生身上、从家长、从社会、从课堂、从教材、从网络、从身边所处环境中，捕捉各种有利于德育实施的德育资源。教师要因地制宜从实际占有的资源出发，灵活运用而不生搬硬套；要深入了解学生的需要，而不是教师个人的想法。这是开发利用德育资源的基础。

例8 教师要善于捕捉德育资源①

在讲"依法参与政治生活"时，由于学生普遍感到政治生活离我们实际生活很遥远，因此，我提示学生，青少年作为

---

① 姜华：《探寻品德课教学中问题生成的有效性》，《基础教育研究》2010年第10期。

国家的小主人，不仅要关心国家大事，更要关注身边的小事。在我们生活中，有很多事情需要我们积极依法行使建议权、监督权等。话音刚落，就有一位学生站起来说："老师，我们学校附近最近形成了'马路市场'，给我们的上学、人们的行走带来了不便。这连政府、学校、老师都没有做好的工作，我们作为学生，就更无权过问，也没办法去过问呀。"一石激起千层浪，许多学生赞同他的观点。学生把生活中真切遇到的问题直接抛给了我，此时我如果加以回避仍按原先预设的教学思路讲下去，就会使本来鲜活灵动的课堂变成一潭死水，教学也就成了空洞的说教。于是，我抛开原有教案，巧妙将这一生成问题作为课堂教学的新起点，设计了以下问题：（1）学校、老师、学生有权过问吗？为什么？（2）我们师生有办法过问吗？有哪些办法？通过学生小组合作探究，顺利地使学生掌握了我们依法行使政治权利的主要内容和渠道等教学内容。随即我又以此为切入点，因势利导地说："我们在过问这一问题时，还应注意些什么？"在教师的追问中，学生内在的能量得以充分释放，思维空间得以充分拓展，个性得以充分张扬。课堂所达成的目标远远超出了我的预期。

第二，提高选择德育资源的能力。教师要在密切德育资源与德育目标的联系、精确把握德育内容、深刻了解学生需求的基础上，选择合适的、恰当的德育资源进入德育课程。德育资源恰如其分的选择将为教师德育实施带来事半功倍的效果。

第三，提高整合德育资源的能力。按照系统论的观点，一个结构合理的系统其整体功能大于部分之和。教师在备课阶段，在德育实施过程中，都要注意对德育资源的整合。特别要注意在德育实施过程中，因不确定因素引发的课堂突发事件——动态性德育资源，并将其合理整合到德育资源实施方案中，充分发挥动态性德育资源的德育价值。大量的教学实践证明，许多资源就是在教学实践不断涌现和生成的，课堂中学生不明确的认识、质疑、意见分歧、偶发事件等都蕴涵着可贵的德育价值，是难得的德育资源。同时教学实践中的校园日常生活，如学生给花浇水、给动物喂食、打扫教室、栽花种草、护理小树等都可以成为潜在的德育资源，关键是教师要有德育资源的意识。由于这些德育资源在教师备课中往往无法预料，具有突发性、瞬时性、不可预料性，所以我们应该对其珍惜和即时捕捉，使其整合到使用的德育资源中。教师的使命，更多的是为学生提供大量的德育资源，唤醒和激励学生亲自去接触、体验德育资源。实践证明，越是优秀的教师越是关注动态性德育资源。

例9　关于课堂突发事件的处理[①]

一次课上，我们正在进行关于怎样保护小树的教学内容时，书中给了一幅在很小的树旁绑上一个小木棍以保护小树的图片，一个孩子举手说："老师我想问一下，把小树绑在木棍上，它会不会很难受喘不过气来呀？还有我认为大树并不总是吸收二氧化碳，吐出氧气，晚上就不同。"他的发言立刻引起了全班同学的关注，大家纷纷七嘴八舌的议论起来，我发现此时再也没有办法继续讲课了。面对课堂上这样突然的事件，教师要保持清醒的头脑，不要当成是意外的"事故"，动动脑筋巧妙地利用起来，可能会使教学更加生动。随后，我就先请这位同学坐下，然后在全班同学面前表扬了他，爱思考问题，提出自己的不同想法。然后对全班同学说，他说得第二个问题对不对呢？我们要想办法来证实一下，大家想想可以用哪些好办法，同学们都觉得应该去查一查相关的资料，于是作业就是查

---

① 丁秀娟：《小学教师开发利用课程资源问题与对策研究》，东北师范大学硕士学位论文，2007年，第16页。

找关于树木怎样呼吸的资料，在本课的教学之外，课堂得到了延伸。对于给小树绑木棍我们在班级又进行了讨论，多数同学最后还是认为这样是对的，不然小树可能会断或长不直。当课后孩子们知道了树主要是通过叶子来呼吸时，也消除了喘不过来气的顾虑。此次教学活动，学生们印象非常深刻。

第四，提高反思德育资源开发利用的能力。反思是实际上是哲学认识论术语，是一种精神的自我活动和自省方法，是思想反过来对自身的认识。反思实际上是一种自我教育，受教育者通过反思，深化自己的道德认识、强化对经历事件的理解，从而形成自己的人生经验。反思的目的不是对过失的追悔和觉醒，更重要的是调节道德主体自我的思想认识和言行，不断实现自我超越从而不断完善自我。Richards（1990）认为，高层次的能力只能是长期自觉反思的结果。德育资源的开发利用需要教师的反思。在反思中，教师重新审视、分析、省察自己的方案，从而发现德育资源在开发利用中出现的各种问题，并解决问题。反思能够帮助教师进一步提高德育资源的开发利用能力。提高教师的自我反思主要有这样几个阶段：第一，行动前进行反思。这一阶段主要是让教师对自己的需要和满足需要的目的、目标和动机以及行动策略作出反思；这种反思有助于教师以一种有组织的、决策性的方式去处理情境；第二，行动中进行反思。在行动中，教师经常会遇到各种各样的问题，教师要研究和关注这些问题。这种临场性的反思能够让教师将开发利用德育资源的能力得到融会贯通；第三，行动后进行反思。这种反思有助于教师理解过去的经历，提升能力。例如，在开发利用爱护公物方面的资源时，教师可以先让学生找出自己存在的不爱护公物的行为，然后发动全班同学起草爱护公物宣言、起草爱护公物行为规则，然后让学生自觉地对照这些规则发现自己的错误以及应如何纠正。这种活动从反思出发，培养了学生的自我意识，促进了学生德性的生成。事实上，当每一个学生都能够以真实的自我面对自己和世界的时候，就能够真正提升为学生自我的德性。

五　各种德育资源开发利用策略

（一）校内资源

1. 教师资源的开发利用

教师既是德育资源的开发者与利用者，同时其自身也是重要的德育资源。教师的思维方式、人生阅历、性格特点、心理素质、思想品德、教育智慧、实践经验等均可成为德育资源。教师要根据自己的个性特点去发扬自己的长处为教学所用。

具体而言：

（1）重视教师人格资源的开发利用。教育家乌申斯基说："在教育工作中，一切都应以教师的人格为依据。因为教育力量只能从人格的活的源泉中产生出来，任何规章制度，任何人为的机关，无论设想得如何巧妙，都不能代替教育事业中教师人格的作用。"要教育教师尤其是班主任切实履行自己的责任和义务，以高尚的品行、平实的作风影响和教育学生。如何最大限度地发挥教师人格的榜样示范作用，使这种资源得到最大限度的开发和利用？关键在于交往，通过交往可以使教师内在的人格魅力转化为学生良好的人格品质。教育过程的实质就在于促进和实现人的社会化。在这一过程中，学生初步形成社会观念、选择人生价值。这就要求教师在与学生的交往中，信任、尊重和热爱学生，树立正确的交往观念，掌握必要的交往规范，运用一定的交往媒体，改进交往方式，提高交往能力，使其内在的人格力量得以充分的发挥，使学生在健康和谐的交往环境中逐步形成健康、完整、崇高的人格品质。

人格的魅力关键在于爱，对学生真挚、无私的爱。在交往中，教师情感投入是学生普遍存在的一种心理需要，学生的情感投入又成为促进教师情感的催化剂。师生以各自的情感为直接交往的媒介和手段，相互影响、共同提高，并相互进入各自的内心世界，产生情感的共鸣，实现理性的升华。因此，要教育教师在交往中要克服居高临下、以势压人的不良倾向；要尊重学生、信任学生、理解学生、关心学生、爱护学生，建立平等、合作的师生关系；要严于律己，宽以待人。俗话说："爱人者，人爱之；敬人者，人敬之。"教师只有以真挚、真诚、温暖、友爱的情怀去启迪学生的心扉，才容易与学生沟通感情，才能达到思想认识上的一致，从而收到良好的教育效果。曾有一位学生在日记中这样来描写这种感受："我喜欢老师的目光，她时刻温暖我的心房，每当我在黑暗中彷徨时，她就像灯塔照亮我前进的航向。"说明这位教师的人格魅力对学生产生了积极影响。

　　案例：岔河中学的每一位教师都在用自己的热血，谱写教育事业的美好篇章。用自己的人格魅力感染每个学生。[①]

　　"我不是她的指导教师，但我要把这件事记录下来告诉他的指导教师。一个孩子在下楼时不小心摔倒了，跌坐在楼梯上，旁边几个同学关切地看着他，赶忙问要不要紧，搀扶他去校医务室……"这一幕恰巧被领着我们参观的崔老师撞见，崔老师连忙帮着扶起孩子，送他去校医务室……"还好没什么事，擦破点皮，孩子下楼没看清……"崔老师笑着说道。"我不是他的指导教师，但我要把这件事告诉他的指导教师，摔倒的孩子很勇敢，他跌坐在那里还在告诉大家不要担心。我们平时总是告诉孩子们要相互关心，要相互帮助，旁边搀扶他

---

① 宋跃：《岔河中学德育资源开发策略研究》，河北师范大学硕士学位论文，2010年，第26页。

的那几个孩子，真正做到了……把这些告诉他的指导教师，让老师更了解孩子们，也让生活中点点滴滴发挥它的教育作用去感染其他的学生……"这就是岔河中学最平凡的一位教师，她在用行动诠释着教师的深层含义——时时教授，刻刻育人。

（2）重视教师知识资源的开发利用。首先，要帮助教师建立良好的知识结构。良好的知识结构是教师进行学生德育的必要保障。要帮助教师建立知识经济社会所需要的 T 行或复合型人才所需要的知识结构。在横向，要帮助教师具备广博的知识面；在纵向，要帮助教师具备在教育科学和其所教的学科方面应具有精深的知识。具体来讲，比如让教师养成读书自学的习惯、做读书卡片和摘记、开展学术研究等。只有在此基础上建立的广博与精深相结合的知识结构，才能适应教育学生工作的需要。其次，要注意调动教师的积极主动性。教师知识资源开发利用的关键就是教师积极主动性的发挥。教师的知识建立、分享、应用和创造过程都需要教师发挥主观能动性。教师既是知识传播的主体，又是知识创新的主体。传播知识是一个师生互动的过程，不仅需要教师调动全身的心智、情感，而且还要调动学生的激情，而创造知识就是将已有的知识进行综合、将未编码的知识编码化，这一切都要求教师充分发挥其能动性。学校要从政策、物质等方面给予教师帮助。

2. 学生资源的开发利用

学生的主体地位在现代教育中得到充分肯定。学生的经验、兴趣，甚至是他们的"错误"都是构成德育资源的有机成分，并且学生作为德育资源具有独特属性——内生性，即可以使各种德育资源能动地产生出比自身价值更高的价值。所以要充分研究和把握学生的身心发展水平、学习需要、学习特点、已有经验、兴趣和心理认知结构，发挥学生作为德育资源的最大优势。

第一，开发利用学生的经验资源。教学经验告诉我们，教师在授课时不需要面面俱到，整个课堂不必完全由教师把知识灌输给学生，有些知识是学生早已经理解和掌握的。教师要把学生的经验看作为一种资源，并优化教学时间，合理、充分地安排教学内容。要提高教师对学生生活经验的认识，最主要的就是要使教师对学生的生活经历、生活环境有较全面的了解，这种了解可以来源于家访、与学生本人或者与其他学生的交流，来源于与学生家长的交谈，或者也可以来源于班主任的介绍。通过对学生经验的了解，教师可以掌握学生发展的第一手资料，但是要注意对学生经验的了解要抓重点事件或者突出事件，使之成为有较强感染力的德育资源。

案例：开发利用学生的生活经验资源①

在上《我知我家》这堂课时，设计了这样一道题目：请同学们来谈谈对家的感受。其中一位同学说："我的父母都是商人，家中资产很多，我每天吃的是大餐，穿的是名牌，物质上我应有尽有。别人可能都很羡慕我，觉得我很幸福，实际上我很痛苦。我父母整天说自己忙，很少在家更不要说陪我聊天、吃饭了。即使在家，父母也总为了某些小事而吵架。虽然他们每次回家都给我买许多的礼物，可是从来没有问过我真正的需要是什么？"说到这里，他已经热泪盈眶了。然后他接着说："他们对我的关心只有学习成绩，他们根本不知道我最需要的不是大餐，也不是名牌的服装，而是父母能够多抽一点时间陪陪我。"说到这里，这位同学已经是泣不成声了。我心情沉重地请他坐下。这堂课本来还预设了其他一些问题，面对这位同学的表述，我马上调整了教学内容，临时设计了这样一个问题："同学们，你们不想对他说些什么吗？"这次同学们的

---

① 张芳：《论思想品德课堂生成性课堂资源的开发利用》，南京师范大学教育硕士学位专业论文，2011 年，第 24 页。

发言特别踊跃，有的同学说："其实我们的父母也不容易，有时候我们要学会换位思考。"有的同学说："父母有很多事要做，我们要学会主动与父母沟通。"有的同学说："我们要多交朋友，有些烦恼可以向朋友倾诉。"有的同学说："你应该发挥你的优势，节约一些零用钱捐给希望工程。"既解决了学生的实际问题，又达成了培养学生情感价值观的目标。

第二，开发利用学生的兴趣资源。首先，要对学生的兴趣进行研究，找出共性。每个学生都有自己的兴趣，德育资源开发并不是一定要照顾到所有学生的兴趣，而是要对大多数学生普遍感兴趣的事物或事件进行研究，找出共性，并以此为开发的基础。其次，要对学生的兴趣资源进行排序，找出最契合德育目标的兴趣资源。学生的兴趣资源很多，但并不是兴趣资源越多越好，资源的选择首先要遵循的就是与德育目标的契合度，否则，学生的兴趣资源再多，也仅仅是散沙，无助于实现德育目标。

第三，把最后选择好的兴趣资源创造性地带入德育实践。"创造性地带入德育实践"意味着在德育实践中，因实践的复杂性，可能还会生成众多新的资源，新的资源的生成考验着教师的资源素养。

资源是提供给学生自我构建的，而不是简单地把教师眼中的德育资源倒进学生的脑袋里。以学生的兴趣为着眼点开发出来的德育资源是属于学生自己的德育资源，从某种程度上说也是最适合他们的、他们最愿意参与的，可以充分调动学生的积极性。所以，在开发学生的兴趣资源时，我们要更多地从学生的角度来看待周围的一切。教师的视角要"学生化"，力求选择出来的兴趣资源"学生化"，这样，学生才会感到亲切。只要兴趣在，学生就能对整个教育活动保持持久的热情和积极性。

案例：开发利用学生的兴趣资源

立志承嘐风，慧眼看嘉定①

一、活动背景

《关于进一步加强和改进未成年人思想道德建设的若干意见》中明确指出：未成年人思想道德建设的主要任务是从增强爱国情感做起，弘扬和培育以爱国主义为核心的伟大民族精神，从小树立民族自尊心，自信心和自豪感。培养民族精神必须从培养爱家乡情结开始。嘉定——历史文化古城，她有着悠久的历史、灿烂的文化，独特的地方风俗。嘉定的民俗、民风应该让嘉定的孩子探究、继承，嘉定的现在应该让嘉定的孩子了解、关心，嘉定的未来应该让嘉定的孩子去创造。

二、活动目的

1. 贯彻落实"民族精神代代传"主题教育的要求。

2. 通过课堂教学、实践体验，合作探究等形式让嘉定的孩子们热爱嘉定。

三、活动步骤

1. 围绕主题，学生提问

为了让课程设置更贴近学生，让课程内容真正成为孩子们喜欢、感兴趣的内容。辅导员讲清活动意义和要求。然后各小队组织队员进行讨论和问题征集活动，要求每位队员围绕探究大主题"嘉定，我可爱的家乡"，至少提一个自己感兴趣的、自己疑惑不解的问题，并把问题交中队长。

2. 归纳整理、确定课题

中队委员整理问题，归类，并确定课题。比如：问题汇总部分学生对嘉定的桥特别感兴趣，提出了以下问题：嘉定有哪

---

① 李维春：《城市小学德育校本课程资源开发与利用研究》，广西师范大学硕士学位论文，2006年。

些桥？什么时候建造的？有什么特点？侯黄桥有什么历史？我们就确定了课题：嘉定桥的探究。又如：学生提出嘉定名称的来历？嘉定的地理位置、气候特点？嘉定的文物古迹？嘉定的外交官？嘉定的名人有哪些？为我们嘉定作出了哪些特殊的贡献？嘉定与小刀会起义？我们就确定了课题：嘉定历史的探究。六个小队确定六个不同的课题。

3. 自主探究，收集材料

各小队可根据自己小队的兴趣、爱好自主选择自己喜欢的课题，确定课题后，可以制定一份活动计划，同时也可以自主聘请校外辅导员。同时也可以自主决定汇报活动的形式。如嘉定的桥的探究可以拍摄一些照片，在教室里办一个小小摄影展。如：《我心中的老西门街》可以让小队制作小小摄影展。

4. 活动成果汇报。此次活动是以"民族精神教育"为主题组织实施的，通过提出学生感兴趣的问题让学生亲自探究。

问题来源是学生的成长环境，是发生在学生身边的故事，也是需要学生亲自探求才能得到答案的。让学生自己提出问题，既激发了学生的问题意识，也让教师了解了孩子们的兴趣所在，便于教师组织与归类；学生通过亲自探究，更加了解了自己的家乡，增强了学生对家乡的热爱和对家乡人的情感，这是民族精神教育的起点，也是学校德育的起点。学生的探究成果更是学校培养学生创造精神和实践能力的体现。

第三，开发利用学生的"错误"资源。叶澜教授曾说："学生在课堂活动中的状态，包括他们的学习兴趣、积极性、注意力、学习方法与思维方式、合作能力与质量、发表的意见、建议、观点，提出的问题与争论乃至错误的回答等，无论是以言语，还是以行为、情绪方式的表达，都是教学过程中的生成性资源。"①"错误"常常是学生在课堂上生成的课程资源，常常是可遇不可求的，教育心理学家布卢姆指出："人们无法预料教学所产生的成果的全部范围，没有预料不到的成果，教学也就不成为一种艺术了。"学生的人生观、世界观和价值观都在逐渐形成过程中，他们的知识和经验积累就相对不足，因而，出现错误的价值判断是不可避免的。此时，教师面对学生认知和理解上的偏差，既不能盲目引导，一味迎合学生的兴趣而偏离教学目标的达成，也不能简单地加以否定。对于学生的"错误"资源，教师要做到：第一，态度上要接纳。教师要营造一个开放的环境，允许学生大胆表达自己真实的看法，大胆尝试不同观点之间的冲突，在解决冲突之中成长。第二，行动上要引导学生思辨。在保护学生创造性的基础上，运用智慧，采用机智的方法，对教学预设作即兴的调整，鼓励学生进一步思错、辨错，给学生思考的时间和交流的空间，让学生理性对待错误，析因、明理，主动澄清认识，自主修正错误，使思维朝着理性的方向发展。第三，行动后要反思。学生出现的错误，共性与个性并存，典型与偶发相间。学生产生错误的原因也是各有差异。面对学生进现的错误，教师课后要及时进行归因，进行价值判断，以免学生再次发生类似错误。

案例：开发利用学生的"错误"资源②

在教"学会合理消费"时，教材文本指出："物质生活水平提高，应该有适度的消费，但这并不意味着不要节俭。"对

---

① 叶澜：《重建课堂教学过程观——"新基础教育"课堂教学改革的理论与实践探究之二》，《教育研究》2002 年第 9 期，第 11—15 页。

② 姜华：《探寻品德课教学中问题生成的有效性》，《基础教育研究》2010 年第 10 期。

此就有学生提出："现在我们家庭生活已经富裕了，况且时代也不同了，教材指出要去消费，那么我追求名牌又何尝不可，干吗还要提倡节俭，这不是自相矛盾吗？"面对学生迸发出来的思维火花，我敏锐地发现了这一"错误资源"：学生的消费观中恰恰忽视了"适度"和"节俭"两个关键词语。这表明学生在对文本内容的理解上出现了偏差。我灵机一动，抓住这一契机，灵活地调整了原来的教学思路，请学生结合当前国际国内形势和自身的实际生活水平，谈谈对适度和节俭消费的认识。通过教师的点拨引导，学生们在思维碰撞中纷纷发表自己鲜明的见解。正是课堂上发出的意外"声音"，使这一"错误"资源成为了本课堂中的亮点和精彩之笔。这不仅加深了学生对文本的理解，还进一步扩展和提升了他们的生活经验，充分渗透了德育。

3. 课程教学资源的开发利用

（1）思想品德课程是德育资源开发利用的主渠道。思想品德课程教学的目的在于提高学生的道德认识，培养道德情感，指导道德行为，达到知、情、意、行的统一。它蕴涵着丰富的爱国主义、理想信念教育、价值观教育资源，是进行德育的主渠道。

第一，发挥主渠道作用，提高学生的道德认识。

虽然目前教育界极力反对灌输，但是中国自学校产生后，灌输就是学校教育的主要教学方法，灌输有其存在的极大价值。通过灌输，可以使道德知识为学生所接受，并在内心产生一种对道德关系、道德行为爱与憎的情感体验，积淀成向善的道德情感。学生的道德认识愈深，其对自身道德需要的认识就愈深刻，为满足道德需要而产生的向善从而行善的道德情感就愈强烈。这种情感是学生道德行为的心理推动力，构成道德行为的动机，也是实现道德认识向道德行为转化的基础。由此可见，道德认识为学生提供了未来行为的认知图式。在学校中，可以通过板报、集会报告和课堂讲授等形式进行灌输，在摆事实、讲道理的前提下，以理服人，使学生心悦诚服，从而提高他们的道德认识，启发他们的自觉性。

灌输是一种较好的教学方法。从教学目的、内容、过程、方法与教学效果的评价来看，目前，虽然有些教师的灌输过于强调"知识点"的掌握，道德知识教育膨胀，把灌输简单地等同于知识的传授，把道德教育的基本概念和准则进行"语文"教学式的讲解。实际上，灌输仅仅是一种手段，灌输的形式可以多种多样，教师可以采用联系实际形式的灌输，可以采用讨论形式的灌输，可以采用榜样示范形式的灌输……这样，在把抽象的道德知识还原归生活本身之后，经过理论升华和榜样激励作用，在这种灌输形式基础之上建立起来的道德认识，就会成为学生自己内在的道德认识。

第二，发挥主渠道作用，激发学生的道德情感。

现代教育心理学研究表明，一个人道德素养的获得与提升，主要不是一个认知过程而是一个情感体验和感化修养的过程，是学生自主学习的过程。也就是说思想品德教学只能改善学生的认知结构，道德认识在学生头脑中只是以知识形态存在着而不是以能影响学生的行为即成为学生德性的一部分的观念存在，因此，对于学生在学习生活过程中时刻产生的各种思想的、情感的问题，并不能及时地进行感悟、累积、转化、提高。而真正推动学生道德认识向道德行为转化的是道德情感，道德情感起着重要作用，它是道德认识向道德行为转化的关键环节。在苏霍姆林斯基的学校里，有几百棵果树。教师教育学生：一看见果树受伤，就把它接好。但是，更为重要的是，要使学生"看见受伤"的果树就感到心疼。有了这种道德情感的体验，才养成了学生主动关心和爱护树木的道德行为习惯。在思想品德课教学中，教师要重视引导学生进行情感体验，要将情感体验贯穿于道德教育的全过程。激发学生的道德情感，在课堂上教师必须选好激情点。只有选准激情点，才能调动学生的情感体验，引起感情上的共鸣，所以教师主导作用也要导在道德情感的感化过程之中。例如在讲"维护国家政权的统一"时，可在讲完教材上相关知识后，与学生一起欣赏余光中的《乡愁》：

小时候，
乡愁是一枚小小的邮票。
我在这头，
母亲在那头。

长大后，
乡愁是一张窄窄的船票。
我在这头，
新娘在那头。

后来啊，
乡愁是一方矮矮的坟墓。
我在外头，
母亲在里头。

而现在，
乡愁是一湾浅浅的海峡。
我在这头，
大陆在那头。

并要求学生思考，这首诗表达了作者什么样的愿望？作者这一愿望能否实现？你能为实现作者的愿望做些什么？欣赏这首诗，让学生感受到台湾问题是中国现代历史的"痛"，是每一个中华儿女心中的"痛"，进而引导学生了解这个"痛"产生的原因；加深学生对我国处理台湾问题的方针、原则、立场，从而在行动上为实现祖国统一做出应有的贡献。这样富有感情的例子，使学生既进一步巩固了已有知识，又在思想深处刻上深刻的情感烙印。

第三，发挥主渠道作用，强化学生道德意志的形成。

道德意志内化在每一个人的自觉行为中，使人在面对复杂的社会生活时能凭借内心信念，用一种向上的、求善的、严肃负责的态度进行道德行为的选择，它作为一种由价值观驱动的主动的选择能力，比道德规范的约束更具积极意义。学生意志不坚定主要表现为怕难、怕烦，做事不能有始有终，常常出现半途而废的现象。这就需要思想品德课教师进行耐心的指导。例如针对高年级思想品德特点分析成功与毅力的关系时，为了消除学生心理上的障碍，可以列举伦敦奥运会上，叶诗文在女子 200 米个人混合泳在第三个 50 米蛙泳被对手反超的不利形势下，终于在最后 50 米反超对手获得奥运会金牌的故事，并恰到好处地从三个方面提出问题："获得奥运会金牌为中国人民争来了什么？这个成绩的取得是否容易？经过哪些方面的努力？"让学生分组讨论，然后让学生从三方面回答："首先有明确的奋斗目标；其次能自觉地坚持锻炼；最后遇到困难不动摇。"经过充分的讨论，使学生在心里产生了驱动力，认识到做好任何事情都是不易的、取得辉煌的成绩更是不容易的思想认识，使学生在心底萌生出"世上无难事，只要肯登攀"的坚强意志，同时也促使学生在今后的学习、做事中能以坚强的意志进行实践。

第四，发挥主渠道作用，指导学生的道德行为。

在思想品德课教学中，单靠行为方式的指导是远远不够的，更重要的是要求学生课堂外能够真正把道德认知转化为持久的行为习惯。因此，如何让学生把学到的知识化为具体行动，是思想品德教育中关键的一环。活动和交往（如学习、游戏、劳动等）是道德行为习惯形成的主要途径。因此，在知识传授基础之上，教师还要善于组织各种教育活动，如教育学生以礼待人，尊敬师长，就可以要求学生上学、放学回家要和家长打招呼，见到老师和客人要问好；在教育学生热爱集体时，可以及时组织一些有意义的班队活动，比如开展拔河比赛活动，让学生在活动交往中认识集体，明白个人在集体中的地位，懂得个人与集体之间的关系，珍惜集体荣誉。在实践中，能够把道德知识真正转化为道德行为，完成思想品德课的知行统一的目的要求。

案例：活动育人①

一位教师在讲授"依法保护人类共有的家园"（初二思想政治教材内容）这一框题时，讲课过程中，他在班级行间内走动，无意发现所在班级的地面上有很多黑色而难看的口香糖印迹。于是他趁机借题发挥："我知道有很多同学喜欢嚼口香糖，但是我发现不少同学有随地吐口香糖的不良习惯，不信，请大家看看自己座位的周围，数一下有几处口香糖污迹。"同学们不由自主地低下头，教室里发出叽叽喳喳的声音。稍后，他进一步发问："大家想一想，随地吐口香糖有什么危害？日常生活中还有哪些对环境造成污染的现象？在环境保护方面，我们应提高哪些环保意识？作为中学生，能为环保事业的发展做些什么？"学生们纷纷站起来发言。第二天该班便在全校发出"爱护我们的家园"的倡议，许多同学志愿充当环保小卫士，不但教室地面焕然一新，校园环境也大有改观。

（2）人文社会科学课程要充分发挥德育作用
第一，利用人文社会科学课程对学生进行爱国主义教育。
爱国主义是中华民族五千年历史的精华，对学生进行爱国主义

---

① 寻晖：《初中思想品德课与学生民族精神的培育》，湖南师范大学硕士学位论文，2005年，第36—37页。

情感教育是提高学生思想道德素质的重要组成部分。激发和培养广大青少年的爱国主义情感，提高他们的爱国主义觉悟，引导他们树立爱国主义思想，人文社会科学课程是落实这项内容的主渠道之一。人文社会科学课程本身就是进行爱国主义教育的极好途径，同时在课程中又蕴涵着大量爱国主义的素材，例如汉语是世界语言不可或缺的重要组成部分，它的一撇一捺都深深地印上了中华民族的烙印，是我们民族文化的骄傲；中国历史上下五千年，辉煌灿烂的文化更是中国人的自豪；人文社会科学课中的英雄模范、先进人物的模范事迹更是培养学生的爱国主义情感的最好资源。这些生动形象的素材有助于学生积累经验，产生道德情感，从而转化为正确的道德行为。在教学过程中，教师要善于用生动、形象、绘声绘色的、充满激情的语言去打动学生，使教材内容在学生脑海中产生可触可摸的立体形象，使学生被蕴藏于其中的思想感情所感染。同时教师也要创设一定的道德情境，运用各种直观生动的形式，将学生带入一定的情境中去感受形象，境中悟性，情中明理，使学生在情感体验中受到熏陶，获得新的道德认识。爱国主义的情感是学生产生爱国主义行为的基础，因此教师要在充分驾驭教材的基础上，巧妙地激发学生的爱国主义情感，提高他们的爱国主义觉悟，从而深化他们的爱国行为。

目前，我国正处于改革开放时期，爱国主义教育课程面临的新课题之一就是如何通过课程帮助学生正确理解和认识社会现实的变化。在当前社会中，有许多引人关注的问题，如民主法制的建设、出国热、网络电脑热等，这些问题确实给教师教学提出了新要求。对于这些问题，不是一两节课内就能解决得了的，因此，最好能与政治课结合起来，通过组织讨论、写文章、出专题墙报等形式，让学生充分谈出自己的观点、看法，从辩论中得出正确的结论。

第二，利用人文社会科学课程对学生进行历史唯物主义教育。

人文社会科学课程暗含着对历史唯物主义的教育。语文课对朴素劳动者智慧和力量的赞美，音乐课上对人民群众创造的脍炙人口的歌曲的颂扬，人文地理课对人类改造自然力量的描写，历史课对人民群众推动历史进程的反映……这一切无不说明："人民、只有人民才是世界历史的动力"[1]，只有人民，才是历史的推动者和创造者。因此，教师要注重对这方面资源的挖掘，并充分利用现有的资源对学生进行历史唯物主义的教育。

在人文社会科学课程中，尤其历史课更是通过大量史实，揭示了人类历史发展的规律性，揭示了坚持四项基本原则的必要性重要性。一部旧民主主义革命史，就是绝好的教材。1840 年以后，无论是林则徐、洪秀全，还是康有为、孙中山，他们的救国探索，因为违背了历史发展的客观规律，结果都失败了，教师可以通过对近代中国的五种救国方案的分析，使学生了解：在近代中国，资本主义道路是死路一条。因此，社会主义道路是中国唯一可选择的路，这是经过几代人的努力、奋斗，才被证明了的真理。同时，一部旧民主主义的革命史也不可更改地说明了：无论是农民阶级，还是资产阶级革命派，由于他们自身所带有的阶级局限性，因而都不能领导中国的民主主义革命取得胜利，这历史的重任只能落在中国共产党身上。没有中国共产党，中国革命绝不可能胜利，中国就不会取得今天巨大的成就。教师要通过教学使学生明白这些道理，在充分发挥历史等课程主渠道作用的同时，必须辅之以课外阅读、探幽访古、社会实践等教育活动。这既是学生自我丰富"史料"的过程，也是"书本"与"实际"结合的过程。历史遗迹、遗址教育基地的建立，历史博物馆的建设，地方史志、专门史的编纂和使用，以及专项历史教育，比如纪念中国抗日战争和世界反法西斯战争胜利周年活动的开展等、都是对人文历史资源的开发过程，而教育活动效果的取得都证明开发人文历史资源对于其发挥德育功能的重要。

---

① 《毛泽东选集》，人民出版社 1964 年版，第 932 页。

要利用人文社会科学课程对学生进行理想信念教育。人文社会科学课程蕴涵着大量的理想信念教育素材。理想信念是学生前进的动力，能给学生以希望和目标。语文教材选用的课文，大多是历久不衰的佳作，尤其是其中收录了许多古今优秀的说理文章，他们或辨析做人道理，或阐发做事原则，论辩严谨，说理精辟透彻。语文课虽然没有直接告诉学生如何树立理想信念，但是通过一大批杰出的思想家、政治家、科学家、艺术家、军事家以及英雄豪杰、仁人志士的事迹，告诉学生要向榜样学习，要有崇高的理想信念。在漫长的历史长河中，无数仁人志士都为学生树立了光辉的榜样，我们可以从商鞅、王安石、康有为力图改革中去传承并充实他们"大胆变法，改革创新"的精神，以陈独秀开展五四新文化运动、李大钊传播马克思主义的历史活动中，去传承并充实他们"勇于竞争，敢为天下先"的精神；从毛泽东创立指导中国革命的思想体系、邓小平提出社会主义初级阶段理论的创举中，去继承并充实"思想开拓、不断进取"的精神等。音乐课上一首《中华人民共和国》国歌又包含着聂耳多少理想和坚持！对待人文社会科学课程中的理想信念教育因素，教师在教学过程中，要积极发挥自己的主观能动性，深入、细致、全面地挖掘其中的理想信念因素，有目的、自觉地以教材中感人的事迹、高尚的思想情操、鲜明的观点道理去感染学生、教育学生，在学生心中播撒做社会有用之才的美好种子。理想信念教育既要帮助学生认识到作为个人，如果没有理想信念，就如同一个没有灵魂的躯壳。同时，也要帮助学生正确处理好个人与国家、个人与社会、贡献与索取的关系。要使学生认识到：个人与社会是相辅相成的关系，社会需要个人的奋斗，个人也需要社会的支持。因此，个人的理想信念必须要以国家、社会的需要为基础，一个人只有为社会、为国家作出自己应有的贡献，才能得到国家、社会的承认，才能得到自己应有的尊重和满足。

案例：利用人文社会科学课程对学生进行理想信念教育①

在岔河中学听教师讲《爱莲说》时，正值央视放映《一代廉吏于成龙》。老师这样讲到：《爱莲说》这篇脍炙人口的小短文，充满了深刻的思想性。那么这样几个问题，大家思考一下：

（1）此篇以花喻人，那么于成龙是什么花？

（2）电视剧哪些情节表现于成龙像花一样的个性？

（3）假如于成龙退隐那是什么花？为什么？

（4）以于成龙为例试比较莲花和菊花，你更欣赏哪一种花？

同学们纷纷举手发言，第一小题的答案大家一致认为于成龙是莲花。第二小题经过同学们的讨论大家认为于成龙虽处封建社会官场，但他两袖清风"出淤泥而不染"；于成龙如果退隐他就是菊花，因为和陶渊明相同。但如果于成龙退隐就不能惩奸除恶，因此说于成龙莲花的特性值得赞赏，所以更欣赏莲花。艰涩难懂的文言文，一下子变得饶有趣味了，同学们也对课文的主题思想有了更深刻的认识，都希望自己成为具有莲花一样的高洁品质的人。

（3）数学自然科学课程要渗透德育的意蕴

第一，利用数学自然科学课程对学生进行爱国主义教育。

世界上有许多国家因为对中国不了解，对中国历史不了解，所以误解甚至恶意曲解中国历史和现代中国。70 年代出版的、在世界上颇有影响的《古今数学思想》（美国 M. 克莱恩著）的序言中说，"中国的、日本的和玛雅的文化，因为他们的工作对于数学思

---

① 宋跃：《岔河中学德育资源开发策略研究》，河北师范大学硕士学位论文，2010年，第20—21页。

想的主流没有多大影响，故不加介绍"。作为一名中国人，这种说法就是对中国的侮辱，因此对学生进行爱国主义教育，不仅是必要的，合理的，而且责无旁贷！在数学自然科学教学过程中，向学生进行爱国主义教育，其主要内容有：

首先，通过介绍科学家热爱祖国、坚持真理的事例，培养学生高尚的道德品质。几乎每一个数学自然科学家都有一段曲折优美的爱国故事，这故事本身就是对学生进行爱国主义教育的极好素材。在教学中可以结合知识内容，以故事的形式适当向学生介绍科学家热爱祖国、崇尚真理的故事。如介绍古希腊科学家阿基米得献身科学、为保卫祖国在敌人屠刀之下还从容地进行科学研究；现代钱学森、钱三强等我国物理学家在祖国最需要他们的时候，毅然舍弃国外优厚待遇，坚定地投身祖国的繁荣建设中。这些故事会使学生明白"科学虽然没有国界，但是科学家有他自己的祖国"，从而培养学生热爱祖国、献身科学的高尚道德品质。

其次，适时介绍勤劳智慧的中华民族对古代科学的巨大贡献，让学生充分了解中华民族灿烂的传统文化，增强民族自豪感。我国是世界四大文明古国之一，许多发明创造是世界之最，这些发明创造对推进世界精神文明和科学技术进步作出了卓越贡献，这是使学生树立民族自豪感和民族自尊心的最好素材。例如中国是世界上对化学工艺发明和使用最早的国家之一，我国的瓷器工艺、酿造技术，冶金技术都在世界上居于领先地位；天文上我国人民在3000多年前就对天体运动进行了细致的观测，并制定了相当严密的历书；古代数学成就中秦九韶的三角形面积公式、商高的勾股定理、庄子的极限思想等都早于欧洲好几个世纪——这些辉煌的成就充分显示了我国劳动人民的聪明才智，说明我国古代科学技术发展的高度水平。正如著名科学史家李约瑟指出的，"在公元3世纪到13世纪之间，中国不论从科学，还是从技术上，保持着一个西方望尘莫及的水平"。通过这些实例，使学生具体体会中华民族是有优秀文化遗产的民族，中华民族对世界文化作出了重大贡献，从而树立学生强烈的民族自豪感。

再次，展示我国现代科学技术新成就，弘扬中华民族的创新精神，增强学生民族自信心。在现代，我国的物理、化学、生物等方面都取得了伟大成就，例如：我国在1965年首次成功地人工合成结晶牛胰岛素，北京正负电子对撞机首次对撞成功；我国的断肢再植、皮肤移植的水平均已达到世界先进水平；我国是世界上第三个掌握卫星回收技术的国家，是"一箭多星"的四强之一，运载火箭早已进入世界航天市场，在超导材料、大型电子对撞机等方面居世界领先地位……这些现代科技能够激发学生以振兴中华为己任，为中华的伟大复兴而学习。实践证明，在教学中，这些素材的有机插入，不但活跃了课堂气氛，增加了学生的学习兴趣，而且有助于学生树立远大理想，培养顽强刻苦的意志品质。

最后，进行国情教育，树立民族自尊心，激励学生的爱国激情。在介绍我国古代和现代科学技术成就的同时，还要使学生认识到我国自然科学在封建主义的桎梏下，自十六七世纪开始落后于西方。结合教材中一些物理定律、常数、单位等的命名，大部分都是外国科学家的名字和鸦片战争后我国沦为半封建半殖民地国家的惨痛历史教训，说明落后就要挨打的道理。使学生明白我国目前总体科学技术水平与世界先进水平相比还有较大距离，从而使学生树立起民族自尊心和为中华崛起而努力学习的责任感和紧迫感，激发学生的爱国激情。

第二，利用数学自然科学课程对学生进行辩证唯物主义世界观教育。

辩证唯物主义是马克思主义哲学的重要组成部分。恩格斯说："辩证法是唯一的最高度地适合于自然观这一发展阶段的思维方法。"数学自然科学教学中可结合教学内容，对学生适时进行辩证法思维的训练，培养他们的辩证唯物主义观点。同时，在现行化学教材中，也蕴含着丰富的辩证唯物主义观点的素材，可以说辩证唯物主义因素充满着整个数学自然科学教材，只要努力挖掘，教学过程中有意识的插入，就能够把辩证唯物主义教育与数学自然科学教学有机地结合起来。例如：在化学的"氧化—还原反应"一节的教学中指出，氧化与还原是两个对立的概念，它们存在于同一反应中，相互依存，既对立又统一。这样教学不仅使学生更深刻理解氧化—还原反应这对概念，而且进行了辩证唯物主义教学。物理上在学习原子结构时，通过介绍人们对物质结构认识不断深化的过程——从汤姆逊的"葡萄干蛋糕"模型到玻尔的"行星模型"，发展到现在对原子核的夸克模型，使学生感受到物质世界是无穷的，人类对客观世界认识的不断深化是通过不断的科学实践活动来完成的，体会到真理的相对性及理论与实践的辩证关系。生物上种子的萌芽，首先是种子有健康完整的胚，这是内因；水分，空气和适宜的温度是外因，外因是条件，内因是根据，外因是通过内因而起作用，两者缺一不可，这就是内因和外因的互相作用。此外，结合相关内容，还可引导学生逐步认识现象与本质、共性与个性的辩证关系，从而逐步树立事物相互联系相互影响的辩证唯物主义观点。总之，只要有机地适当地结合数学自然科学课程的内容，将辩证唯物主义内容渗透到教学过程中，不仅能够使学生加深对课程内容的深刻理解，把知识融会贯通，而且有助于学生正确世界观的形成，发展学生辩证思维的能力。

案例：利用数学自然科学课程对学生进行辩证唯物主义世界观教育[①]

　　数学课上在学习平行四边形的面积计算时，老师用教具这

---

　　① 宋跃：《岔河中学德育资源开发策略研究》，河北师范大学硕士学位论文，2010年，第21页。

样演示到：平行四边形的任意一个边逐渐缩短至两端点重合，平行四边形就变成了一个三角形，所以我们可以先计算出一个三角形的面积……然后推出……得出结论……在这个过程中同学们会发现平行四边形一点一滴的运动中发生了质的变化，量的积累到一定的阶段就会发生质的改变，所以同学们日程生活中，也不要忽视小的错误，大的变化都是从点滴开始的……同学们连连点头，自然科学的一般原理中，往往蕴涵着深刻的哲理。

第三，利用数学自然科学课程对学生进行理想信念教育。

结合数学自然科学教学内容，向学生介绍中国和世界上有重大发明的科学家，颂扬他们经历艰辛，百折不挠，搞发明创造的精神，不仅引起学生的兴趣，而且有益于他们勇于探索、不怕困难的意志品质的培养和训练。例如初中化学课本上介绍了不少世界著名的化学家的事迹。如自学成才、发现多种气体的英国化学家普里斯特利，被称为"近代化学之父"的英国化学家道尔顿，瑞典化学家舍勒，法国化学家拉瓦锡等，结合现代学生思想实际，向他们介绍英国化学家卡文迪许，他虽然出身于贵族家庭，是英国巨富之一，但他从不涉足贵族社会的社交活动，不过腐化堕落的生活，生活俭朴，学习刻苦，全身心地投身于化学研究。用这些名人轶事启发引导学生要克服满足现状的思想，要懂得为人类进步作贡献，才是人生最有价值和最有意义的事情。

总之，人文社会科学课程和数学自然科学课程都是隐性德育课程，都是对学生进行德育的潜在的、隐蔽的资源。各学科中的德育渗透要达到德育效果还应注意以下几点：

其一，隐性德育课程教学中，要正确处理好基础知识教学与德育的关系。这主要是处理基础知识教学与德育之间张力的问题。首先，二者是互相联系、相辅相成的关系，要教育教师把握好"德育是首位，教学是中心"这一目标，处理好知识点与教育点的关系，做到在教学中以教育点统率知识点，寓德育于学科教学中，使学生自然而然地受到德育。所以应当充分挖掘各科教学中的道德教育资源。其次，要澄清一种错误认识，"德育首位"并不意味着所有教学均片面"德育化"，也不意味着把德育和文化知识教学对立起来，而是要在教学中根据学科特点，充分发挥教材内在的教育因素，对学生进行有意渗透或在教学文化知识的同时实施"不经意"的思想品德教育，以达到既教书又育人的目的。

其二，深入挖掘教材中的德育因素。以知识或观念形态出现在教材中的道德，来源于生活中的道德——历史和现实中的道德人物、道德活动和道德精神；教师使用教材的过程就是要将教材中的道德"复活"或还原为学生真实生活中的道德活动和道德精神，并引导在此基础上进行道德的创新。各科教材中，蕴涵着丰富的德育因素，但是这些德育因素往往是以潜在的形式、隐蔽地存在着。所以教师要吃透教材，潜心研究，这样教材中的德育因素才能得到充分挖掘。例如，九年制义务教育六年制小学教科书第十二册第一单元中的"百分数（二）"。教学时，不但要使学生掌握有关储蓄的知识，学会有关百分数的计算，同时也要结合本单元内容教育学生勤俭节约，像书中所说的小华、小英一样把积攒的零用钱存入银行，把利息捐献给"希望工程"，支援贫困地区的失学儿童，使学生明白储蓄对国家对自己都有益处。在解答有关税收的习题时，不但要使学生学会计算，同时也要向学生讲解有关的税收政策和知识，使学生明白：税收是国家财政收入的主要来源，是国家的经济生命线，任何国家都不可能没有税收。我国是社会主义国家，税收取之于民，用之于民。国家用收来的税款发展经济、科技、教育、文化和国防事业等，以不断提高人民的物质、文化生活水平和搞好国家建设。依法纳税是每个公民应尽的义务，每个公民都应积极、主动地纳税。

其三，设计相应的学科课外活动进行德育渗透。德育工作必须从实际出发，遵循教育规律和符合学生的心理、生理特点。课外活动是课堂教学的补充和深化，也是培养学生多种能力的好方法，德育活动化可以提高教育效率。例如有的化学教师在上完化学课前三章后，适时安排了一次小型化学晚会，这个晚会可使学生深化运用学过的知识，提高他们学习化学课的兴趣。在晚会上用碱液喷雾使酚酞变红显示"化学晚会"的开始，接着由学生表演"魔棒点灯"，"今夜星光灿烂"，用击鼓传花让他们猜化学谜语等，使大家在欢声笑语中领略化学知识的无穷魅力和趣味。有的教师在上完九年制义务教育教材第四册中的《时、分、秒》后，设计"有趣的钟表"活动课，教师通过介绍时钟发展的历史进行爱祖国、爱科学的教育，使学生懂得人类在不断发展，科技在不断进步，再通过看钟上时间的练习，教育学生珍惜时间，发奋学习，努力攀登科学高峰。事实上学习园地、晚会、自习辅导、专题讲座、课外实验以及参观访问等都是实施德育的时机，教师必须充分利用这些机会，主动积极地渗透德育的内容，只有这样，思想教育才不会变成空洞的说教，才能达到"随风潜入夜，润物细无声"的德育渗透效果。

（4）各种活动课程都要强化德育的功能和价值

要利用活动课程深化学生的道德情感。实践性是活动课程所表现出的突出特征，而人的情感总是在实践性很强的活动中逐步产生、发展并表现出来，即人的情感来源于实践活动而又表现于实践活动中。活动课程对学生道德情感的深化主要体现在两个方面：其一，学生通过各种活动，如社会的、科学的、体育的、艺术的活动，一些积极情感如积极向上、乐观进取等情感不断加深、巩固；其二，学生的种种情感在活动中反复得到体验、验证，某些消极甚至有害的情感得到转化或消除。这样，学生的积极情感才越来越稳固、越来越深刻，在实践活动中健康地发展起来。因此，教师要积极鼓励学生积极参加活动课，同时尽量帮助学生获得成功的体验。

要利用活动课程对学生进行意志的磨炼。活动课程主要由学生主体性活动构成，活动的内容、形式以及整个过程都是在教师指导下学生自主设计、实施，学生随时会遇到困难，然而每个困难常常由学生自己尽力解决，这样，在解决每一个困难的同时就会多了一次磨炼意志的机会，而每一次意志磨炼的结果又激励着学生去迎战下一个困难，以此形成战胜困难—意志训练—战胜困难的良性循环。因此，要培养意志，就应该让学生参加各种活动，在活动中要自己思考、自己动手、自己解决问题。教师是活动课的指导者，要尽可能地帮助学生设计一些有一定难度、但是通过学生自己努力又能够完成的活动，这个度是活动课程设计时必须要考虑到的首要问题。

要利用活动课程对学生进行理想教育。活动课程有助于对学生进行理想教育。理想在学生兴趣、情感等的培养过程中容易树立，学生一旦对某个事物产生浓厚的兴趣并注入了深深的情感，他就会树立追求这个事物的理想，而一旦扬起了理想的风帆，意志的小舟就会破浪前进。因此，在活动课程中，教师要考查学生的兴趣，也要积极引导学生对美好的事物感兴趣，按照学生兴趣对学生进行活动分组，使学生彼此之间既能互相帮助，又能相互提高，共同进步。

要利用活动课程帮助学生形成良好道德品质。首先，活动课程按教育目标设计而成，其中少先队活动、班级活动、升旗活动、晨会活动等本身就直接承担着对学生良好道德品质培养的任务。比如向学生进行"五爱"教育，培养勤劳、谦虚、有礼貌、助人为乐等优秀品质等。其次，在活动中，学生之间离不开彼此的合作、交流、团结，因此，要教育学生学会合作、学会交流、学会团结。

案例：开发利用活动课程资源①

"近来各电视台热播抗战题材的电视剧，像《亮剑》、《英雄无名》、《潜伏》成为同学们时下谈论的焦点，我们这次时事活动以红色感悟为主题，举行一次演讲比赛，题目自拟，文体不限，字数1500左右"。看到宣传栏里这则时事活动的公告，同学们纷纷报名参赛。他们在讲台上慷慨陈词，有对某位革命先烈的英雄事迹进行缅怀的，有记录战争呼吁和平的，有通过今昔生活对比抒发爱国热情的……七年级二班的赵小虎同学的"英雄就在身边"感动了我们每一个人。小虎同学走访了3个村里的老红军，听这些老人讲他们当年打仗的故事，他将这些老人的经历记录下来与同学们分享，他告诉大家当年那硝烟弥漫的战场远比电视剧种场景更加惨烈，老红军身上的枪伤告诉我们一定要勿忘国耻，我们今天的幸福生活是先烈们用鲜血换来的，这一切离我们并不遥远，英雄就在身边！同学们听了这些红色感悟的故事，有的同学回家就要爷爷奶奶讲他们年轻时候的故事，有的要翻看历史书，再温习一下当时并没有好好学习的抗战史，有的立志将来成为一名军人，保家卫国！这些想法都是在同学们有了强烈的情感体验后产生的，这样的活动不仅丰富了同学们课余生活，当学生的思想受到冲击时能够得到教师的及时引导，对学生们的健康成长产生积极影响。

4. 校园文化的开发利用

《中共中央国务院关于进一步加强和改进大学生思想政治教育的意见》提出要"重视校园文化建设。要大力开展学生喜闻乐见的丰富多彩、积极向上的学术、科技、体育、艺术和娱乐活动，建

---

① 宋跃：《岔河中学德育资源开发策略研究》，河北师范大学硕士学位论文，2010年，第24页。

设以社会主义文化和优秀的民族文化为主体、健康生动的校园文化。要努力净化校园环境，抵制消极、腐朽思想的渗透和影响，抑制低俗文化趣味和非理性文化倾向，引导校园文化气氛向健康高雅方向发展"。涂尔干曾经指出，学校的环境和教授的知识都是教育的载体，需要教育工作者予以重视。① 校园文化是一种潜在的教育力量，以其特有的魅力向学生潜在地灌输着体现教育者要求的思想、规范和道德标准，这种力量无时不有，无处不在，净化着学生的心灵，使学生受到教育。因此，要充分发挥校园文化的作用，加强对校园文化资源的开发、利用和整合，使旧式的校园养成文化变成一种有目的、有计划、有组织、综合有序的潜在文化课程，以增强其育人效果。在这方面，要注意做到：

第一，把握校园文化开发利用的方向性。以科学的理论武装人，坚持社会主义方向，坚持以马克思主义为指导，帮助学生树立正确的人生观、道德观、价值观，是把握校园文化开发利用方向性的关键所在。这种指导思想要贯穿在整个校园文化资源开发和利用之中，坚持这种方向性的形式可以采取组织学生学习邓小平同志建设有中国特色的社会主义理论、讨论十七大精神、组织专题报告等方式。这些工作，可以形成很强的追求进步、追求真理的环境氛围，有利于学生形成正确认识世界的立场、观点和方法，提高他们提高分析问题、辨明是非的能力，增强他们积极参加国家建设的使命感和责任感，为校园文化建设注入活力，奠定基调。

第二，开发利用校园形象资源。校园形象是学校通过自己的行为、教职员工培养的人才、对社会提供的服务等在社会公众心目中绘制的图景和造型，是公众及自己的师生员工通过其直观感受对学校做出的全部看法和评价，也可以说是校园留给人们的总印象。塑

---

① 靖国平：《价值多元化背景下的学校德育环境建设》，江苏教育出版社 2009 年版，第 123 页。

造良好的校园形象是具体推进校园文化资源整合的重点，它主要包括：一是塑造良好的学生形象。学生既是学校的"产品"，又是校园文化的主体，学生品德、学识、心理状态、健康程度、精神风貌等在公众心目中的形象是校园形象的基础。塑造良好的学生形象既是塑造良好的校园形象的中心，也是社会对未来人才的要求；二是塑造良好的教师形象。教师是校园文化的主导，教师的素质、文化水平、职业道德、精神风貌和仪表装束等对学生都起着潜移默化的影响，并且直接决定着学生形象的优劣。三是塑造良好的管理者形象。校园中管理者集体的能力、素质、魄力、风度、个人品质和治校成就给学校师生、社会公众留下的印象，就是管理者形象。学校能否适应挑战，获得发展，管理者是关键。四是塑造良好的物质环境形象。校园物质环境是校园精神文化的物质载体，优美舒适的环境可使学生奋发进取。开发利用校园物质文化资源是形成良好的校园形象的一个根本条件。一定的精神文化有赖于一定的物质载体。特别是在今天，由于文化信息的交流具有容量大、媒体多、周期短、频率高的特点，校园文化建设必须依靠一定的文化活动设施，创造优美文明的校园环境。学校既要有庄重、严整的学习氛围，又要表现出青春的活力和雅静的美。当学生一走进校园就能感到一种不同于社会其他场所的朝气、幽静、有序、整洁。这样的物质文化环境不但包括建筑设施，园林绿化，还包括生活服务。所有这些都要围绕育人这一中心，结合本校的培养目标来设计、安排，使它们既具有方便、宜人的实用功能，又和谐、舒适，有益于紧张工作后的休息，进而熏陶情感，启迪思想。

　　第三，开发利用校园精神文化资源。校园精神文化的核心是校园精神，开发具有自身特色的、努力与社会主流文化的价值观相一致的校园精神是开发与利用校园精神文化资源的根本任务。要树立积极向上的校园精神。改革开放以来，各校在校园文化建设中，普遍注重以校训所蕴涵的价值观为核心的校园精神的培育，历史悠久的学校给已有校训赋予新的时代内涵，新建学习提出具有时代特征的校训。反映校园精神的校训已成为团结、凝聚学校各方力量、规范调整师生员工行为和价值取向的重要力量。以培育校园精神为核心，学习普遍重视校风建设，使校园精神具体落实到每一位师生员工的日常生活中。一些学校还创造了许多校园精神"物化"的形式，如校徽、校歌、校史陈列、标志性建筑等。

第四，开发利用校园文化活动资源。校园文化活动是指师生开展的文化方面的实践活动。它是校园文化的主体，是将师生联系起来的纽带。文化活动具有形象、生动、直观等特点，因此，对学生德育而言，较其他校园文化资源更具有直接的效果。校园文化要发挥德育作用，就必须使校园文化活动的内容与德育的内容相融合。比如坚持主题鲜明的爱国主义教育的最佳团日活动、参观革命遗址、瞻仰烈士陵园、参观调查模范乡村、迎香港回归知识竞赛，举办道德系列讲座及各种主题鲜明的征文比赛、演讲比赛等活动，举办内容丰富的文化、科学知识讲座，举办"艺术节"、"五·四"歌咏比赛等，使学生在这些活动中了解和学习中华民族优秀文化遗产和勤劳善良的美德，受到革命传统和爱国主义精神教育。与此同时，针对校园中的破坏公物、浪费现象、高消费现象等进行公开批评和讨论，摒弃消极因素、消极思想对学生的影响，有效地消除校园文化中的消极因素。

第五，开发利用校园制度文化资源。严格的制度是实施德育的基本前提，缺乏约束机制的校园文化无法发挥教育作用。制度将行为规范用文字予以明确表述，提出了应做、能做和禁止做的事项，并对做了禁止做的事情的人予以处罚。这就可以抑制人们的错误行为，促其转变为正确的行为。正确的行为变为习惯后，外在的约束作用也就内化为自觉要求。校园文化要发挥思想政治教育的作用，就必须加强制度文化建设，建立和完善科学的易于操作的各项规章制度，并切实落实到师生的实际行动上。要坚持正确的制度导向，努力创造有利于思想政治教育的"软"环境。

　　总之，校园文化是个整合概念，各部分之间存在着相辅相成的关系，切不可偏颇。学校应重视它们之间的有机联系，以充分发挥校园文化的隐性德育功能和整体育人效应。

（二）历史资源

　　江泽民同志曾经指出："我们要加强对青年学生的历史知识教育，帮助他们正确地了解中国的过去和现在，世界的过去和现在，这有利于他们树立正确的世界观、人生观、价值观。"江泽民的话深刻地道出了历史资源当中所孕育的重要的思想教育因素：历史将爱国主义教育、历史唯物主义基本观点教育、道德情感教育涵盖其中。我国有五千年光辉灿烂的文化，人文历史资源十分丰厚，如波澜壮阔的世界历史变迁、具有高尚情操和光辉形象的英雄豪杰、勤劳勇敢智慧的劳动人民……都是德育的重要资源。进行"史"的教育是对学生进行中国优良道德传统、革命传统教育的基本途径，是激励学生迈向 21 世纪的重要举措，对于学生形成科学的世界观、人生观的作用是其他方面的教育所不能取代的。首先，它可以促进学生正确科学的世界观、人生观、价值观的形成。共产主义人生观的形成得益于历史的启迪；其次，它可以激励学生形成维护祖国统一、民族团结及振兴民族、创造更高文明的使命感。历史能使学生树立正确的国家观念与民族意识，为国家的繁荣、民族的富强作出贡献；再次，它可以拓宽学生历史认识空间，提高学生思想境界。历史对于总结人生经验，把握自己的人生是十分重要的。它有助于学生借鉴历史，选择正确的人生道路；最后，它也可以使学生易于接受具有时代精神的道德规范。学生可以用历史借鉴现实，也可以用现实反思历史。因此，要充分利用历史中的德育资源来引导教育学生，培养他们良好的思想道德素质。

第一，开发利用历史人物的道德形象提高学生的道德认识。道德认识是道德主体在内外多种因素的相互作用中，在道德心理的基础上形成的对是非、善恶、美丑的理解和评价，它是产生道德行为的前导，也是产生相应的道德情感的认识基础。在中国几千年的历史发展长河中，有无数英雄豪杰、仁人志士，他们的道德形象虽然远离现实，是间接的，但他们是作为社会道德标准的榜样而存在的，生动、具体、鲜明。"形象在塑造现实，也同时在塑造我们对现实的认识方式"。① 历史人物的道德形象更是如此，它不仅体现现实社会的道德评价标准，而且也在塑造着人们的道德认识。以中国历史而言，不同历史时代的杰出人物的不同风姿展示了中华民族的道德风貌和优良传统，构成中华民族的魂魄和脊梁。他们的优良品质和高尚情操，成为炎黄子孙继续奋进的巨大动力。如"虽九死其尤未悔"的爱国诗人屈原；"就极刑而无愠色"，秉笔直书的历史学家司马迁；"先天下之忧而忧，后天下之乐而乐"的范仲淹；为改造中国鞠躬尽瘁、死而后已的孙中山；"为中华之崛起而读书"的周恩来……他们的高风亮节将永远是学生学习的榜样。学生正处在可塑性较强的这一时期，不失时机地教给他们一些道德知识、提高他们的道德判断能力非常必要因为，只有当学生对某一道德观点、道德规范有了认识、懂得了关于是非、善恶、美丑的标准之后，才能产生相应的道德行为，并逐渐养成习惯。以历史人物的良好的道德形象教育学生，可以丰富他们的知识，增加他们的阅历，形成他们的信念，引导他们认同、接受、履行社会道德规范，进而使社会道德规范能顺利地内化为他们的道德品质，实现自我的道德完善。因此，要教育教师在教学中要用历史人物的优良品德充实教学内容，运用生动形象、丰富多彩的教学手段，培养学生科学

---

① 周宪：《视觉文化与现代性》，载《文化研究》（第 1 辑），天津社会科学出版社 2001 年版，第 151 页。

的人生观、世界观、价值观。

第二，开发利用历史事件中的历史使命感和责任感激发学生的道德情感。道德情感是人们用自己所认识和掌握的道德规范去衡量别人或自己的思想和行为时产生的态度体验。它是人类道德心理中最深沉最活跃的内容，是一切道德活动得以进行和合目的发展的主体保证，同时又是人们完善自我的一个方面。道德情感按其内容可分为阶级情感、爱国主义情感、国际主义情感、集体主义情感、义务感、责任感、事业感、荣誉感、友谊感、自尊感、羞耻感等。道德情感在人的品德结构的形成和发展中起着特殊的作用。它对道德认识的提高有直接推动作用，对道德行为起着巨大的调节作用，是联结"知"与"行"的中介和桥梁。在中国历史发展中，许多历史事件蕴含着中国人强烈的历史使命感和责任感，例如："五四"运动表明中国已从酣睡中惊醒，更为重要的是，由于这种"觉醒"，人们开始意识到，"时机到了！世界的大潮卷得更急了！洞庭湖的闸门动了，且开了！浩浩荡荡的新思潮业已奔腾澎湃于湘江两岸了！顺他的生，逆他的死"；青年毛泽东在《湘江评论》上发表的文章指出，"我们知道了！我们醒觉了！天下者我们的天下。国家者我们的国家，社会者我们的社会。我们不说，谁说我们不干，谁干？"文章表达了一个民族和一个时代的呼声，表明全体中国人肩负伟大的历史使命——为整个国家的富强而奋斗！这一事件的教学可引起学生情感强烈的共鸣，引发学生强烈的内心体验：五四期间热血青年有着如此的伟大抱负！那么在我们现代社会，当前人类社会正在发生巨大变革，世界经济开始全球化，科技革命迅猛发展，竞争日趋激烈的时候，当代青年更要承担起国家富强、民族兴盛的历史使命！学生的道德情感还不成熟，往往流露出某些矛盾和不稳定性，表现出容易冲动、难于自制等特点。因此，在对学生进行德育时，要善于利用历史事件来增强学生的历史使命感和责任感，可以从道德情感教育角度，精心组织，加工教学内容，运用多种教学手段创设道德情境（如参观博物馆、实地采访等），激发他们关心社会、乐于奉献的情感体验。正如苏霍姆林斯基所说："只有在情感活动中，学生的道德认识才能深深地根植在他的精神世界里，成为他自己的观点，并在他自己的言行举止、待人接物等方面表现出来，从而形成坚定的道德信念和高尚的道德行为。"

第三，开发利用历史人物的理想信念来抵砺学生的道德意志。道德意志是人们履行道德义务过程中，能够自觉克服困难和障碍，按照一定道德要求行事，追求社会理想价值目标实现的坚持精神，是道德行为得以坚持和毅力上形成道德品质的过程。目前我国学生道德意志力相对较为脆弱，突出表现为：是非不分，坚持真理的恒心和毅力不足，遇难而退，在挫折和失败的打击下往往意志极易消沉，难以抵御社会上各种不正之风和消极腐朽现象的侵袭，尤其是青少年犯罪率逐年上升，犯罪年龄呈现出低龄化，因此，迫切需要抵砺学生的道德意志。在中国历史上，毛泽东曾树立了全心全意为人民服务的思想；张思德随时准备为了人民的利益而牺牲自己的一切；白求恩毫不利己、专门利人；雷锋甘当螺丝钉以集体主义精神泯灭各种个人主义意识……他们都是无产阶级道德意志的人格楷模，他们都是教育学生抵砺道德意志的榜样。尤其是改革开放的伟大设计师邓小平同志三落三起的革命生涯，完全可以引导学生得出如下结论：邓小平大落大起，却能终生矢志不移，献身革命，鞠躬尽瘁，皆源自其"我是中国人民的儿子，我深情地爱着我的祖国与人民"的信念。邓小平的三落三起蕴涵着多么高尚的革命情操，对祖国多么深厚的挚爱，又体现着多么坚毅的品质。伟大历史人物坚定的理想信念，将帮助青少年用坚定的信念来提高对挫折的承受能力，消除挫折所产生的消极情绪。有了理想信念，就能克服各种艰难险阻。历史人物的理想信念正是在这方面具有极大的说服力、感染力和震撼力。因此，要深入挖掘历史人物身上所蕴含的道德意志力方面的资源，要制定出一套切实可行的培养方案，除了在理性上提高青少年对道德意志力的养成的必要认识之外，重点应当放在青少年意志力的实践培养方面，如让学生学会把一件事坚持做到底、组织学生进行野外生存训练、新生入学军训等。总之，要以各种形式、方法、途径，因人制宜、因年龄制宜、因性别制宜进行实际的锻炼，使学生养成"富贵不能淫，贫贱不能移，威武不能屈"的坚定的道德意志。

第四，开发利用优秀的传统道德文化培养学生良好的道德行为。道德行为是人们依据一定的道德价值而采取的对他人或外界的反应。道德行为是道德品质的客观标志，道德认识、道德情感、道德意志都要在道德行为中体现和检验。道德行为能够推动物质文明建设，促进社会进步，同时，道德行为也能促进个体道德品质的完成和自我完善，形成良好的道德风气。中国历史上有辉煌灿烂的传统道德文化，它们是宝贵的、不可多得的精神资源。继承和发扬我国传统道德文化的优秀成分，是继承和发扬我国传统文化的一个重要组成部分。把我国优秀传统道德文化与当代的文化和德育结合起来，也是加强学生思想道德教育不可或缺的重要内容。学生的思想政治教育工作如果能带着更加深厚的中国传统文化的底蕴就会对学生有产生更强的吸引力，如中国优秀道德文化传统中的立志乐道、克己内省、仁者爱人、患难与共、勤劳节俭、艰苦朴素、善良淳厚、热爱劳动、诚实信用等，都可以作为培养学生良好道德行为的重要资源。

（1）"先天下之忧而忧，后天下之乐而乐"的爱国主义思想。"先天下之忧而忧，后天下之乐而乐"是个人对他人、对集体、对社会、对国家的根本责任和态度，也是一个人必须具备的美德和襟怀，这种美德表现在许多方面。

第一，坚决反对国家和民族分裂，维护民族团结和国家统一。在一个国家和一个中心基础上，中华民族产生了强大的向心力和凝聚力，对中华民族的团结和兴旺发达起了不可估量的作用。

第二，英勇抵御外国侵略，坚决维护国家的独立、自主和尊严。中华民族酷爱独立和自由，面对外来侵略，团结一致，奋起反抗，打败了所有侵略者，书写了可歌可泣的壮丽篇章。

第三，不断开发祖国的自然资源，丰富和发展中华民族的物质文化财富。为了祖国的繁荣昌盛，自古以来我国各族人民不畏艰险，开发祖国的自然资源，创造了灿烂的科学文化，丰富和发展了物质文化财富，为人类文明作出了可贵的贡献。

第四，同社会反动势力和反动制度作斗争，推动历史发展，促进祖国走向繁荣富强。中华民族有极强的民族进取心，不屈服于社会反动势力的统治，总是发动革命或变革，向着光明美好的前程努力奋斗。

爱国是学生道德行为的导向，它决定着学生思想政治教育的方向性。中国的传统道德提供了大量爱国主义的资源，这种资源以其生动性和鲜活性而为学生所喜爱。如：开发祖国河山的大禹、李冰、徐霞客；反抗民族压迫的英雄典范苏武、陆游、岳飞、文天祥等；抗击倭寇的民族英雄戚继光、从荷兰手中收复台湾的郑成功……他们的英雄事迹激励着一代又一代年轻人。在学校中，一方面可以在课堂教学中渗透传统文化的爱国主义思想，另一方面可以采用活动的方式进行爱国主义教育，如开展探讨传统文化爱国主义教育的主题班会、请人作报告、开展传统文化的知识竞赛、举行影视历史人物评论等。这些活动学生喜欢参与，并且是广大教师的"轻车熟路"，但是在设计中要注意贴近学生实际，提高活动质量。

（2）"乐群贵和、孝慈友恭"的传统美德

注重社会公德，乐群贵和，这是中华民族以礼仪之邦著称于世的重要表现。"和为贵"是中华民族处理人际关系的基本准则。中国传统认为，人之所以能"胜物"而能"天下为贵"就在于"人能群"，即人能组织社会生活，过社会群体生活，注重人际和谐。因此，"乐群贵和"就是人之所以为人的重要标志。要"乐群贵和"就要遵守人类在长期社会生活实践中逐渐积累起来的最一般、最起码的公共生活准则，即社会公德。

孝慈友恭是家庭生活的基本要求。历代思想家都十分重视家庭对社会稳定和个人生活的意义，提出许多道德理论和行为规范。在人伦关系中，提出"父慈子孝"中的"父慈"不等于溺爱，它包括生养、教育、关怀等，"子孝"不只是赡养，它包括孝养、孝敬、同胞之间相互关系、相互爱护、相互帮助、团结一心，同甘共苦。这是家庭和睦的重要标志。

现代学生多是独生子女，多是家庭"4+2+1"模式中的核心，所以，在学校加强学生人际关系教育就显得更为迫切和必需。"乐群贵和、孝慈友恭"重视的就是人际关系的和谐、融洽。用这种思想教育学生就可以使他们认识到人际关系的价值，同时通过传统道德文化中"乐群贵和、孝慈友恭"的事迹可以激发他们向古人学习，自觉加强这方面教育的积极性。因此，要教育家长和教师特别是班主任注意这方面的引导。要教育家长注意以身作则，要教育班主任注意学生之间良好同学关系的建立。例如班主任可以采用"孔融应不应该让梨"、"孔融让梨故事对我的影响"等形式的主题班会或讨论，也可以通过集体活动注意引导学生要互帮互助、团结友爱。通过学校教育可以使学生自觉地将建立良好的人际关系纳入自己的思想意识中，为建立良好的家庭教育奠定基础。

（3）刚健有为、自强不息的奋斗精神

战国时代的《周易大传》说："天行健，君子以自强不息。"这种思想就是要刚强不屈、奋发有为、努力向上、永不停止。这是中华民族美德的重要内容，是中华民族繁衍发展、生生不息、开拓前进的精神支柱，集中地反映了中华民族朝气蓬勃、努力向上的顽强生命力，表现了中华民族百折不挠的开拓精神。孔子就以"发愤忘食，乐以忘忧"来激励人们不断地追求完善自身的体魄、学识、技能、道德，无数骚人墨客所描绘、吟咏的青松、红梅、苍鹰、猛虎、奔马、高山、大川之类也是这种精神的代表，它体现在人们情感方式、行为方式和风俗习惯等各个方面，构成了中华民族波澜壮阔的历史，并展示了辉煌的未来。

刚健有为、自强不息是一种不屈不挠的奋斗精神。现代学生大多是家庭的小皇帝，往往饭来张口、衣来伸手，用这种精神教育学生可以使他们学会坚毅、学会向上、学会奋斗，从而彰显奋斗的价值。可以采用模范事迹报告、影视作品欣赏或参观等形式进行奋斗价值的教育。

（4）克己内省的自律精神

克己，是指一个人要有理智，即理性修养，并能在理智或理性修养的指导下，克制自己，使思想言行符合道德要求；内省，是指一个人能经常进行反省和检查，不断发现自己的缺点与不足。因此，所谓克己内省，就是强调在道德修养方面的自我教育，这便是孔子指出的"君子求诸己，见贤思齐焉，见不贤而内自省也"。内省的自责能端正人生行为，化为人与人之间相互主体性的价值秩序，故孔子的学生曾参说，"吾日三省吾身——为人谋而不忠乎？与朋友交而不信乎？传而不习乎？"道德行为的养成不是一朝一夕的事情，要时刻教育学生注意对自我的教育，注意"克己内省"。但是由于学生还处于道德行为的逐渐养成阶段，还不能形成良好的行为习惯，所以家长和教师可以是学生内省的引导者。如对于学生的"道德冷漠"现象，家长和教师可以从不同的角度进行引导，家长可以从家庭成员之间需要彼此关爱的角度进行分析，教师可以从社会发展和学生的责任感角度进行分析，使学生知道不仅要爱自己，同时也要爱同学、爱老师、爱家庭、爱社会、爱国家。道德修养的功夫就是时时内省的道德自觉，在心灵基础上建立起来的道德规范才对人生具有指导意义。

党的十七大报告指出："要全面认识祖国传统文化，取其精华，去其糟粕，使之与当代社会相适应、与现代文明相协调，保持民族性，体现时代性。加强中华优秀文化传统教育，运用现代科技手段开发利用民族文化丰厚资源。"总之，我国悠久而丰富的传统文化在内容和方法上，对学生道德行为的形成都有大量可资利用的资源，开发它们，利用它们，对做好学生德育工作是非常有益的。但是继承和利用传统文化的资源不是照搬照抄。由于时代不同，今天的德育应该有不同于封建社会的崭新的时代内容，在结合现实的基础上，批判地继承和利用，才是积极的态度。

（三）社会资源

社会资源泛指广泛存在于社会上的，一切有利于提高人的思想政治水平、塑造人的美好心灵、形成科学世界观的资源。社会资源是丰富多彩的，有可供开发利用的爱国主义、革命传统及生产劳动教育的基地，有反映新中国成立以来特别是改革开放以来伟大建设成就的具体生动的现实教材，还有大量可以利用的校外文化教育阵地等。归纳起来社会资源大致可以分为社会人力资源、景观资源、文化资源三个方面。这些都是德育的潜在资源，将其开发出来变为现实的教育力量，无疑有利于青少年思想道德品质的形成和发展，同时也是提高德育实效性，发挥社会德育效能的重要途径。杜威曾说："仅是教科书和教师才有发言权的时候，那发展智慧和性格的学习便不会发生；不管学生的经验背景在某一时期是如何贫乏和微薄的，只有他有机会从其经验中作出一点贡献的时候，他才真正受到教育。"① 充分发挥社会资源的作用，既是学校德育工作的重要组成部分，也是实施学校、家庭、社会"三位一体"共同实施对学生进行思想道德建设工程的有机组成部分。

---

① ［美］约翰·杜威：《人的问题》，傅统先、邱椿译，人民教育出版社2001年版，第27页。

1. 社会人力资源

社会是由人组成的，德育是由人来进行的，人力资源乃是社会中最为重要的德育资源。实践证明，社会丰富的人力资源是开展学生德育的重要优势。首先，社会的各类专业人才可以为学生提供各种专业教育，这些专业教育中蕴涵着理想、信念、品德、人生、事业、成才、审美、爱情等有关道理，可以引起学生情感上的共鸣，心灵上的悦纳，思想上的认同，行为上的效法，并逐步转化为自身的觉悟和能力，进而一步步迈向自己的目标。第二，社会中的人力资源还包括行政组织和一些有一定社会影响的群众组织，这些组织能够利用它们的组织系统和社会影响为学生德育作出贡献。因此，要通过多种渠道广泛宣传、强化对社会资源的认识，动员、唤醒社会一切成员关心和支持学生德育，使每一位成员都能自觉注意自己的精神面貌、言行举止时时处处对学生的影响，成为学生德育的积极参与者。同时充分挖掘社会人力资源的潜力，通过多种形式加强学校与社会人力资源的联系，为学生了解社会生活、认识各种社会现象、培养道德鉴别能力，提供有利的外部环境。

以下是主题为"有多少人为了我"的教学活动。①

　　　　主题：有多少人为了我

　　　　师：你们早上吃的什么？

　　　　生：水果、面包、牛奶、豆奶、蛋等等。

　　　　师：早上那么多食品，那你们知道它们是经过多少人的手才到我们手中吗？

　　　　请看录像。思考：当我们还在睡梦中时，有多少人开始了忙碌？

① 袁圆：《〈品德与社会〉课程资源及其开发与利用研究》，湖南师范大学硕士学位论文，2005年，第32页。

（学生看录像，以下是录像中的部分内容）

1：00 汽车从远处将大量饮料运到批发市场

2：40 饮料公司工作人员送牛奶到各家各户

4：00 批发市场工作的人们在忙碌

5：30 清洁工打扫街道卫生

6：00 洒水车在大马路上洒水

师：看后，你们想到什么？

生：我们在睡梦中，很多人已经开始工作了；

如果没有警察，小偷等坏人会逍遥法外；

牛奶需要人们的加工、运送，牛奶来之不易；

老师帮助我们学习；

司机帮助我们节省从家到学校的时间；

交通民警维持交通秩序；

邮递员给我们送信；

售货员和售票员在生活中都帮助我们……

　　学生生活在社区中，但由于各自生活的环境不一，他们对很多行业的人们都不是很了解。为了尽可能使学生全面了解"有多少人为了我"，教师用摄像机拍下了从凌晨到早晨各行各业人们忙碌的生活片段。通过看录像，学生知道了许多平时不了解的情况。比如，早上喝的牛奶来之不易，要经过许多劳动者的手，经过多道工序才能拿到他们的手中。通过看录像，学生了解到有许许多多的劳动者为了他们，体会到劳动者的辛苦，对为他们付出艰辛的劳动者们表达了由衷的谢意，还激发了他们为别人服务的想法。

　　在社会人力资源中对学生思想道德形成影响作用最大的是家长和社区名人能人。

　　（1）家长。开发利用家长资源就是要使家长对学生德育的影响作用得到最大限度的发挥。首先，要对家长进行家庭知识的教育，提高家庭教育质量。家长参与学生德育的程度和家长学历、文化程度、工作性质、年龄、性别等都有一定关系，其中最重要的因素是家长的文化程度。家长的文化程度越低，忽视德育的家长就越多。要教育家长学习心理学的知识，了解孩子心理活动的规律；学习生理学知识，了解孩子的营养、保健、生长规律等情况；要学习教育知识，掌握教育原则，懂得教育方法、方式，等等。许多资料表明，平时家长重视学习文化知识，孩子在家庭中就能受到良好影响和教育。同时，也要教育家长严格要求自己，注意树立良好的道德形象，如热爱劳动、自强自立、勤俭持家、艰苦朴素、尊重老人、尊重子女、邻里和睦，家长以身作则，慎重从事，努力规范自己的行为，用自身的优良品质去陶冶孩子，使他们能成为正直诚实、品德高尚、勤劳好学的人。

其次，重视家长特长资源的开发利用。家长中不少人具有各种特长与才能，可以根据教育需要，请他们来学校讲课或表演。如有的家长擅长音乐，可以聘请他们做学校文艺活动的顾问或指导；有的家长是技术高超的工匠，可以聘请他们给学生讲解建筑知识；有的家长是模范人物，可以聘请他们做校外辅导员或请他们做报告；有的家长是摄影师，可以聘请他们建立校外兴趣小组，等等。家长特长资源的开发，一方面可以使家长参与到学校日常工作中扩大学校教育资源，另一方面也可以增强家长在孩子心目中的榜样的力量。

案例：开发利用家长特长资源①

例如在讲授初二法律常识时，一位教师开展模拟法庭活

---

① 董曼莉：《中学思想政治（品德）课程资源整合与实践对策研究》，河北师范大学硕士学位论文，2008 年，第 28—29 页。

动。模拟法庭中的"审判长"、"审判员"、"书记员"、"公诉人"、"被告人"、"法警"均由学生担任。因为在活动过程中需要大量的专业知识，因此教师请来在公检法工作的家长进行专业指导。学生与家长通过讨论案情、制作相关法律文书、主持庭审、在庭上陈述、举证、质证、辩论、评议、宣判等过程，实务操作的能力得到了切实提高，并训练了司法速记、司法口才、司法文书写作等基本专业技能。通过活动充分调动了学生和家长的积极性、主动性和参与性，尤其是最大限度调动了学生的主体意识，变"要他学"为"我要学"，刺激了其学习兴趣，发挥了其聪明才智和个性能力，培养了其综合素质，同时也加强了学生与家长的沟通。

最后，重视家长管理能力资源的开发。"家长参与"学校教育当今国际教育发展的主要趋势。在我国"家长参与"仅仅限于家长会、家长学校、社区教育委员会等形式，"家长参与"的程度也仅限于家长参与学校的一些日常活动。对于家长来说，家长参与学校管理是更为重要的家长资源发挥效能的方式之一。家长参与学校管理就是邀请家长参与到学校日常管理、甚至学校教育决策中来，例如：邀请家长共同制定孩子的个性培养计划，邀请家长参与制定学校教育计划等。家长参与学校管理一方面可以使学校教育面向社会办学，另一方面可以使家长更加清晰地掌握学生的思想状况，并及时作出相应调整，使家长和学校共同为学生思想道德发展负责。

（2）社区名人能人的榜样示范、引导和激励作用。苏霍姆林斯基说过，"品德基础的建立不是靠长篇大论的说教，而是用榜样的力量一天天铺砌起来的"，用榜样的力量来激励学生是学校德育常用而有效的方法之一，榜样的力量是无穷的。"处于这个敏感时期的孩子，如果鼓励他们学习好的榜样，效仿榜样的行为，那么他们的不良行为就会在不知不觉中消失"。[①] 可以将社区名人能人请进学校作讲演、报告、座谈或者聘请他们做校外辅导员。例如，为了宣传保护自然环境、野生动物的知识，可邀请有名的环保志愿者作现场演讲；为了培育学生坚持正义、无私奉献、艰苦奋斗的精神，可邀请当地英模、劳模来讲述其感人事迹。同时，社区中还有许多离、退休老同志，他们绝大多数德高望重、经验丰富，本身就是一种很好的榜样，是培养教育青少年的一支重要依靠力量。将这些离退休老同志组织起来，成立以他们为主的"关心下一代协会"，可以发挥老同志的余热，造福后代，协助学校开展教育活动，指导学生的校外生活，对学生开展爱国主义和革命传统教育。

2. 景观资源方面

景观资源实际上起到的是环境育人作用。自然景观、人文景观、名胜古迹、建设成就等能使学生感受美，理解美，提高识别美丑的能力，对其思想品德产生潜移默化的影响，从而使其能够自觉调节和控制自身的行为举止。

（1）自然资源的开发利用

自然景观如山川河流、花草树木、森林等风景名胜是自然资源的重要组成部分。孔子是一位提倡游览育人的教育家，也是旅游修养的身体力行者。他说，"知者乐水，仁者乐山"。（《论语·雍也》）。这是说山水审美愉悦同道德修养、人格升华有密切联系，这也是最早提出的山水游览塑造人格、培养道德的思想。他曾率学生周游列国，在许多名山大川中辗转，领略自然风光，寄寓情志，抒发自己的怀抱。他们在游览中，"比德"、"观礼"、"托物言志"，这些活动带有浓厚的移情色彩，具有熏陶身心、净化性格的作用。在大自然中塑造人格、净化人格的思想被后人所继承，成为人们修养理想人格的重要内容和途径。自然景观提供了生动而直接

---

① 刘慧：《生命德育论》，人民教育出版社 2005 年版。

的教学材料，构成了环境育人和生态育人的重要物质基础。那寥廓的苍穹，奔腾不息的江河，繁密茂盛的林木，高山、大海，旭日、彩云，淡雅与浓丽，朦胧与开朗，低回与崇高，幽深与旷远……万千气象浑然一体，对学生来说，可以精神愉悦，得到美的享受；可以开阔胸襟，陶冶性情；可以唤起对生活的热情，激发对人生、对祖国山水的热爱；可以开阔视野，启迪艺术的创造……实践证明，景观资源以其优美的环境而为学生所喜爱，所以能够取得良好的环境育人的实际效果。

自然景观对思想道德的形成与发展确有潜移默化的影响。但是投入自然的怀抱，不一定就能发现、感受和欣赏自然美。在开发利用自然景观资源对学生进行德育的过程中，要注意以下几点：

第一，重视自然景观形态美资源的挖掘。形态美是自然景观美感的首要因素。形态美包括色彩美、动态美和听觉美等方面。色彩是构成客观世界美的最普遍因素，是最易于被人直观、感受的美，太阳的火红，天空的蔚蓝，草原的碧绿，稻麦的金黄，棉堆的雪白，煤层的乌黑，鲜花的万紫千红……无一不给人以美的享受。自然景观的动态美主要是由流水、波涛、飞瀑、溪泉、烟岚、云雾以及树木花朵的摆动和摇曳等呈现的。清泉叮咚、惊涛拍岸、百鸟鸣唱、飞瀑落潭、寂夜虫鸣、北风呼啸、林涛怒吼等，以其不同的声响表现出了自然景观的听觉美。在欣赏自然景观时，要教育学生注意从色彩方面进行观察，从动态方面进行体验，从听觉方面进行聆听，仔细感受自然景观从形态方面给学生带来的震撼。

第二，重视自然景观形式美资源的开发。形式美在景观美因素中更具有决定性意义，因为自然景物总是以它的感性形式直接唤起人们的美感，给人以强烈的印象。自然景观的形式包括对称、对比、比例、均衡、节奏、多样统一等，这些因素都是欣赏美时所要运用到的一些欣赏技巧。因此，可以聘请专家进行专门知识讲座，也可以在美术课程当中注意加强在这方面的训练，培养他们的审美技巧，给他们以知识的陶冶，努力提高他们的文化艺术素质。他们获得的技巧、知识愈多，愈全面，发现和感受自然美的能力也就提高得愈快。

第三，教育学生善于对自然景观展开丰富的联想和想象。自然景观之所以美，正是由于人们以自然形象，或者说以自然物所固有的某些特征为基础，突破时间和空间的限制，进行联想和想象的结果，联想和想象使自然景观获得了生命力。在欣赏自然景观时，要教育学生展开丰富的想象力，对自然景观进行丰富的联想，使自然界中那些美好的形象充满人的情感，变得更加绚丽多姿，从而加强他们的审美体验。

案例：开发利用自然景观资源①

江苏宿迁的一位教师"曾带学生去宿豫区的皂河镇参观，有人曾这样打比方：烟波浩渺的骆马湖仿佛一只巨大无比的河蚌，静静地躺在广袤的苏北平原上，皂河这座古老的小镇临湖而卧，犹如这只巨蚌孕育的一粒晶亮珍珠，浸润着骆马湖涌动不息的清纯之水，濡染着古运河悠久的璀璨的文明，这粒珍珠在尘世的风雨沧桑中无言地沐浴了几百年，却鲜亮不减，而愈加灵秀可人。

在这里同学们看到了运河航线交通的繁忙，在美丽的骆马湖边，我与同学们一起深情地歌唱：'清清的骆马湖啊，一望无穷，站在那湖岸上，从西望不到东。秋水养肥虾和蟹，碧波怀抱菱和藕，丰收的渔歌一声声唱到我心中。无穷无尽万顷爱，我的故乡情总是这样浓，无穷无尽水连着天，盼你明天更加繁荣……'歌声表达了同学们对家乡这片土地的挚爱。我们还游览了国家级文物重点保护单位——安澜龙王庙，'安澜'，是安澜息波，消除水患之意，其主建筑仿照北京故宫式样，重檐斗拱，布局对称，古典端

---

① 贺广明：《充分利用乡土资源培育学生的思想政治涵养》，《牡丹江大学学报》2011 年第 11 期。

庄，气派不凡。同学们在参观过程中感受到了一代名君乾隆当时体察百姓的疾苦之切，根治水患的决心之大。思昔抚今，同学们感慨万分：共产党人更应立党为公，执政为民。同学们还参观了陈家大院、财神庙、道生碱店，品尝了地地道道的乾隆贡酥，为家乡悠久的文明、丰富的物产而骄傲和自豪"。

（2）建设成就

中国的建设成就是最为鲜活有力的思想道德教材，故宫、天安门、长江大桥、京九铁路、雄伟的大厦、美丽的公园、宽敞的街道、崭新的工厂……无不彰显劳动人民的伟大智慧，它们是对学生进行辩证唯物主义教育的良好资源，尤其是改革开放（特别是十四届三中全会以来）所带来的巨大成就更是对学生进行理想信念教育的活教材。改革开放以来，我国国民经济持续快速健康发展，社会主义民主政治和精神文明建设成效显著，国防和军队建设迈出新步伐，人民生活总体上达到小康水平，对外工作开创新局面，党的建设全面加强……我国的各个领域、各个方面都发生了翻天覆地的变化，人民生活水平得到极大提高，到处呈现出一派欣欣向荣的景象。

第一，利用改革开放以来的伟大成就对学生进行爱党爱国教育。

改革开放以来，中国的各方面建设都取得了重大的历史性成就。十六大报告指出："2001年，我国国内生产总值达到95933亿元，比1989年增长近两倍，年均增长9.3%，经济总量已居世界第六位。人民生活总体上实现了由温饱到小康的历史性跨越。人们公认，这十三年是我国综合国力大幅度跃升、人民得到实惠最多的时期，是我国社会长期保持安定团结、政通人和的时期，是我国国际影响显著扩大、民族凝聚力极大增强的时期。"毋庸置疑，这些成绩的取得，都是中国共产党领导全国各族人民为建设有中国特色社会主义共同理想奋斗的结果。在具体教学当中，可以把改革开放带来的巨大变化作为一本活生生的教材展现给学生，可以采取聘请专家教授作经济发展形势报告、组织学生到大型现代企业参观、举办纪念党的生日征文等活动，让学生切实感受到改革开放带来的新气象、新形势，领悟到这些成绩的取得是党的英明领导的结果，从而坚定对党的领导的信赖和对党的热爱。

案例：开发利用建设成就资源①

江苏宿迁是闻名全国的"杨树之乡"、"水产之乡"、"花卉之乡"、"蚕茧之乡"、"名酒之乡"、"玻璃之乡"。回望过去，20世纪80年代，宿迁的"耿车模式"作为中国不发达农业地区发展乡镇企业的一种模式，响彻大江南北，与"温州模式"、"泉州模式"、"苏南模式"并称中国区域经济发展的样板。现在宿迁是江苏省唯一综合改革试点市，是引领科学发展的改革重镇。宿迁的一位教师"曾要求学生在节假日、星期天去感受一下家乡热火朝天的建设和只争朝夕的发展，学生参观后，感慨颇深。沭阳县的一位同学，在参观完家乡的一些民办学校之后，立志勤奋苦读，将来像张謇那样在家乡立志办学，造福桑梓。宿城区的一位同学在参观完洋河酒厂之后，希望自己将来能做一名酒文化的使者，要让洋河美酒名扬四海，香飘万里。湖滨新城的一位同学在参观完骆马湖畔的生态旅游产业园、高等职业教育园、高新技术产业园、现代农业产业园、体育休闲产业园、嶂山森林园之后，深感家乡发展前景之广，发展潜力之大，要发奋努力，将来用自己火一般的青春来点缀这座美丽的新城"。

---

① 贺广明：《充分利用乡土资源培育学生的思想政治涵养》，《牡丹江大学学报》2011年第11期。

　　第二，利用改革开放以来的伟大成就对学生进行坚定社会主义信念教育。

　　党的十七大报告指出："一九七八年，我们党召开具有重大历史意义的十一届三中全会，开启了改革开放历史新时期。从那时以来，中国共产党人和中国人民以一往无前的进取精神和波澜壮阔的创新实践，谱写了中华民族自强不息、顽强奋进新的壮丽史诗，中国人民的面貌、社会主义中国的面貌、中国共产党的面貌发生了历史性变化……事实雄辩地证明，改革开放是决定当代中国命运的关键抉择，是发展中国特色社会主义、实现中华民族伟大复兴的必由之路；只有社会主义才能救中国，只有改革开放才能发展中国、发展社会主义、发展马克思主义……改革开放以来我们取得一切成绩和进步的根本原因，归结起来就是：开辟了中国特色社会主义道路，形成了中国特色社会主义理论体系。高举中国特色社会主义伟大旗帜，最根本的就是要坚持这条道路和这个理论体系。"正是因为我们党始终坚持建设有中国特色社会主义道路不动摇，始终坚持社会主义方向不动摇，所以才在国际风云变幻的今天，中国取得了举世瞩目的成就。在建设成就资源的开发利用中，教师可以采用比较、案例分析、图片展示、多媒体辅助等教学方法，向学生分析中国巨大成就取得的原因，也可以通过聘请专家、实地考察、观看展览等方式加深学生对改革开放成就的印象，从而使学生坚定对社会主义的信念，坚定对马克思主义的信仰，坚定对建设有中国特色社会主义的信心。

　　（3）社会精神文化资源

　　精神文化是人类的精神生活过程和精神生产的观念形态的成果。按照恩斯特·卡西尔的观点，人的活动与一切动物活动的重要区别之一，正在于人的活动总是发生在符号空间，即符号化的人类文化空间，而在这种特有的文化空间中，人必然是受其感染、熏陶而内化的人。对于学生来说，他们是在作为隐性课程的社会文化和道德环境中生活，必然受到社会文化的影响和作用，并在不知不觉中进行着文化心理积淀，形成个人文化，进而潜在地支配着他们的行为，影响着他们的道德判断、道德选择和道德评价。要开发社会精神文化中的积极因素，要用有序代替无序，用安宁代替急躁，用高雅代替平庸，用健康代替粗野，要充分认识到精神文化资源对学生思想道德的制约和影响作用。

社会精神文化资源主要表现为社会的道德风尚资源。这种道德风尚既包括中国几千年以来流传下来的优良道德传统，也包含目前社会上所倡导的道德风尚。道德风尚实际上也是一种隐性课程，对学生德育存在潜移默化的影响。见义勇为，拾金不昧，艰苦奋斗、勤俭节约，团结互助，国家兴亡，匹夫有责……都会成为学生德育的潜在资源。社会道德风尚的核心是社会价值观念。社会价值观念是为社会所认同的理性价值判断，是人们应该共同遵循的价值思维模式，是社会规范的核心内容，它决定着德育的内容、方式和方向，在学生德育中起着关键作用。实际上，学生德育任务的实质就是使学生树立正确的社会价值观念，使他们的言行符合社会规范。

社会主义市场经济的建立，既为社会主义道德注入了新的内容，同时也给学校德育带来了极大挑战。学生由于缺乏社会生活经验，对社会的复杂性缺乏切身感受，对许多问题的看法很容易偏激，甚至容易接受社会上错误价值观念的引导，如"以自我为中心"、"一切向钱看"等。因此，对于学校德育来说，一方面要用正确的社会价值观念教育学生，如集体主义观念、合理利己与义利统一观念、既讲竞争和效率又讲共同富裕的观念、以劳动作为价值标准的观念、个性自由而全面发展的观念，等等；另一方面，在方法上不能采取简单说教、硬性灌输的方法，而要晓之以理，动之以情，不仅要使他们知其然，而且还要使他们知其所以然，通过对现在社会上不同价值观的比较，引导他们追求正确的价值观念，激发他们追求上进的热情，使社会正确的价值观念转化为他们自己的理想和信念。在新的历史条件下，要教育学生"做一个高尚的人、

一个纯粹的人、一个有道德的人、一个脱离了低级趣味的人、一个有益于人民的人".①

当然,目前社会上也存在各种社会问题,如环境恶化、人口极度膨胀、青少年犯罪、自杀、吸毒等,这些都是影响社会前进的负面因素。社会需要学生对这些问题有一定了解,成为消除这些问题的积极因素,从而促使环保教育、人口教育、法制教育、心理健康教育、禁毒教育等内容作为资源被开发并整合进学校的德育中来。如美国的禁毒教育。美国是当今受毒品危害最为严重的国家,其青少年吸毒现象越来越普遍,社会非常需要教育对此做出回应。为此,从维护青少年健康成长和社会的和谐与发展出发,美国许多中小学校充分开发禁毒教育资源,甚至还编写了专门教材,对学生进行有关毒品方面的教育。

总而言之,社会德育资源的有效开发和利用,与教师的高度重视、社会的大力支持、社区成员的积极参与是分不开的。为此,必须建立社会德育资源开发的有效机制,确立德育社会化建设的总目标。即在改革开放的社会大环境中,有目的、有计划、有组织、综合而有效地运用影响学生身心发展的各种社会因素,变单一的管理为以德育管理体制和社会教育为纽带,将社会和家庭教育同学校教育紧密结合起来,扩展学校德育管理的时空范围,控制、优化社会德育环境,形成有利于学生健康成长的社会德育一体化新格局。

(四) 传媒与网络资源

1. 传媒资源

可以适时的利用传媒对学生进行爱国主义、民族传统、良好道

---

① 《毛泽东选集》,人民出版社1964年版,第621页。

德教育等。在传媒中，有许多优秀作品是非常难得的德育资源，名人艰苦奋斗的成长足迹、榜样的光辉事迹、海外赤子的拳拳爱国情、平凡人物的不平凡故事、壮丽的祖国山河……都是可以很好利用的德育资源。因为传媒具有生动、形象、图文并茂的特点，因此，教育效果更为良好。

学校也可以引进媒体课程，增强学生在现代社会的价值判断能力。媒体课程是指给学生传授有关广播、影视、报刊、国际互联网等大众传媒的特性及其产品的美学欣赏和社会评析等知识，目的是增强学生对传媒信息的辨别能力、过渡能力和抗干扰能力，学会合理有效地学习和使用媒体。在国外，媒体教育主要是确立学科地位，研究传媒知识技术；欣赏和辨析媒体产品；组织讨论，培养批判思维。学生正处在道德品质形成时期，也是社会化的基础时期，他们可塑性强，而理性思维较差，极易受大众传媒思想观念的影响，因此当他们兴致勃勃地沉迷于信息海洋中时，重视媒体教育是十分必要的，这是学校教育必须充实的新内容，它可以增强孩子们在信息海洋中免溺的自我把握能力。应当说，媒体教育为置身于信息时代的学校德育开辟了一条新的有效途径。

目前，一些影视文艺作品也是中学德育课程资源的一个重要途径。影视文艺课程资源包括电影、电视剧、纪录片、科教片、小品、歌曲等都是很有价值的德育课程资源，这些资源的内容形式丰富多彩，领域涵盖量广，教师可以根据教学的需要选择适合的影视文艺作品，在中学德育课堂上播放影视资料可以吸引学生的注意力、激发学生的学习兴趣、开拓学生学习的思维，可以让学生在娱乐中进行学习。影视作品离学生的现实生活和兴趣爱好较近，是学生平常生活中较熟悉的事物，如果让它融入中学德育教学中能够对教学起到很好的推波助澜的作用。在欣赏影视作品的同时，还可以拓宽学生的兴趣范围，提高其对影视文艺作品的鉴赏水平。教师可以选用一些经典的作品用于课堂教学，让学生在学习的同时也能够对祖国的传统文化进行了解，提高其爱国主义和人文主义的思想情操，融入个性化的教学。如一些经历千锤百炼的优秀影片蕴含着高超的艺术性和深刻的文化内涵，合理利用这些作品特有的优势辅助教学，无疑是对课程资源的有益补充。①

从教育心理学角度来看，影视作品是另一种类型的先行组织者，不但能激起学生的学习兴趣，还能在教学过程中拓宽学生的知识面。例如重庆某中学一位德育老师就用了电影《阿甘正传》这部影片来引导学生进入课堂：

案例：开发利用传媒资源②

老师："《阿甘正传》这部影片让你们印象最深的是什么？"（老师点了几个学生回答）

学生甲："阿甘傻乎乎的样子让人忍俊不禁，他说的话看似很普通，但却蕴含着很深的哲理。"

学生乙："欣赏阿甘的坚持，他虽然智商不高，是大家公认的智障儿童，但他的努力刻苦和坚持不懈让他最后获得了成功，这种坚持恰恰是一般人做不到的。"

学生丙："他对爱情的始终如一、专情，对自己爱人的关心和怜惜，让人感动。"

学生丁："他做任何事都是有始有终，跑步能坚持把大半个地球跑完，打乒乓球能坚持练习最后和职业选手对决，到后来成为富商都跟他的坚持不懈分不开，这些都是他成功的原因，让一直不看好他的人都非常惊讶，其实道理很简单，很多

---

① 何芳、吴艳玲、樊莹：《初中课程资源开发和利用的实践智慧（课程资源与课程管理丛书，吴刚平主编）》，高等教育出版社2004年版。

② 赵乃麟：《多元文化背景下中学德育课程资源的开发与利用》，西南师范大学硕士学位论文，2011年，第28—29页。

常人不愿意花时间、坚持的事情，他都一一认真对待，十年如一日，让他这样智商不高的人都能做到常人不能达到的成功。"

老师："看来大家都很赞同阿甘对待人生的态度，也欣赏他做事的态度，他的成功是必然的，我想问问在座的各位，你们当中有谁具备阿甘那样的坚持，为了做好一件事不惧怕任何困难。（教室很安静，没有学生回答老师的提问，低着头思考，老师接着说）我相信你们当中没有谁的智商会像阿甘那样，你们都是正常的孩子，比阿甘要聪明很多，但你们现在的成绩和阿甘是一样的吗？（仍然没有人回应）你们还记得阿甘那段关于'巧克力人生'的自白吗？"

学生戊："Life was like a box of chocolates, you never know what you are gonna get."

老师："阿甘精神值得我们学习，他坚持他的理想和信念，给现在这个浮躁的社会带来了一些平静，让我们去思考阿甘的人生态度……"

具体在教学中，教师可将自己搜集到的素材，结合教学内容制成课件，利用媒体声、形、光、色的优势，在教学中以润物细无声的方式来培养学生的德性。例如：在学习"只有社会主义才能救中国"（初三思想政治教育教材内容）一节时，为了帮助学生理解新民主主义的革命道路，教师可以使用电脑制作抗日战争及解放军战士在南京总统府升起鲜艳红旗以及开国大典上毛泽东庄严宣告"中华人民共和国中央人民政府成立了"的画面。伴随着雄壮的《国歌》旋律，一幕幕抗日战争及解放军战士英勇奋战的悲壮场景，定格在学生心灵深处，学生的爱国情感油然而生，学生的整个心灵受到震撼，情感体验被推向高潮，从而收到良好的教学效果。

总之，要积极利用传媒优势加大宣传德育力度，各级政府和部门要高度重视这项工作，文化、宣传部门要严把传媒关口，监督文化市场，避免不良影响，把传媒的商业职能和教育职能分开，保证传媒教育职能的正常发挥。要根据青少年特点，广泛宣传昂扬向上的进步思想，抵制各种腐朽思想的侵蚀和影响，用高尚的精神和优秀的作品鼓舞教育学生。

2. 网络资源

现代信息技术的发展正在突破时空限制，使得德育资源的广泛交流与共享成为可能。充分利用网络开展学生德育工作，无疑是新时期学校德育的又一大隐性资源，是顺应当今信息化社会的需要，对扩大思想工作覆盖面，进一步增强学生思想道德工作的主动性和实效性具有极其重要的作用。教师要学会使用与开发网络资源，利用丰富的课程资源来服务于教育教学，同时要建立各种网站、资源库以支持优质资源的共享。充分开发利用这一资源，就要做到：

首先，要注意网络资源的导向性。《中共中央关于加强和改进思想政治工作的若干意见》明确指出："新的历史时期，思想领域的矛盾和斗争错综复杂，有时还表现得相当激烈。思想领域的阵地马克思主义不去占领，非马克思主义反马克思主义东西必然会去占领。"这句话深刻地告诉我们：必须充分认识利用网络开展德育工作的重要性，并注意信息传播的导向性。江泽民同志说："要以科学的理论武装人，以正确的舆论引导人，以高尚的精神塑造人，以优秀的作品鼓舞人。"这无疑也是对充分开发利用网络资源提出的导向性要求，要让大量具有良好教育功能的社会主义信息围绕在学生周围，保证网络媒体信息主流积极向上，在潜移默化中培养良好的道德品质。

其次，要积极开发利用网络信息资源。网络具有快捷、生动、便利和开放等特点，要利用这些优势，主动出击，开辟网上德育阵地，搭建德育平台，唱响网上主旋律。网络资源的开发与利用有以下几种形式：第一，积极推进网上工程。办好网上课堂和开展网上服务，如建立喜闻乐见的学生自己的网站，将学生的兴趣吸引到课外科技活动上，吸引到繁荣校园文化上；也可以建立红色网站，制作德育网页，用积极向上的主流文化建设网站，使网站成为宣传社会主义道德的阵地。第二，利用校园 BBS 了解学生最新的思想动态。校长、教师，每天上午上班时最好首先了解前一天学生在网站上的思想动态，以便掌握学生讨论的热点问题，为学校德育工作的正确实施提供及时有效的依据。通过网络各种宣传形式可以渗透德育，灌输社会主义道德思想，提高学生思想道德素质，增强抵制网络不良信息侵袭的自觉性。第三，建立网络课程资源库，资源库的知识应以超链接的方式进行组织，提供多样的途径、多样的信息检索方式和多样的导航方式。具体来说，网络资源库有以下一些类别：国家课程资源网（库）、地方教育课程资源网（库）、学校课程资源网（库）、学科课程资源网（库）、新课程资源网（库）、教师课程资源网（库）、不同学段课程资源网（库）、远程教育资源库等。已经开发出来可供使用的有：国家教师教育课程资源网、新课程资源网、国家现代远程教育资源网、k12 教育资源库、zdsoft. net 新课程资源库、思想者园地、政治教与学资源网、中国思想政治教学网等。要注意的是，开发信息资源要注重实效性，在扩大覆盖面和增强影响力上下工夫，形成资源优势和网上优势的有效结合。

再次，培养教师成为网络德育的指导者。教师要着力提高自己的科技素质，不仅具有坚定的理想信念和丰富的德育观念知识，而且还要具有运用现代信息技术等科技手段和有效实施思想政治教育的能力。教师要加速"充电"，当好"舵手"，引导学生查找和利用有益的信息。同时教师也要积极参与到网络中去，主动建立自己的网页，及时关注并掌握学生思想动态，随时开展德育工作，把网络开辟成德育工作的新阵地。

再次，要建立一支具备网络管理经验能力和德育思维的高素质的网络管理队伍。网络德育工作比较复杂，涉及多方面的知识和技能，无论是指导思想的摸索、制定、贯彻，还是信息系统的建立、维护、改善，都需要培养一批既懂德育工作，又懂网络技术的高级专业管理人员。要使每位网络管理者既是学生思想教育工作者，也是信息收集发布的传播者。

最后，要发挥学生参与的热情，扩大学生的参与面，教师还要鼓励学生学会合理选择和有效利用网络资源，提高学生处理信息的能力。建立一支思想素质优良、学习优异、业务水平精湛的、由学生组成的网上信息员队伍，占领网上德育阵地，有力保证网上德育工作的顺利开展。

案例：开发利用网络资源[①]

如在讲"树立正确的消费观"这一节时，由于消费是学生们既有经历又有感受的特别熟悉的话题，并且每个人的消费观不一样，这样在讨论交流中能够发生思维的碰撞。所以，笔者决定选择学生比较感兴趣的话题，从学生的生活入手结合网络来进行探究。课前将学生分成四个小组，根据教材内容设计四个探究：1. 中秋前夕枣庄时代超市正在大搞促销活动，组织学生去时代超市调查顾客的消费行为、消费观念；2. 到我校餐厅拍摄反映中学生浪费的图片；3. 上网收集有关"保护环境、绿色消费"的典型案例；4. 上网收集有关古今中外勤俭节约，艰苦奋斗的故事等。教师提前利用周末时间就把任务布置给他们，让他们自主学习教材内容，然后通过调查、利用网络等各种资源收集资料。事实证明，学生的力量是巨大的，学生的智慧是无穷的。他们收集了丰富的资料，其中不乏典型意义的事例，比如：在调查时，学生列表统计了调查人数、参

① 郭庆娟：《论高中思想政治课教师资源的开发》，山东师范大学教育硕士学位论文，2010 年。

与购买、买到实惠、买了后悔、什么没买人数，并且进行了分析；台湾首富王永庆为灾区捐款事例以及中秋月饼过度包装等。课前的探究活动，不仅引起了学生的学习兴趣，而且有利于调动学生充分动眼、动嘴、动手、动脑，发挥学生学习积极性、主动性，使学生真正成为学习的主人。

结　　语

党的十七大报告指出："要全面贯彻党的教育方针，坚持育人为本、德育为先，实施素质教育，提高教育现代化水平，培养德智体美全面发展的社会主义建设者和接班人，办好人民满意的教育。"为落实十七大精神，《国家中长期教育改革和发展规划纲要（2010—2020年)》指出："百年大计，教育为本。教育是民族振兴、社会进步的基石，是提高国民素质、促进人的全面发展的根本途径，寄托着亿万家庭对美好生活的期盼。强国必先强教。优先发展教育、提高教育现代化水平，对实现全面建设小康社会奋斗目标、建设富强民主文明和谐的社会主义现代化国家具有决定性意义……战略主题。坚持以人为本、全面实施素质教育是教育改革发展的战略主题，是贯彻党的教育方针的时代要求，其核心是解决好培养什么人、怎样培养人的重大问题，重点是面向全体学生、促进学生全面发展，着力提高学生服务国家服务人民的社会责任感、勇于探索的创新精神和善于解决问题的实践能力。"德育在整个国家已被提高到了关系"民族振兴、社会进步"的地位，这是德育的"春天"，也是德育的责任。

实现这一目标可谓任重道远。这一目标的实现需要从宏观上去把握，也需要从微观上去着手。德育资源问题可谓应运而生，它是德育理论和实践必须直面的前沿性课题，也是德育理论研究和行为实践研究关涉的重要领域。德育资源的研究是适应国际国内环境以及当前学科理论建设需要等现实问题而提出来的，因而具有深刻的客观依据。德育资源论通过对客观存在的德育资源现象进行理性思考，能够对德育行为实践活动中的诸种问题提供现实观照。无疑，这一研究将对新时期的德育理论建设和实践创新具有极大的促进作用。

德育资源问题是德育与哲学互融、借鉴的学科交叉性问题。深层次讲，德育资源是作为德育哲学的一个分支提出的，德育资源问题的探索也是德育哲学问题的探索，从深层次观照德育资源问题避免了德育资源研究的肤浅和片面。一方面，我们需要运用哲学精神、哲学方法对客观存在的德育资源现象进行理性批判，以提升德育资源理论的深度和厚度。另一方面，为了适应哲学思维方式的这种诉求，德育资源问题的思考自身也需要不断进行深层次的理论追问，融宏大的历史视野与深沉的时代情怀于一身，不断加深自身理论思考的境界和水平。这是一个问题的两方面。也就是说，从德育与哲学相结合的角度出发，对德育资源进行理性分析，对德育资源的开发利用和配置提出积极的对策建议，以助益于切实解决实际问题；通过历史和逻辑相统一的方法对德育资源构成的历史和现实的梳理，构建德育资源构成的历史和现实轮廓；通过宏观研究和微观分析相结合的方法研究德育资源的开发利用和配置。因此，通过对客观存在的德育资源进行理论沉思，为德育学科的繁荣和德育实践的发展提供一种超越路径。

当前，德育资源的研究有一些问题需要重点突破。虽然德育资源问题的对于德育理论和德育实践来说，是一个新课题，需要一些创新尝试。但是有关德育资源一些基本理论问题的研究，涉及比较广阔的领域。它应该包括德育资源概念的界定、德育资源的特征、德育资源的构成以及德育资源的价值等方面。学者们对这些问题进行了不同程度的研究和探讨，提出了一系列的思想观点。但是，考虑人们关于德育资源认识和运用的现状，德育资源研究应重点关注德育资源配置中的政府角色以及德育资源开发与利用中的教师角色，这是关键问题。具体说来：

　　在德育资源的配置中，政府是德育资源配置的主导力量。德育资源配置是德育资源问题关涉的首要问题。近代以来，政府广泛而深入地对教育进行资源配置已经成为不争的事实。政府不仅大量创办公办学校，投入大量财力，而且还以法律的形式保障教育经费的投入，在各国教育法中都明确表明教育投入要达到国民生产总值的百分比。政府配置教育资源（包括德育资源）而非完全由市场来决定，其中有着深刻的原因。政府配置德育资源首先源于德育具有准公共产品的性质，其次源于德育是国家长治久安的重要保障，最后源于德育通过形成"社会主流意识形态"，可以降低社会的交易成本。政府配置德育资源主要通过财政手段、法律手段和计划手段三种方式。目前政府在配置德育资源过程中存在着错位、越位和缺位现象，走出政府配置德育资源的失灵主要从以下几方面入手：明晰政府在德育资源配置中的角色定位、确保教育财政投入的充足与公平、构建德育资源配置的法律体系以及完善德育资源配置的计划体系。当然，德育资源配置也需要政府与市场有效的结合，政府需要引入市场机制配置德育资源，也要私人部门合作供给，实现公共选择机制和市场机制共同发挥作用。因此，在德育资源的配置中，政府要充分发挥德育资源配置的主导地位和作用。

　　在德育资源的开发好而利用中，教师是德育资源开发与利用的主导力量。这是一个容易被教师自身、研究者、社会等人群忽视的重要问题。教师对德育资源的认识程度、对德育资源开发与利用的兴趣、教师自身的专业水平和开发利用德育资源的能力以及教师的参与意识与合作精神等都决定着对德育资源开发利用的广度和深度。对于教师自身而言，德育资源的开发利用也是德育教师专业化成长的理想路径。教师专业化成长是一个动态的发展过程，贯穿于教师的整个职业生涯。德育资源的开发利用过程，就是德育教师专业不断成长的过程，开发利用程度和范围的大小，将决定教师专业发展的程度和水平；可以开发利用的德育资源的无限性，决定了教师的专业发展也是无止境的。德育资源的开发利用可以促进教师教育理念的更新，可以促进教师知识结构更新与优化，可以促进教师专业能力的提升。当前教师在德育资源开发利用中存在着主体意识淡薄、开发意识淡薄以及开发利用方法不当，资源整合方式较弱等问题，因此，要着力提升教师对德育资源价值的认识，提高教师的德育资源开发利用意识以及提高教师德育资源开发利用的能力。

杜威曾说："教育并不是一种'告诉和被告知的事情，而是一个主动和建设性的过程'。"由此可见，受教育者主动组织活动，追寻其意义和价值是实现学生主体发展的有效途径。我们相信，通过对客观存在的德育资源现象进行理性思考，对德育行为实践活动中的诸种德育资源及其如何开发和利用等问题提供现实观照，一定能够为学生的德性成长，为社会的道德文明建设注入持久的发展动力。①

---

① 杜威：《民主主义与教育》，人民教育出版社1999年版，第42页。

参考文献

经典著作类

[1]《马克思恩格斯选集》(第1—4卷),人民出版社出版1995年版。

[2]《列宁选集》(第1卷),人民出版社1997年版。

[3]《列宁论教育》,人民出版社1992年版。

[4]《毛泽东.毛泽东著作选读》,人民出版社1986年版。

[5]《邓小平文选》(第三卷),人民出版社1993年版。

[6]《毛泽东邓小平江泽民论世界观人生观价值观》,人民出版社1997年版。

[7]中共中央文献研究室:《十七大以来重要文献选编》(上、下),中央文献出版社2009年版。

著作类

[8]张澍军:《德育哲学引论》,人民出版社2002年版。

[9]鲁洁、王逢贤:《德育新论》,江苏教育出版社2000年版。

[10]鲁洁:《德育社会学》,福建教育出版社1998年版。

[11]储培君:《德育论》,福建教育出版社1997年版。

[12]陈谷嘉、朱汉民:《中国德育思想研究》,浙江教育出版社1998年版。

[13]张锡生:《中国德育思想史》,江苏教育出版社1993年版。

[14]檀传宝:《学校道德教育原理》,教育科学出版社2000年版。

[15]袁元、郑航:《德育原理》,广东高等教育出版社1998年版。

［16］黄向阳：《德育原理》，华东师范大学出版社 2000 年版。

［17］班华：《现代德育论》，安徽人民出版社 1996 年版。

［18］吴亚林：《德育创新论》，东方出版中心 2001 年版。

［19］孟万金：《协作互动——资源整合的教育力量》，华东师范大学出版社 2004 年版。

［20］冯增俊：《教育人类学》，江苏教育出版社 2001 年版。

［21］钱民辉：《教育社会学》，北京大学出版社 2005 年版。

［22］谢维和：《教育活动的社会学分析》，教育科学出版社 2000 年版。

［23］王善迈：《教育的投入与产出研究》，河北教育出版社 1996 年版。

［24］朱育红：《教育的不平衡研究》，北京师范大学出版社 2000 年版。

［25］桑新民、陈建翔：《教育哲学对话》，河北教育出版社 1999 年版。

［26］鲁洁：《道德教育的当代论域》，人民出版社 2005 年版。

［27］孙彩平：《道德教育的伦理谱系》，人民出版社 2005 年版。

［28］武汉大学思想政治教育系：《比较德育学》，武汉大学出版社 2000 年版。

［29］李伯黍、岑国桢：《道德发展与德育模式》，华东师范大学出版社 1999 年版。

［30］张耀灿、陈万柏：《思想政治教育学原理》，高等教育出版社 2001 年版。

［31］张耀灿：《思想政治教育学前沿》，人民出版社 2006 年版。

［32］陈秉公：《思想政治教育学原理》，辽宁人民出版社 2001 年版。

［33］张澍军：《思想理论教育论稿》，吉林人民出版社 2000 年版。

［34］张耀灿、徐志远：《现代思想政治教育学科论》，湖北人民出版社 2003 年版。

［35］李合亮：《思想政治教育探本》，人民出版社 2007 年版。

［36］王敏：《思想政治教育接受论》，湖北人民出版社 2002 年版。

［37］邵献平：《思想政治教育中介论》，中国社会科学出版社 2007 年版。

［38］万美容：《思想政治教育方法发展研究》，中国社会科学出版社 2007 年版。

［39］王茂胜：《思想政治教育评价论》，中国社会科学出版社 2006 年版。

［40］沈壮海：《思想政治教育有效性研究》，武汉大学出版社 2001 年版。

［41］张耀灿：《现代思想政治教育学科论》，湖北人民出版社2003年版。

［42］王玄武、骆郁廷：《思想政治教育比较研究》，武汉大学出版社2002年版。

［43］万斌、张应杭：《高校思想政治教育新论》，社会科学文献出版社2005年版。

［44］高清海：《高清海哲学文存》（第1—6卷），吉林人民出版社2004年版。

［45］王海明：《伦理学原理》，北京大学出版社2001年版。

［46］卢风：《启蒙之后》，湖南大学出版社2003年版。

［47］金生鈜：《德性与教化》，湖南大学出版社2003年版。

［48］王子平、冯百侠、徐静珍：《资源论》，河北科学技术出版2001年版。

［49］陈石：《资源配置论》，经济科学出版社2006年版。

［50］张文秀：《资源经济学》，四川大学出版社2001年版。

［51］王金营：《人力资本与经济增长——理论与实证》，中国财政经济出版社2001年版。

［52］周绍森、陈东有：《科教兴国论》，山东人民出版社1999年版。

［53］彭补拙、濮励杰、黄贤金：《资源学导论》，东南大学出版社2007年版。

［54］厉以宁：《教育经济学研究》，上海人民出版社1988年版。

［55］邱渊：《教育经济学导论》，人民教育出版社2001年版。

［56］靳希斌：《教育经济学》，人民教育出版社2005年版。

［57］林荣日：《教育经济学》，复旦大学出版社2001年版。

［58］郭志林、韩喜平：《教育经济学论稿》，延边大学出版社2006年版。

［59］李星云：《教育经济学教程》，南京师范大学出版社2005年版。

［60］崔卫国：《教育的经济学分析》，经济科学出版社2003年版。

［61］朱坚强：《教育经济学发凡》，社会科学文献出版社2005年版。

［62］刘芹茂：《现代教育的经济价值》，华中师范大学出版社2000年版。

［63］矢野真和：《高等教育的经济分析与政策》，北京大学出版社2006年版。

［64］盖浙生：《教育财政学》，华东书局印行1986年版。

［65］刘学敏、金建君、李咏涛：《资源经济学》，高等教育出版社 2008 年版。

［66］沈满洪：《资源与环境经济学》，中国环境科学出版社 2007 年版。

［67］周晓唯：《资源市场化配置的法学分析》，中国社会科学出版社 2005 年版。

［68］旷乾：《教育资源配置中的政府与市场：基于中国现状的分析》，广西教育出版社 2007 年版。

汉译著作类

［69］［美］约翰·罗尔斯：《道德哲学史讲义》，上海三联书店 2003 年版。

［70］［美］A. 麦金太尔：《追寻美德》，译林出版社 2003 年版。

［71］［法］涂尔干：《道德教育》，上海人民出版社 2001 年版。

［72］［英］亚当·斯密：《道德情操论》，商务印书馆 1997 年版。

［73］［捷克］夸美纽斯：《大教学论》，教育科学出版社 1999 年版。

［74］［古希腊］亚里士多德：《尼各马科伦理学》，中国社会科学出版社 1980 年版。

［75］［英］塞缪尔·斯迈尔斯：《品格的力量》，北京图书馆出版社 1999 年版。

［76］［英］怀特海：《教育的目的》，三联书店 2002 年版。

［77］［英］克里夫·R. 贝尔菲尔德：《教育经济学》，中国人民大学出版社 2007 年版。

［78］［德］沃尔夫冈·布列钦卡：《教育科学的基本概念：分析、批判和建议》，华师大出版社 2001 年版。

［79］［英］约翰·洛克：《教育漫话》，教育科学出版社 1999 年版。

［80］［奥］茨达齐尔：《教育人类学原理》，教育出版社 2001 年版。

［81］［美］杜威：《道德教育原理》，浙江教育出版社 2003 年版。

［82］［美］托马斯里克纳：《品质教育学校方略》，海南出版社 2001 年版。

［83］［美］R. 尼布尔：《道德的人与不道德的社会》，贵州人民出版社

2009 年版。

［84］［美］科尔伯格：《道德教育的哲学》，浙江教育出版社 2003 年版。

［85］［英］John Lambert：《资源配置》，清华大学出版社 2004 年版。

论文类

［86］蔡辰梅、刘刚：《论德育资源的开发和利用》，《江西教育科研》2006 年第 11 期。

［87］赵冰、朱平：《德育资源及其开发利用》，《安徽理工大学学报》2007 年第 1 期。

［88］王丽敏：《开掘德育资源　增强德育实效》，《教育探索年第》2002 年第 3 期。

［89］杨启亮：《中国传统道德精神与 21 世纪的学校德育》，《教育研究》1999 年第 12 期。

［90］刘惊铎：《体验：道德教育的本体》，《教育研究》2003 年第 2 期。

［91］傅维利：《论区域经济发展的不平衡与欠发达地区的教育抉择》，《教育研究》1995 年第 4 期。

［92］袁爱国：《德育资源的有效利用》，《校长参考》2006 年第 7 期。

［93］吴祺明：《德育资源与道德建设》，《池州师专学报》2001 年第 11 期。

［94］徐士元：《高校校本化德育资源的开发与利用初探》，《学校党建与思想教育》2006 年第 2 期。

［95］郝玉梅：《高校隐性德育资源的开发与建设》，《内蒙古财经学院学报》2006 年第 4 期。

［96］孙丹薇：《论高校德育资源的开发和整合》，《黑龙江教育》2006 年第 1、2 期。

［97］王丽敏：《开掘德育资源　增强德育实效》，《教育探索》2002 年第 3 期。

［98］樊晓红：《开拓德育资源　优化德育手段》，《沧州师专学报》2003 年第 3 期。

［99］华鹏：《试论学校德育资源及其功效》，《重庆师院学报》1997 年第

4 期。

［100］廖太春：《思想品德课程资源的开发》，《江西教育》2004 年第 20 期。

［101］李维春：《德育校本课程资源开发探微》，《四川教育学院学报》2005 年第 9 期。

［102］樊浩：《道德教育的价值起点及其资源性难题》，《教育研究》2003 年第 10 期。

［103］朱正华：《浅谈农村中学德育资源的开发与利用》，《湖南教育》2003 年第 21 期。

［104］许和连、祝树全：《人力资本与经济增长研究进展述评》，《财经理论与实践》2007 年第 1 期。

［105］杨红丽：《上海经济增长影响因素的因子分析》，《改革与战略》2007 年第 8 期。

［106］朱学义：《论智力投资效应》，《煤炭经济研究》2006 年第 11 期。

［107］郑丽琳：《教育投资对经济增长影响程度的区域差异》，《重庆工商大学学报》2006 年第 4 期。

［108］王善迈、杜育红：《我国教育发展不平衡的实证分析》，《教育研究》1998 年第 6 期。

［109］袁杰：《基于经济学视角的教育公平影响因素解析》，《经济理论研究》2006 年第 12 期。

［110］陈丽莉：《历史教育大可发展的德育资源——关于历史教学中的道德情感教育》，《当代青年研究》2002 年第 3 期。

［111］李怀琴：《开发利用地方德育资源开展弘扬和培育民族精神教育》，《思想政治课教学》2004 年第 12 期。

［112］钱强：《挖掘企业德育资源　做好学校德育工作》，《石油教育》1999 年第 11 期。

［113］沈慧：《充分利用社会资源努力　拓宽德育网络》，《青少年犯罪问题》2000 年第 6 期。

［114］陈斌：《整合德育有效资源　营造良好育人环境》，《北京教育》（普教版）2005 年第 5 期。

［115］李荆：《德育课程资源开发与利用的问题研究》，华中师范大学硕

士学位论文，2006 年。

［116］刘艳平：《三峡地区乡土德育资源开发与利用的探索》，华中师范大学硕士学位论文，2005 年。

［117］章咏秋：《开发儒家德育资源，优化现代大学德育方法》，南京师范大学硕士学位论文，2004 年。

［118］苗红：《高等教育——经济复合系统的复杂性及其协调发展研究》，天津大学硕士学位论文，2004 年。

［119］栗建华：《我国教育投入、经济增长与就业问题模型研究》，复旦大学硕士学位论文，2005 年。

［120］刘伟：《我国教育投资与经济增长的互动研究》，西北大学硕士学位论文，2007 年。

［121］王守法：《高等教育对经济发展的贡献研究》，湖南大学硕士学位论文，2005 年。

［122］向东：《生态道德教育中融入少数民族德育资源的思考》，《西南民族大学学报》2010 年第 6 期。

［123］刘玮：《论学校生活中德育资源的开发》，《中国校外教育》（理论）2007 年第 5 期。

［124］董琳：《网络是高校德育资源的宝库》，《中国教育报》2009 年第 1 期。

［125］刘健飞：《传统节日的德育功效探析》，《黑河学刊》2008 年第 4 期。

［126］万莉丽、李化树：《论红色旅游的德育功能》，《当代教育论坛》（学科教育研究）2008 年第 9 期。

［127］常立飞：《论高校德育资源及其配置》，《现代教育科学》2010 年第 1 期。

［128］常立飞：《打造特色课程创新德育资源》，《吉林体育学院学报》2010 年第 3 期。

［129］李国华、伍永斌、徐利梅：《德育资源既要重开发，也要重整合》，《基础教育研究》2008 年第 8 期。

［130］侯文广：《与时俱进：论中国传统节日德育资源的开掘和利用》，《广西社会主义学院》2010 年第 3 期。

[131] 陈洁、李若衡:《优秀传统德育资源与高校德育》,《中国成人教育》2010 年第 2 期。

[132] 张祖华:《浅论高校隐性德育资源》,《宜春学院学报》2010 年第10 期。

[133] 汪琪:《基于杭州"非遗"的地方德育资源开发与利用》,《中国德育》2008 年第 10 期。

[134] 徐静、任顺元:《教师隐性德育资源探析》,《现代教育论丛》2008 年第 11 期。

[135] 韩传信:《传统和谐思想在学校德育中的应用》,《合肥师范学院学报》2008 年第 5 期。

[136] 赵公弼:《传统德育思想的汲取与发扬》,《龙岩学院学报》2009年第 2 期。

[137] 沈兆乾:《儒家的道德规范新论》,《教育评论》2009 年第 1 期。

[138] 叶新征、曾平生:《对中央苏区德育资源开发及运用的思考》,《江西教育科学》2007 年第 12 期。

[139] 刘秋生:《整合高校国防教育与思想政治教育资源的几点思考》,《广西教育学院学报》2009 年第 6 期。

[140] 邵清:《优化德育资源　促进学生道德经验的积累》,《思想理论教育》2008 年第 22 期。

[141] 刘惠:《传统节日:青少年德育的重要载体》,《教育导刊》2010年第 6 期。

[142] 张青、沈海涛:《开发和利用帮困助学工作的德育功能》,《思想理论教育》2007 年第 11 期。

[143] 王永林、王哲:《大学生资助体系:高校隐性德育资源中的重要一环》,《理工高教研究》2007 年第 6 期。

[144] 陈华洲:《思想政治教育资源功能的表现形态》,《武汉理工大学学报》2009 年第 3 期。

[145] 陈华洲、朱冰:《关于思想政治教育资源综合利用的方法论思考》,《湖北社会科学》2009 年第 6 期。

[146] 陈万柏、张冬利:《高校思想政治教育资源配置现状及其对策思考》,《思想教育研究》2008 年第 10 期。

[147] 曾富珍:《高校思想政治教育资源共建共享研究》,《安徽工业大学学报》2009年第1期。

[148] 姚冬琳:《中小学教师开发课程资源的方式与途径》,《教育探索》2008年第2期。

外文类

[149] John Rawls: *The history of moral philosophy*, Milton Keynes& Philad University Press, 2003.

[150] A. McIntyre: *After Virtue*, Yilin Press, 2003.

[151] Emile Durkheim: *Moral Education*, Shanghai People's Publishing House, 2001.

[152] Adam Smith: *The Theory of Moral Sentiments*, Commercial Press, 1997.

[153] Samuel. Smile: *The strength of character*, Beijing Library Press, 1999.

[154] Elliott. J: *Action Research for Educational Change*, Milton Keynes& Philad University Press. 1991.

[155] B. Edward McClellan: *Moral education in American: Schools and Spring of Character from Colonial Times to the presents*, Columbia University: Teacher College, 1999.

[156] Edward F. DeRoche, Marry M Willams: *Character Education: A Guide for School Administractor*, California: Gorwin Press, 2001.

[157] J. Elias: *Moral Education: Secular and Religious*. Robert E. Krieger Publishing Company, 1989.

[158] James D. Hunter: *The Death of Character: Moral Education in an Age without Good or Evil*, Now York: Busic Books, 2000.

[159] Madonna M, Murphy: *Character Education in American' Blue School: Best Practices for Meeting the Challenge*, Lancaster, Penn: Technomic Publishing Company, Inc. , 1998.

[160] Bennett, Willam: *Our Children and Our Country: Improving Ameri-*

can's school and Affirming the Common Culture, Simon and Schuster, Inc. , 1988.

[161] Lickona T. : Educating for Character: How oue school can Teach Teach Respect and Responsibility, New York: Bantam, 1991.

[162] Rodak, Nancy: Character Education in the Elementary School, Malsstate University of New York Empire State College. 2005.

[163] Milson, Andrew J: "Creating a Curriculum for Character Development: A Case Study", Clearing House, 0009-8655, 20001101.

[164] R. Hess Lipp: Moral Education for Americans, People's Education Press, 2003.

[165] Kirshenbaum, H: "From values clarification to character education: A personal journey", Journal of Humanistic Counseling, Education&Development, Sep. , Vol. 39, Issue 1, 2000.

[166] Albert Bandura. Selective: "Moral Disengagement in the Exercise of Moral Agency", Journal of Moral Education. Vol. 31. NO. 2. 2002.

[167] Daniel Brugma: "The Teaching and Measurement of Moral Judgment Development", Journal of Moral Education. Vol. 32. No. 2. 2003.

[168] Darcia Narvaez. Irene Getz. James R. Rest and Stephen J. Thoma: "Individual Moral Judgment and Cultural Ideologies", Developmental Psychology. Vol. 35, No. 2. 1999.

[169] Michael J. Pardale: "So How did you Arrive at that Decision?" Connecting Moral Imagination and Moral Judgment, Journal of Moral Education. Vol. 31. No, 4. 2002.

[170] Kirshenbaum, H: "From values clarification to character education: A personal journey" . Journal of Humanistic Counseling, Education&Development, Sep. , Vol. 39, Issue 1. 2000.

[171] Lickona, T: "Eleven Principle of Effective Character Education", Journal of Moral Education, 1996 (25) .

[172] Sara Irisdotter Aldenmyr: "Moral aspects of therapeutic education: a case study of life competence education in Swedish education", Journal of Moral Education. Vol. 41. No, 1. 2012.

[173] Li Maosen: "Chang ideological-political orientations in Chinese moral education: some personal and professional reflections", *Journal of Moral Education*. Vol. 40. No, 3, 2011.

[174] Li Qiming (Angela): "Learning to be a good parent across cultural and generational boundaries", *Journal of Moral Education*. Vol. 40. No, 3, 2011.

后 记

掩卷而思，不敢说轻松，只能说惶恐。德育资源问题是德育领域的一个前沿却鲜少人触及的课题。记得初定这个选题时，就深感责任重大，并倍觉艰难。思考中，有关资源的一些文章渐渐述诸笔端，有关资源的相关问题也渐渐清晰。资源作为外在条件，是外因，只有通过学生主体的转化，才能显示其巨大的德育价值。梳理这个"外因"的过程是漫长而痛苦的，无数个日日夜夜，时而奋笔疾书、时而愁眉苦皱、时而犹豫彷徨、时而茅塞顿开……

博士的岁月，痛，并成长着……

好在有先生的指引。感谢我的博士生导师张澍军教授，老师的每一次指引，总如雾海中的航标灯给我方向和继续前进的力量。老师很忙，却总是百忙之中，就我的论文、科研，甚至生活中的大事小情给予关心和帮助。人生最大的收获莫过于有人真心关心着你的成长，点点滴滴，恩师的教诲和帮助时刻铭记。从老师的身上，我也看到了作为一名学者对社会强烈的责任感和使命感，这种博大的胸怀将成为我今后学术和人生的一面镜子。

高山仰止，景行行止。先生的高风亮节要一生学习。

感谢王立仁教授对我的论文开题做出的实质性的帮助，感谢赵野田教授、臧宏教授、胡晓红副教授、客洪刚博士的关心和帮助，感谢郭凤志教授、王平教授、阎志才教授、韩秋红教授的悉心指教。

感谢我的博士同学严蔚刚、竭长光、张国辉、张洪斌的鼓励和帮助。

　　感谢吴林龙、殷美艳、孙丽媛同学为我做的工作，青出于蓝而胜于蓝，是我所欣慰的。

　　感谢我的家人们，他们永远是我最坚强的后盾。

　　感谢那些曾经给予过我帮助的老师、同学、家人和朋友们。你们用你们的理解、支持和鼓励不仅给予我学业上的动力，也为我的人生注入了诸多甘泉。

　　大恩无言，唯有铭记。

　　博士论文虽然完成了，但关于德育资源问题的研究，于我而言，刚刚开始。在以后的学术生涯中，我将秉承"教育性生存"的信念，在这条通往光荣和梦想的道路上继续追寻……

　　路漫漫其修远兮，吾将上下而求索！